RESSENTIMENTO TERMINÁVEL E INTERMINÁVEL

Blucher

RESSENTIMENTO TERMINÁVEL E INTERMINÁVEL

Psicanálise e literatura

Luis Kancyper

Tradução
Emiliano de Brito Rossi

Ressentimento terminável e interminável: psicanálise e literatura

Título original: *Resentimiento terminable e interminable: psicoanálisis y literatura*

© 2010 Luis Kancyper

© 2018 Editora Edgard Blücher Ltda.

Imagem da capa: iStockphoto

Blucher

Rua Pedroso Alvarenga, 1245, 4º andar
04531-934 – São Paulo – SP – Brasil
Tel.: 55 11 3078-5366
contato@blucher.com.br
www.blucher.com.br

Segundo o Novo Acordo Ortográfico, conforme
5. ed. do *Vocabulário Ortográfico da Língua
Portuguesa*, Academia Brasileira de Letras,
março de 2009.

É proibida a reprodução total ou parcial por
quaisquer meios sem autorização escrita da
editora.

Todos os direitos reservados pela Editora Edgard
Blücher Ltda.

Dados Internacionais de Catalogação na Publicação (CIP)
Angélica Ilacqua CRB-8/7057

Kancyper, Luis
    Ressentimento terminável e interminável :
psicanálise e literatura / Luis Kancyper ;
tradução de Emiliano de Brito Rossi. – São
Paulo : Blucher, 2018.
    288 p.

    Bibliografia

    Título original: *Resentimiento terminable
e interminable: psicoanálisis y literatura*

    ISBN 978-85-212-1202-7

    1. Psicanálise e literatura 2. Ressentimento
I. Título. II. Rossi, Emiliano de Brito.

17-0706   CDD 150.195

Índice para catálogo sistemático:
1. Psicanálise e literatura

A Tomás Andrés

Conteúdo

Prólogo   9

1. Ressentimento interminável nas comparações
fraternas de *O mal-entendido*, de Albert Camus   15

2. Remorso interminável na obra de Jorge Luis Borges   63

3. Culpabilidade encobridora na obra de Franz Kafka   119

4. Ressentimento, trauma e cisão: suas relações com
a ressignificação e a historização   185

5. Ressentimento terminável e interminável em
O último encontro, de Sándor Márai   225

Referências   265

Índice de autores   281

Índice remissivo   285

Quando foi possível, optamos por utilizar traduções de edições brasileiras dos textos citados pelo autor. Sinalizamos esses casos com notas de rodapé. Nas outras ocorrências, foi feita a tradução livre do espanhol. [N.E.]

Prólogo

Bertolt Brecht assinala que a arte não é um espelho que reflete a realidade, mas um martelo para dar forma à realidade. E a psicanálise, como ciência e como arte, é simultaneamente espelho e martelo que reflete e aporta novas formas e visões às realidades psíquica e externa, erguendo diversas pontes entre ambas. A psicanálise soube nutrir-se das contribuições provenientes da dimensão inconsciente que habita toda a história da literatura. Esta alberga em seu seio certas obras que possuem a condição da arte: não envelhecer. Também abriu novas vias para a cultura ao elucidar algumas das fontes de seu mal-estar.

Considero que a psicanálise requer aguçar a capacidade de escuta da literatura, não pelo que já sabemos, mas por toda a novidade que esta tem a nos proporcionar.

Efetivamente, ler um texto é pôr em marcha seu acontecer. É entrar em sua verdade. É deixar que a obra do texto seja o que é, uma obra que, ao operar no interior do leitor, assinale seus irrefreáveis efeitos.

10   PRÓLOGO

Conviria inverter as relações habituais entre psicanálise e literatura. Em vez de servir de campo de aplicação para conhecimentos analíticos previamente adquiridos, a obra literária interrogará, daqui em diante, a psicanálise até dotá-la de novos instrumentos de escuta e compreensão. Somente os escritores maiores – aqueles que criam e que, ao criar, nomeiam o mundo – depreendem dele um adjetivo. Ao constituí-lo, o tornam substantivo: o shakespeariano, o dantesco, o cervantino.

Neste livro, refiro-me ao kafkiano, ao borgeano e às personagens que povoam o mundo literário de Albert Camus e de Sándor Márai, para pôr em relevo como o poder devastador do estado afetivo do ressentimento e do remorso se manifesta na obra literária destes inolvidáveis criadores.

É assombroso cotejar como a psicanálise e a literatura enfrentam em comum a fascinante tarefa de sondar os labirintos da natureza humana. Compartilham o material e diferem na metodologia.

As manifestações do ressentimento terminável e interminável na literatura, na mitologia e na clínica nos possibilita coligir como o poder do inconsciente gera seus próprios escândalos, tanto no sujeito quanto na psicologia das massas.

Segundo Zimmerman (1999), o termo "escândalo", advindo do grego *skándalon*, significou primitivamente tanto obstáculo quanto bloqueio que se interpõe no caminho, bem como ato que provoca indignação e sobressalto.

O inconsciente, com sua singular dinâmica, caracterizada pelos mecanismos que regem seu funcionamento e integram o processo primário – condensação, deslocamento, representação plástica, simbolização –, além dos fenômenos da atemporalidade e da não vigência da lógica aristotélica, costuma interpor-se nos resquícios da arquitetura conceitual, por onde se infiltram o misterioso, o incompreensível, o que Borges chama "escândalos da razão".

Disse Borges: "Oh ventura de entender, maior que a de imaginar!". Essa é sua grande busca. "Entender" quer dizer explicar pelas causas, submeter a realidade a um rigoroso processo conceptual, silogístico, que nos dê tranquilidade. A razão outorga sossego. Daí o escândalo, o desassossego e o obstáculo para a razão.

Em certos momentos, a força do inconsciente pode chegar a operar como "a pedra do escândalo", exteriorizando-se através de sintomas, inibições, falsos enlaces, lapsos, angústias e afetos que se esquivam ao domínio voluntário, chegando a gerar mal-entendidos. Estes, por sua vez, originam novos mal-entendidos, que costumam interpor-se nos âmbitos da razão, para que o sujeito e as massas tropecem e percam o equilíbrio de suas ideias, afetos, convicções e atos. Contudo, em outros casos, o inconsciente funciona como fonte e motor de criatividade inesgotável, promovendo, no sujeito e no coletivo, a possibilidade sempre aberta de que se desdobrem imprevisíveis e ignotos horizontes de invenção.

Nos dizeres de Peter Gay (1995):

> *O inconsciente é um ingrediente necessário e permanente da natureza humana e segue sendo nos seres humanos mais sãos e mais bem adaptados um depósito de poderosas forças irracionais. Atua ao mesmo tempo como agente supremo da liberdade humana e, todavia, mais ainda como sua trava mais forte (p. 143).*

Os influxos do inconsciente veiculam-se através de um amplo espectro de processos que se manifestam na realidade psíquica como fantasias, identificações, traumas, crenças e afetos que costumam ressignificar-se ao longo de toda a vida e instalar-se na memória.

O acionar do inconsciente é silente.

12 PRÓLOGO

Seu silêncio estrondoso e, ao mesmo tempo, surpreendente é descrito por Konstantínos Kaváfis (1985) em seu poema "Muralhas":

Sem consideração, sem piedade, sem pudor
em torno de mim se levantaram altas e sólidas muralhas.
E agora permaneço aqui em minha solidão.
Meditando meu destino: a sorte rói meu espírito;
tanto quanto teria de fazer.
Como não adverti que levantavam esses muros.
Não escutei trabalhar os obreiros nem suas vozes.
Silenciosamente me taparam o mundo.

(p. 74)

As diferentes lógicas do inconsciente e da razão não se opõem entre si. Ambas se sustentam mutuamente na realidade, operam de um modo intricado e interagem de forma permanente, conjugando seus efeitos estruturantes e desestruturantes na constituição e no funcionamento da psicologia, tanto individual quanto social.

Neste livro, centro minhas reflexões no estudo de um afeto-chave: o poder do rancor (ressentimento e remorso), sua metapsicologia e clínica. Seus efeitos surpreendentes e devastadores já haviam sido assinalados com muita antecedência, há 25 séculos, por Heráclito de Éfeso (540 a.C.-470 a.C.).

Deve-se mostrar maior rapidez em acalmar um ressentimento que em apagar um incêndio, porque as consequências do primeiro são infinitamente mais perigosas que os resultados do último; o incêndio finaliza abraçando algumas casas no máximo, ao passo que o ressentimento pode causar guerras cruéis com a ruína e destruição total dos povos.

Em nosso século, Elie Wiesel (2002) advertiu sobre a progressiva escalada tanática engendrada no fogo da caldeira do ressentimento, a partir da qual se atiçam a intolerância e a destrutividade na dimensão intersubjetiva:

> *O ressentimento não conhece fronteiras nem muros de contenção e ultrapassa etnias, religiões, sistemas políticos e classes sociais. Não obstante ser obra dos humanos, nem o próprio Deus pode detê-lo. Cego e cegante ao mesmo tempo, o ressentimento é o sol negro que, sob um céu de chumbo, derruba e mata aqueles que se esquecem da grandeza do humano e da promessa que ele encerra. É preciso, portanto, combatê-lo oportunamente, despojando-o de sua falsa glória, que lhe confere sua escandalosa legitimidade (p. 28).*

A vivência do tempo suspensa pelo poder do ressentimento e do remorso é a permanência de um ruminar indigesto de uma afronta que não cessa, expressão de um luto que não se logra processar, não somente no próprio sujeito e na dinâmica intersubjetiva, mas que como sede de vinganças taliônicas pode chegar a perpetuar-se pela transmissão das gerações, selando um inexorável destino na memória coletiva. Contudo, há outro aspecto do rancor que vale a pena mencionar: ao ter como característica abrigar uma esperança vindicativa, esta pode chegar a operar como um porto na tormenta, em uma situação de desamparo, como um último recurso de luta em que o sujeito procura restaurar o quebrantado sentimento da própria dignidade, tanto no campo individual quanto no social, e fomentar assim um destino construtivo.

Efetivamente, o poder do rancor não apenas promove fantasias e ideais destrutivos como também pode chegar a propiciar fantasias e ideais tróficos, favorecendo o surgimento de uma necessária rebeldia e de um poder sublimatório, criativo, que tendem a estancar as feridas provenientes dos injustos poderes abusivos originados por certas situações traumáticas. O sentido desse poder esperançoso opera para contestar e não se subjugar aos clamores de um inexorável destino de opressão, marginalização e inferioridade.

Essas duas dimensões antagônicas e coexistentes do poder do rancor desdobram-se em diferentes graus, e é preciso reconhecê-las e apreendê-las na totalidade de sua complexa e aleatória dinâmica.

1. Ressentimento interminável nas comparações fraternas de *O mal-entendido*, de Albert Camus

Albert Camus (1913-1960) encontra em *O mal-entendido* uma forma original de expor uma tragédia universal: um mundo privado de sentido, em que a transcendência, a solidariedade e a amizade não têm lugar.

Essa peça teatral, cujo tema – nos dizeres do próprio Camus – foi tomado de um artigo publicado em um periódico, põe no centro do debate a problemática de que há, "no drama secularizado, uma fatalidade à qual o homem responde sem poder subtrair-se a ela. Esse drama é justamente a prova de que a debilidade natural dos homens destruiria sempre desnecessariamente o mundo melhor de seus sonhos" (Aiziczon, 2005, pp. 156-157).

Em seus dramas, Camus tensiona a problemática de suas personagens até chegar a situações-limite que desencadeiam feitos trágicos e terminam em condenação, assassinato ou suicídio.

Sem dúvida, o tema da morte acossa Camus constantemente: a finitude do homem, a enfermidade, a presença do mal aparecem em suas obras e fazem suas personagens se rebelarem diante dessas situações, que vão além de suas possibilidades humanas e são difíceis de assumir. As personagens de Camus permanecem em um estado de rebelião e em um *agón* permanente ante o cego poder de um presságio imutável.

Também a psicanálise – ciência do antidestino –, ao desvelar a abissal dimensão da lógica do inconsciente, que se infiltra nas dobras mais íntimas da vida consciente dos sujeitos e dos povos, procura fazer com que estes consigam, na medida do possível, subtrair-se à tragédia da imobilidade de um passado indelével, que sanciona a iniciativa de não ser mais do que um mero eco de uma continuidade repetitiva, para que, definitivamente, o inexorável tempo perca o peso da condenação, prostre-se aos pés do homem como um animal ferido e o libere do claustro de uma temporalidade circular.

Com efeito, a psicanálise, através de sua teoria e de sua técnica, trabalha com afã para contestar o "apesar de" tão característico de Camus e, ao lançar alguma luz sobre os tenebrosos conflitos que moram nos espaços crípticos da alma humana, enfrenta e questiona, à semelhança do "homem rebelde" e do "mito de Sísifo", os absurdos dos mal-entendidos que se presentificam na realidade material e psíquica.

A psicanálise, como também o faz Camus, se rebela contra a compulsão repetitiva do padecimento da alma; entretanto, diferentemente da literatura, procura tornar conscientes as manifestações e os influxos do acionar sempiterno do inconsciente na clínica e no âmbito do social.

A psicanálise, bem como a poesia, e aqui cito Gelman (2005):

fala ao ser humano não como algo feito, mas sim por fazer. Vai à realidade e a devolve outra. Espera o milagre, mas sobretudo busca a matéria que o faz. Nomeia o que o esperava oculto no fundo dos tempos e, todavia, é memória do não sucedido. Ela aceita a espessura da tragédia humana (p. 4).

Nesse mesmo sentido, a tragédia moderna *O mal-entendido* aporta à psicanálise uma multiplicidade de significados. Por meio dessa obra, se chegam a apreender novas regiões de sentido inexploradas na alma humana e geradas por efeitos exercidos pela dinâmica fraterna nas relações intrapsíquicas e interpessoais. Especificamente, focalizarei minha atenção em um deles: o espírito fratricida que subjaz à dimensão humana.

Nessa obra, sobe à cena o tema das comparações fraternas, e estas podem operar como uma via de acesso e como uma chave privilegiada para revelar certas verdades psíquicas atuantes nos sujeitos e na história das religiões e dos povos.

Essas comparações maculadas nas rivalidades entre irmãos são uma das manifestações mais eloquentes e pouco estudadas do acionar do complexo fraterno que, como Cinderela da psicanálise, permaneceu desprezado e relegado até o presente aos sombrios rincões de seu próprio *corpus* teórico, metapsicológico e clínico.

As comparações

O mal-entendido é uma peça teatral de três atos. As personagens são: a mãe, Marta (sua filha), Jan (seu filho), Maria (a esposa de Jan) e o velho criado.

No primeiro ato, a mãe e Marta cuidam de uma hospedaria e estão ligadas por uma série de crimes. Periodicamente, matam hóspedes ricos e desacompanhados.

Jan regressa à casa vinte anos depois de ter ido embora. Sem dizer quem é, tem um imperioso desejo de ser reconhecido e confirmado pela mãe e pela irmã. Apresenta-se como um hóspede só e, como parece haver prosperado, aparenta ter uma boa quantidade de dinheiro. À esposa parece natural apresentar-se com ele, mas Jan rejeita isso para satisfazer seu ideal narcisista de ser reconhecido sem palavras.

No segundo ato, são descritos mais ainda os matizes do fracasso da técnica narcisista do filho de esperar ser confirmado e aceito, e se acrescenta seu mal-estar ante a impossibilidade de reverter a situação. Marta e a mãe não sabem, conscientemente, quem é o visitante, e reeditam com Jan a técnica de envenenar o hóspede mediante a oferta de uma xícara de chá. Logo após o envenenamento, Marta se inteira, ao ler os documentos do viajante, de que matou seu irmão. E, ao comunicar o ocorrido à mãe, esta decide suicidar-se e unir-se ao filho, o preferido, nas águas da morte.

No terceiro ato, Marta anuncia a Maria a morte de seu marido e lhe explica, aparentemente sem afeto algum, que a morte de Jan foi um mal-entendido porque não advertiu-se, a nível consciente, que Jan era seu irmão.

Marta finalmente se suicida e Maria implora ao criado que se apiede dela, sem encontrar tampouco nele nenhuma resposta.

Essa obra manifesta o espírito fratricida que subjaz ao inconsciente da psicologia individual e das massas; a partir dela, podemos começar a coligir alguns dos possíveis influxos inconscientes atuantes em sua dramática, no sentido da raiz do verbo grego *dran*, que significa pura ação de uma índole inerentemente agonística ou conflitiva.

A dramática fratricida que mora na alma humana tem sido extensamente ilustrada na mitologia e na literatura ao longo dos tempos. Desde os lendários Caim e Abel, Osíris e Seth, e Atreu e Tiestes, até as tragédias gregas e as de Shakespeare, como a do rei Cláudio, fratricida do rei Hamlet, que se apoderou não apenas de seu reinado como também de sua mulher, Gertrudes, mãe do príncipe Hamlet da Dinamarca, que suportou uma dúvida compulsiva sobre reivindicar ou não a morte de seu pai às mãos do tio. Recordemos sua missão imposta: "A Natureza está em desordem... Sina execrável! Ter nascido para emendá-la" (Shakespeare, 1953b, p. 125).

Camus apresenta também em *O mal-entendido* o tema do fratricídio, mas o faz com uma versão diferente: não mais entre dois irmãos homens que disputam entre si o poder paterno e a sucessão da herança material (como acontece entre Etéocles e Polinices, em *Édipo em Colono*, de Sófocles), mas entre uma irmã mais nova e um irmão mais velho, que tinha sido o filho eleito no território libidinal da mãe. Situação geradora de uma compulsiva comparação paranoide em Marta, que se tornou finalmente um mal-entendido crônico e fatal.

Marta permaneceu retida e ressentida com sua mãe, pela persistência de traumas precoces que obstaculizaram seu processo de narcisização e sua passagem a uma triangulação estruturante. Entre ambas se instalou uma prolongada e viscosa ligação mãe-filha, comandada por feridas narcísicas que voltavam a reinfectar-se através de reiterados clamores por justiça.

Essas feridas intoleráveis na relação intrassubjetiva de Marta se dramatizaram e deslocaram à relação intersubjetiva com um irmão.

Marta adoeceu de uma falta precoce de olhares maternos e sobre Jan recaiu sua maculada relação pré-edípica, transferindo vingativamente sobre ele suas carências narcísicas e seus agravantes edípicos, relacionados em sua realidade psíquica com sua mãe. Não somente a maltratava "com uma motivação dupla: por inveja e por mortificação por causa do pênis denegado" (Freud, 1940a, p. 193), por "Algumas consequências psíquicas da distinção anatômica entre os sexos" (Freud, 1925), mas também pelos efeitos provenientes das marcas traumáticas originadas da insatisfação inaugural na configuração dos vínculos precoces mãe-filha.

Considero que esta obra nos possibilita inferir uma série de hipóteses psicanalíticas relacionadas com a sexualidade feminina, em que se tramam os enredados vínculos entre as estruturas do narcisismo, o complexo de Édipo e o complexo fraterno.

Com efeito, *O mal-entendido* nos ilustra o papel dos fatores pré-edípicos na realidade psíquica da mulher e seu nexo com os traumas narcísicos que costumam transferir-se – mediante falsos enlaces – à figura de um irmão.

Situação geradora de um flagrante mal-entendido (Bolognini, 1998) que se origina de uma crença patológica e que dá sentido de realidade a uma vã ilusão que termina na frustração e na tragédia.

Marta, por meio da construção de uma crença patológica acerca de sua maculada rivalidade fraterna, evitou transitar por um complexo e doloroso trabalho de elaboração psíquica relacionado com o ato não somente de compreender, mas, além disso, de aceitar que suas próprias feridas narcísica e edípica tinham sido geradas na realidade externa e independente de sua pulsão de domínio (*Bewältigung*), por uma perda, por um déficit irreversível na arquitetura anímica de sua progenitora; porque, na espacialidade mental de sua mãe, não havia capacidade possível para estruturar um desejo, registrar a alteridade e configurar um lugar, um tempo e uma afetividade disponíveis para investir em um outro.

Braier (2000) indica que:

> *as precoces injúrias narcísicas ocasionadas por carências, sobretudo maternas, costumam reforçar o vínculo fraterno, com o que se procura desmentir e compensar o desamparo. Configuram, entre ambos, um sistema*

*defensivo estruturante, com uma ilusão de completude
que os redima da falha estrutural (p. 157).*

Essa obra põe em evidência o *homo homini lupus* que subjaz à natureza humana, ao tensionar uma ação agonística entre o sujeito e seu duplo mortal-imortal, em que ambos se buscam e fogem um do outro. "Eu sou e há em mim esse conflito e essa união. Sou a luta. Não sou um dos combatentes, sou antes ambos, combatentes e a luta mesma" (Hegel, 1991, p. 14).

Neste mesmo sentido, podemos inferir a hipótese de que Marta-Jan representaria a contrafigura trágica dos aspectos tróficos do complexo fraterno, que costumam ser exorcizados por meio da solidariedade, da amizade e da reivindicação horizontal da justiça e da dignidade para fazer frente ao abuso do poder vertical intergeracional; personificados, por exemplo, na obra de Sófocles pela aliança fraterna entre Antígona e Polinices contra o tirano Creonte.

Esses mal-entendidos fraternos costumam presentificar-se não apenas na psicologia individual; também se exteriorizam na psicologia das massas. E os influxos e as consequências da função defensiva do complexo fraterno que recobre antigas feridas narcísicas e edípicas, refratárias à cicatrização, podem operar como refúgios mentais de ressentimentos e de remorsos.

Com efeito, podemos pôr em evidência a gravitação dos mal--entendidos fraternos na dinâmica social, por exemplo, citando o escritor Amos Oz (2004), que descreve em seu livro *Uma história de amor e trevas* os efeitos destrutivos das comparações fraternas e seus influxos atuantes até o presente entre árabes e israelenses.

No texto que transcrevo a seguir, tornam-se visíveis os falsos enlaces e os mal-entendidos gerados pelas comparações paranoides entre esses dois povos irmãos. Comparações patogênicas que continuam atiçando em ambos os povos semitas suas incandescentes memórias do pavor e do rancor pelos traumas padecidos na Europa filicida.

Na vida das pessoas, assim como na vida dos povos, os piores conflitos, na maior parte das vezes, são os que aparecem entre dois segmentos perseguidos. É mera hipótese otimista imaginar que o perseguido e o oprimido vão se unir em solidariedade e juntos derrubar as barricadas de um empedernido opressor. Na verdade, dois filhos de um mesmo pai que os maltrata nem sempre se unem num pacto solidário, não obstante terem sido unidos pela sorte compartilhada. Muitas vezes eles se vêem não como parceiros de infortúnio, mas como a imagem de seu perseguidos comum.

Deve ser esse o caso entre árabes e judeus nesse conflito que já dura uma centena de anos.

A Europa que maltratou os árabes, humilhou-os e os explorou por meio do imperialismo e do colonialismo é a mesma que perseguiu e oprimiu os judeus e, por fim, permitiu ou ajudou os alemães a extirpá-los do continente e assassiná-los praticamente a todos. Mas os árabes nos vêem não como um punhado de pessoas salvas por milagre, meio histéricas, mas como os novos e únicos agentes da Europa colonialista, sofisticada e exploradora que espertamente se voltou de novo para o Oriente – desta vez com o disfarce do sionismo – para de novo explorar, oprimir, expulsar. E nós, de nossa parte, os vemos não como vítimas iguaizinhas a nós mesmos, não como irmãos na desgraça, mas como cossacos prontos a tramar um pogrom, anti-semitas sedentos de sangue, nazistas disfarçados, como se os nossos perseguidores europeus tivessem reaparecido por aqui em Eretz-Israel, coberto a cabeça com kafias, deixado crescer o bigode, mas sem deixar de ser eles mesmos, os nossos velhos inimigos sanguinários, cujo único interesse na vida é degolar os judeus por pura diversão[1] (Oz, 2004, p. 419).

Retornando agora a O *mal-entendido*, estimo que o contexto dessa peça teatral é político. Escrita em 1942, durante a ocupação alemã na França, e representada em 1944, reflete a decepção e o absurdo do mundo durante o horror da Segunda Guerra Mundial. Condena a Europa como a mãe filicida e a relação entre Marta e Jan como a morte da confraternidade entre homens, religiões e nações.

Marta-Jan

Marta é uma filha e irmã ofendida.

Representa a personagem cuja afirmação de si se constrói sobre a base da destruição reativa da identidade de um outro. Personalidade que se sustenta, fundamentalmente, a partir de comparações patogênicas, geradoras de um mal-entendido crônico e que deram precisamente o nome ao texto.

Marta personifica o intento falido de uma mulher de encontrar uma solução perversa a suas ofensas intoleráveis (Chasseguet-Smirgel, 1987). Necessita transformar a ferida narcísica em excitação agressiva sobre seu irmão, sobre o qual descarrega suas frustrações,

---

1 Edição brasileira: Oz, Amós. (2005). *De amor e trevas* (pp. 392-393). São Paulo: Companhia das Letras. [N.E.]

ao mesmo tempo que preserva sua autoestima por meio de um triunfo vingativo.

A busca por esse triunfo tem duas finalidades:

1. Descarregar a tensão originária de sua ferida narcísica com e pela mãe e transformá-la em violência intersubjetiva sobre Jan, com o que evitava a elaboração psíquica de uma tensão intrapsíquica que, por permanecer ligada à ferida narcísica em sua relação pré-edípica, haveria dado origem a efeitos intoleráveis em sua convivência com a mãe.

2. Expressar ressentimento e exteriorizar vingança, o que possibilita, nesse momento, a preservação de sua frágil autoestima.

Marta transforma a desesperança e o vazio de sentido de sua vida em comparações masoquistas e paranoides irrefreáveis, e a partir de seu lugar de uma inocente e arrogante vítima, as enche de som e de fúria contra Jan.

Não! Não tinha por que velar pelo meu irmão e, contudo, me encontro desterrada em meu próprio país, já não há lugar para meu sonho, minha própria mãe me rechaçou. Mas eu não tinha por que velar pelo meu irmão, essa é a injustiça que se comete com a inocência. Porque agora ele obteve o que queria, ao passo que eu fico solitária longe do mar de que estava sedenta. Oh! Eu o odeio... Eu o odeio porque obteve o que queria! Ah! Odeio este mundo em que estamos reduzidos a Deus. Mas a mim, que padeço injustiça, não me deram o que me corresponde, e não me ajoelharei e, privada de meu lugar nesta terra, rechaçada por minha mãe, somente em meio a meus crimes abandonarei este mundo sem reconciliar-me (Camus, 1944b, p. 46).

O sujeito ressentido não aceita o que lhe sucedeu, vive-o como algo injusto e, por isso, necessita obter como ressarcimento o impossível, para ter pelo menos algo daquilo de que lhe privaram imerecidamente.

Quando se instala o ressentimento, legitima-se uma vontade de domínio que aspira a impor um poder relativo sobre o outro e sobre o mundo. Aparece, então, a desmesura das pretensões, que não o fazem retroceder diante de nenhuma atrocidade, porque o sujeito ressentido se considera inocente e sedento de uma justiça reivindicatória.

Com efeito, a afronta narcísica origina um movimento de reivindicação que funda um estado soberano e consumado de excepcionalidade. Segundo Agamben (2005), o soberano é quem está em condições de proclamar o estado de exceção, suspender a ordem jurídica, colocando-se fora dessa ordem e, não obstante, conservando-se, de algum modo, dentro dele.

Sua Majestade, o ressentido, afirma com decisão soberana não ter necessidade de direito para criar direito, e constrói, a partir de si mesmo, uma nova legalidade.

Marta tinha sido possuída pelo peso do rancor que a retinha no ontem e na memória da desforra. Essa memória compulsiva a posicionava na arrogância da certeza imóvel, sustentada pela dignidade rígida e mortífera de quem está ressentido e não perdoa.

Quando no trabalho do luto instala-se o rancor em lugar do ódio, seu processamento normal se paralisa (Kancyper, 1991). E foi assim que Marta não pôde realizar o trabalho de luto de seus traumas precoces de narcisização fracassada com a mãe. Permaneceu fixada a ela em um vínculo dual, assinado pela secreção nefasta de uma impotência e de uma frustração prolongadas, e terminou enclausurada junto a ela em uma cruel relação pré-edípica.

Essa violência pré-edípica tinha sido transferida à figura de seu irmão, acreditando que seu assassinato seria, então, a solução perversa, a suposta chave que lhe abriria o acesso para capturar o olhar suspenso de seu primeiro nostálgico objeto de amor: o mal-entendido.

Com efeito, a insistência na comparação fraterna em Marta engrossava a espessura de uma crença e de uma vã esperança. A crença de que o desencontro com sua mãe era produto e consequência de uma imaginária lógica econômica, por uma deficiente distribuição do fluxo quantitativo dos afetos maternos, que tinham sido depositados e retidos na pessoa de seu irmão rival.

A posição demandante de Marta a mantinha regressivamente na nostalgia de experimentar uma repetitiva frustração pela busca perdida de um insaciável amor infantil. "O amor infantil é desmedido, pede exclusividade, não se contenta com parcialidades" (Freud, 1931, p. 233). E, além disso, "não admite ser compartilhado" (Freud, 1933, p. 114).

Sua vã esperança nutria-se, por outro lado, de uma fantasia, a dos "vasos comunicantes" (Kancyper, 2004), em que imaginava que, se eliminasse o filho eleito pela mãe, a quantidade de amor e de reconhecimento da mãe recairia, como consequência, somente e exclusivamente sobre ela. Mal-entendido que abrigava uma assintótica esperança de justiça e de igualdade, denunciado por Camus nessa obra, ao pôr em evidência que a mãe não apenas não reconheceu nem sequer a Jan, mas também que, além disso, o assassinou. Essa fantasia se sustentava a partir de uma crença psíquica fruto de um desmentido:[2]

---

2 Conceito psicanalítico que, em espanhol, ora aparece como *desmentida*, como é o caso aqui, mas que pode aparecer como *renegación* (Cf. Laplanche & Pontalis, 1968, p. 562). Trata-se, em Freud, do termo alemão *Verleugnung*, que em português pode aparecer como "negação", "renegação", "recusa da realidade" ou "desmentido", que foi nossa escolha. [N.T.]

Todo o mal está no outro; portanto, se elimino o outro, responsável pelo mal, elimino o mal. Essa posição paranoica e persecutória repousa em uma idealização de si, com que conjura a angústia depressiva de reconhecer-se má. Assim, essa proteção contra o mal que, no extremo, parece absurda, tem ao contrário muito fundamento ao se considerar seu valor defensivo frente à ameaça da melancolia suicida (Green, 1993a, p. 208).

Vallino e Macciò (1996) sustentam que, no complexo fraterno, a identidade entre os irmãos "é de uma classe particular e que se deve definir como igualitária e recíproca". Além disso, consideram que o paradigma fraterno:

tem notável importância para a filosofia política e para a filosofia da história, já que oferece uma genealogia do sentido da justiça. Se a exigência de justiça vertical e horizontal e o sentido de justiça são satisfeitos grosso modo, vemos aparecer nos grupos humanos o afeto pela autoridade e a identificação entre os membros e o sentido de pertinência e cooperação no grupo. Então, sentem-se idênticos enquanto membros desse grupo particular, e isso faz frente às forças centrífugas tendentes à fragmentação (p. 146).

A seguir, escutamos o lacerante diálogo de despedida entre Marta e sua mãe, no exato momento em que esta decide suicidar-se, para terminar finalmente abraçada a seu adorado filho nas águas da morte.

Testemunho horrendo, em que se põe em evidência, até chegar às bordas do dizível, o poder atemporal usurpado pelos traumas narcísicos não elaborados e atiçados pelo rancor, bem como seus efeitos na manutenção de uma viscosa e inconsolável relação pré-edípica e deslocados defensivamente sobre a figura de um irmão.

> Marta. – *Não, mãe, a senhora não me abandonará. Não se esqueça de que eu fiquei e ele se foi, que a senhora me teve ao seu lado toda uma vida e ele lhe deixou no silêncio. Isso tem de bastar. Isso tem de ser levado em conta. E a senhora deve voltar a mim.*
> A mãe (suavemente). – *Está certo, mas ele eu matei!*
> (Marta se afasta um pouco, com a cabeça virada para trás como se olhasse a porta.)
> Marta (depois de um silêncio, com paixão crescente).
> – *Tudo o que a vida pode dar a um homem, foi-lhe dado. Abandonou este país. Conheceu outros espaços, o mar, seres livres. Eu fiquei aqui. Fiquei, pequena e obscura, no tédio, submersa no coração do continente, e cresci na espessura da terra. Ninguém beijou minha boca e nem sequer a senhora viu meu corpo sem roupa. Mãe, eu te juro, isto tem de bastar. Com o vão pretexto de que morreu um homem, a senhora não pode me roubar o momento em que eu ia receber o que me corresponde. Compreenda, pois, que para um homem que viveu, a morte é coisa de nada. Eu posso esquecer de meu irmão e a senhora de seu filho. O que lhe sucedeu carece de importância; já não lhe restava nada a conhecer. Mas a mim a senhora priva de tudo e me tira o que ele gozou. Ele ainda haverá de arrebatar-me o amor de minha mãe e o levará para sempre a seu rio gelado? [Encenação imaginária da fantasia dos "vasos comunicantes".]*
> (Elas se olham em silêncio e Marta abaixa os olhos.)

Marta (em voz muito baixa). – *Conformaria-me com tão pouco. Mãe, há palavras que nunca soube pronunciar, mas me parece que seria doce retomar nossa vida de todos os dias.*

(A mãe avançou até ela.)

A mãe. – Você o tinha reconhecido?

Marta (levantando bruscamente a cabeça). – *Não! Não o tinha reconhecido. Não conservava nenhuma imagem dele e tudo sucedeu como devia suceder. A senhora mesma o disse: este mundo não é razoável. Mas não se equivoca de todo ao fazer-me essa pergunta. Porque agora sei que ainda o reconhecendo nada teria mudado.*

A mãe. – Quero crer que isso não esteja certo. Não há alma totalmente criminosa, e os piores assassinos têm momentos em que depõem a arma.

Marta. – Eu também conheço esses momentos. Mas não teria abaixado a cabeça ante um irmão desconhecido e indiferente. [Passagem ao ato das fantasias inconscientes fratricidas e furtivas entre irmãos.]

A mãe. – E então ante quem?

(Marta abaixa a cabeça.)

Marta. – Ante a senhora.

(Silêncio.)

A mãe (lentamente). – *Tarde demais, Marta. Já não posso fazer nada por ti.* (Afastando-se um pouco.) *Ah! Por que se calou? O silêncio é mortal. Mas falar é igualmente perigoso, pois o pouco que disse precipitou as coisas.* (Volta-se a sua filha.) *Choras, Marta? Não, não saberias. Recordas do tempo em que eu te beijava?*

Marta. – Não, mãe.

A mãe. – Tens razão. Há muito que isso acontecia e muito rápido esqueci de te estender os braços. Mas não deixei de gostar de você. (Afasta docemente Marta, que pouco a pouco lhe dá passagem.) *Agora eu sei porque seu irmão veio a despertar essa doçura insuportável que também devo matar comigo.* (A passagem fica livre.) *Marta* (tapando o rosto com as mãos). *– Mas há algo mais forte que o desespero de uma filha? A mãe. – A fatiga, quiçá... e a sede de repouso.* (Sai sem que a filha se oponha.) *(Camus, 1944b, pp. 44-45).*

No final, Marta aceita que sua assintótica esperança, sustentada pela vã crença na busca de uma experiência de justiça e de igualdade fraternal, na qual, eliminando Jan, se converteria na única e legítima herdeira do olhar materno, foi definitivamente um flagrante mal-entendido.

Comunica-o a sua cunhada, Maria: "Para dizer-lhe a verdade, tive um mal-entendido. E se você conhece um pouco o mundo, não a surpreenderá" (Camus, 1944b, p. 49).

Tampouco a nós, os analistas, nos surpreendem a presença e os efeitos, em nosso fazer analítico, desses múltiplos e variados mal-entendidos, que se suscitam a partir do acionar do inconsciente e que se manifestam intempestivamente através dos repetitivos escândalos e enigmas que se acantonam nos espaços recônditos da arquitetura anímica dos sujeitos e dos povos.

As comparações: tolerância e intolerância

A intolerância em relação ao diferente ou ao desconhecido é natural na criança, tanto quanto o instinto de se apossar de tudo quanto deseja.

A criança é educada para a tolerância pouco a pouco, assim como é educada para o respeito à propriedade alheia e antes mesmo do controle do próprio esfíncter. Infelizmente, se todos chegam ao controle do próprio corpo, a tolerância permanece um problema de educação permanente dos adultos.

Umberto Eco[3]

As comparações são múltiplas e naturalmente se apresentam ao longo de toda a vida; podem ser próprias ou impostas, normais ou patogênicas.

Sem pretender abarcar seu vasto espectro, classificarei cinco formas de comparações patogênicas, para diferenciá-las da comparação normal propriamente dita.

Nesta última, é possível o exercício de um cotejo, de uma confrontação do semelhante, do diferente e do complementar.

Com efeito, na comparação propriamente dita, gera-se uma crescente ganância em potencialidade e desenvolvimento em cada um dos participantes. Nela se instala a lógica da tolerância que possibilita o registro e a aceitação do outro, como um outro diferente. Tolerância não significa complacência, nem indiferença, nem renúncia às próprias convicções, mas o respeito a um princípio: aceitar a existência e a diversidade do outro, que tem o direito de pensar e sentir diferentemente.

Tolerar significa, para Héritier (2002), "aceitar a ideia de que os homens não se definem simplesmente como livres e iguais ante o Direito, mas sim que a *categoria de homem corresponde a todos os seres humanos*" (p. 23).

---

3 Edição brasileira: Eco, Umberto (2002). *Cinco escritos morais* (p. 114). Rio de janeiro: Record. [N.E.]

A resposta do sujeito às comparações tem lugar sobre a base de suas pulsões, da forma em que estão imbricadas, do fato de que entre elas prevaleça Eros ou Tânatos. Quando prevalece Tânatos sobre Eros, o cotejo do diferente e do complementar é substituído pelo ato intolerante da provocação que, ao gerar um desafio hostil, impede o sujeito e o outro de se instalarem em si mesmos e detém ambos em suas possibilidades de evolução.

Assim, podemos ver que, na comparação masoquista, o sujeito sobrevaloriza o outro e o investe como um modelo idealizado para aumentar precisamente sua megalomania negativa: "Eu, quando me comparo, sou o pior de tudo e de todos". Por meio dessa comparação compulsiva, satisfaz o desejo de revolver na chaga de sua autodepreciação até converter-se no "atormentador de si mesmo" (Terêncio).

Com efeito, a superestimação do negativo próprio desencadeia no sujeito masoquista sentimentos de culpa, vergonha e autocondenação, e estes reanimam o desdobramento da fantasia de "Pegan a un niño" (Freud, 1919b).

Nessa fantasia de humilhação e flagelação, reanima-se, segundo Freud, o complexo paterno. Considero que participam, além disso, outras dinâmicas relacionadas com a estrutura narcísica e com a reativação dos complexos materno, fraterno e parental.

O sujeito identifica-se, nas comparações maníaca, obsessiva, paranoide e histérica, com o lugar de um amo detentor de um poder não orgulhoso, mas soberbo.

O orgulho admite sentidos positivos. Orgulho pode ser consciência e satisfação por valores que se têm individual ou grupalmente, merecedores de admiração (Mascialino, 2008).

Por outro lado, a soberba, diferentemente do orgulho, implica sempre um sentimento de superioridade arrogante, de satisfação e envaidecimento pela contemplação do próprio e menosprezo pelos demais.

Com efeito, na comparação maníaca ativam-se os mecanismos de negação, difamação e triunfo sádico sobre um outro desvalorizado; ao passo que na obsessiva, a agoniante comparação compulsiva implementa os mecanismos de controle e domínio cruel e sádico, que debilitam de forma gradual e progressiva a subjetividade do outro e de si mesmo até chegar ao extremo da aniquilação.

Na comparação paranoide, o sujeito se sobrecarrega[4] de uma megalomania persecutória, e o outro costuma ocupar o lugar de um rival e/ou inimigo, a quem, com receio, se deve atacar e do qual se requer fugir defensivamente.

Por outro lado, na comparação histérica (Litvinoff, 2005), o outro tem para o sujeito aquilo que injustamente lhe falta. E essa falta, originada a partir do ato da comparação, desencadeia no sujeito uma pletora de sentimentos de inveja, ciúmes e ressentimento.

Sentimentos intricados que o autolegitimam a posicionar-se como uma vítima arrogante.

A partir desse lugar, o sujeito na comparação histérica implementa a sedução para dominar primeiro o outro, com a finalidade de poder realizar logo, aparentemente sem culpa, a satisfação de seus desejos vingativos.

Recordemos que Freud (1905), no histórico de Dora, menciona 27 vezes a palavra "vingança", em expressões como "fantasia de vingança", "pensamentos de vingança", "atos de vingança", "moções vingativas", "mania de vingança" e "transferência de vingança".

---

4 Em espanhol, *sobreinveste* refere-se ao conceito freudiano de *Überbesetzung*, traduzido frequentemente por "hipercatexia" ou "superinvestimento". O conceito pode ser dividido em duas partes, o prefixo *Über* e o substantivo *Besetzung*, que admite, além das opções mencionadas, ou seja, "catexia" e "investimento", as traduções "ocupação" e "carga". Nesse contexto, optei pela solução que me pareceu mais condizente, ou seja, "sobrecarga". [N.T.]

Nas comparações patogênicas, o sujeito adoece de uma miopia afetiva. Fora da esfera de si próprio, não vê ninguém, atribuindo-se a ele somente todo o poder e permanecendo finalmente um ser intolerante, enaltecido e soberano, mas também incapacitado para respeitar o poder e os direitos inalienáveis que detêm e possuem os outros junto a ele.

Paul Ricœur (2002) sustenta que:

> *a intolerância tem sua fonte em uma disposição comum a todos os homens, que é a de impor suas próprias convicções, dado que cada indivíduo não somente tem o* poder *para impô-las como também, além disso, está convencido da* legitimidade *de tal poder. Dois são os aspectos essenciais da intolerância: a desaprovação das crenças e convicções dos demais e o poder de impedir estes últimos de viverem suas vidas como lhes aprouver (p. 205).*

Günter Grass (2006) compara a tolerância com o amor e comenta: "Não é necessário amar-se mutuamente. É algo demasiado ambicioso. A tolerância é mais modesta que o amor. É menos dramática, quiçá até enfadonha, mas mais sensata" (p. 12).

Considero que, nas comparações patogênicas – masoquista, maníaca, obsessiva e paranoide –, se presentifica uma fantasia particular que mantém seus nexos íntimos com a intolerância narcísica e que denominei "fantasia do *unicato*".[5]

---

5 O termo *unicato* é um neologismo cunhado na Argentina durante a presidência de Miguel Ángel Juárez Celman (1886-1890). Posto que ele será definido ao longo deste livro, decidi manter na tradução em português sua forma original. [N.T.]

O unicato

O unicato é uma denominação cunhada no final do século XIX,
aplicada ao governo de um só partido reacionário e corrupto. O eixo
desse sistema político era uma concepção absolutista de um poder
executivo unipessoal, que inutilizava e avassalava os demais,
impedindo o estabelecimento de uma oposição organizada.

José Luis Romero

Com insólita frequência, observamos que o amor ao poder absoluto, que subjaz ao desejo de permanecer no lugar da glória e da impiedade do *unicato*, conservou-se no inconsciente e desdobra desde a repressão seus efeitos particulares.

Essa fantasia se edifica como o próprio eu ideal – que é um cultivo puro de narcisismo – sobre a base de desmentidos[6] e, em virtude destes, conserva sua existência. Frente à morte, eleva sua pretensão de imortalidade, e frente às angústias do mundo e suas contingências, aferra sua invulnerabilidade ao perigo. Ele, em si e por si, é digno de amor, de reconhecimento e de um poder ilimitado, inquestionado e inquebrantável (Kancyper, 2004).

A fantasia do "*unicato*" seria, então, a encenação imaginária vigente da hipótese freudiana da horda primeva, quando se reanima no sujeito a crença psíquica de ser o eleito inquestionável para exercer um poder absoluto, à imagem e à semelhança de um pai primevo, despótico e brutal, que intimida os demais para submetê-los aos caprichos de seu domínio.

Essa fantasia sempiterna do anelo de um poder irrestrito, que subjaz à natureza humana, representaria a "contínua oscilação entre a nostalgia de um pai avassalador e ditatorial e a permanente luta

---

6 Ver Nota 1 deste capítulo. [N.T.]

fratricida em busca de uma herança de que cada um se sente merecedor" (Winocur, 1996, p. 271).

Tal fantasia mortífera suscita em cada sujeito a revivescência das comparações patogênicas. E estas se encenam já desde os tempos primordiais da Bíblia; por exemplo, nas representações oníricas dos sonhos de José, o filho predileto, declarado, de Jacó que despertou as invejas e os ciúmes fraternos mais acérrimos: "e aonde podem conduzir estes ciúmes, bem o mostra a saga judia de José e seus irmãos" (Freud, 1939, p. 103).

Nos sonhos de José, se realiza o sempiterno desejo narcisista do *"unicato"* de ocupar o centro da cena e chegar a exercer um poder onímodo sobre os pais e os irmãos.

> *José teve um sonho, que contou a seus irmãos; por isso o odiaram ainda mais.*
>
> *Pois ele lhes disse: Ouvi, peço-vos, este sonho que tive: Estávamos nós atando molhos no campo, e eis que o meu molho, levantando-se, ficou em pé; e os vossos molhos o rodeavam, e se inclinavam ao meu molho.*
>
> *Responderam-lhe seus irmãos: Tu, pois, deveras reinarás sobre nós? Tu deveras terás domínio sobre nós? Por isso ainda mais o odiavam por causa dos seus sonhos e das suas palavras.*
>
> *Teve José outro sonho, e o contou a seus irmãos, dizendo: Tive ainda outro sonho; e eis que o sol, e a lua, e onze estrelas se inclinavam perante mim.*
>
> *Quando o contou a seu pai e a seus irmãos, repreendeu-o seu pai, e disse-lhe: Que sonho é esse que tiveste? Porventura viremos, eu e tua mãe, e teus irmãos, a inclinar-nos com o rosto em terra diante de ti?*
>
> *Seus irmãos, pois, o invejavam; mas seu pai guardava o caso no seu coração (Gênesis 37, 5-11, em* La santa

biblia: antiguo y nuevo testamento: antigua versión de Casiodoro de Reina (1569), revisada por Cipriano de Valera (1602) y cotejada posteriormente con diversas traducciones, y con los textos hebreo y griego).[7]

Também Camus, através da lente de sua obra literária, nos ensina a olhar com maior precisão a fantasia do *"unicato"*, que permanece subjacente nas comparações normais e patogênicas, não apenas intersubjetivas como também intrassubjetivas.

Nas comparações intrassubjetivas, gera-se uma tensa relação de domínio entre as instâncias intrapsíquicas no próprio sujeito: entre o eu e o supereu e entre o ideal de eu e o eu ideal em relação ao eu.

Camus ilustra, na peça teatral *Calígula* (1944a), até onde podem levar as comparações intrassubjetivas em um sujeito, quando se encontra comandado pelos efeitos destrutivos de um eu ideal tanático, que propicia o acionamento da fantasia do *"unicato"* levada a sua máxima expressão. Desse modo, Calígula, ao elevar-se acima do próprio eu ideal, perde a estruturante tensão comparativa que se gera entre o eu e as instâncias ideais da personalidade e cai, finalmente, na desestruturação psíquica.

Com efeito, o déspota romano procura ir mais além da relação fantasmática com aquele primeiro e inalcançável objeto irremediavelmente perdido, anelado e jamais recuperável.

Camus, em *Calígula*, nos oferece, em uma patética imagem ampliada, os diferentes jogos de poder que se desdobram nas comparações intrassubjetivas, até chegar ao delírio de se posicionar acima de qualquer referente humano e divino, por considerar-se superior a todos os homens e aos supremos deuses.

---

7   A tradução dessa passagem bíblica é de João Ferreira de Almeida. [N.T.]

> *Calígula. – Ah, filhos meus! Acabo de compreender finalmente a utilidade do poder. Dá oportunidades ao impossível. Hoje, e nos tempos vindouros, minha liberdade não terá fronteiras (p. 65).*
>
> . . .
>
> *Também tu me achas louco. E sem embargo. O que é um deus para que eu deseje igualar-me a ele? O que desejo hoje com todas as minhas forças está acima dos deuses (p. 67).*

A fantasia do "*unicato*" não representa a disseminação do poder, senão sua antítese: o acúmulo do poder. Não é o múltiplo, é o uno. É a morte da multiplicidade e da diversidade.

O tirano romano personifica a desmesura da fantasia do "*unicato*", em que o poder abusivo da ambição não tem freio e diante do qual se desvanece e cai, vencido, o genuíno poder que possui o amor. Este, representado pelo poder de Eros, é o que tem a faculdade para enfrentar e neutralizar a crueldade do amor pelo poder tanático, que ignora o chamado dos limites. Daí que a morte se faz arbitrária, sacralizam-se os meios para justificar os fins e o mal se manifesta em um estado de exasperação.

Essa fantasia do "*unicato*" manifesta-se além disso na psicologia coletiva e mantém nexos íntimos com o "narcisismo das pequenas diferenças", em que se fundamentam os sentimentos de alheamento e hostilidade no indivíduo e nas massas (Freud, 1918, 1921, 1930).

Recordemos que Freud introduz a expressão "narcisismo das pequenas diferenças" em "O tabu da virgindade" (1918), para evidenciar que a diferença e a comparação entre os gêneros originam uma singular relação entre a angústia e o poder, e que o homem primitivo recobre-se defensivamente para exercer uma relação de domínio sobre a mulher, porque na realidade se angustia diante de sua ominosa onipotência. Para isso, resguarda-se atrás do exercício de "um poder contrário ao amor, que desautoriza a mulher como sendo alheia e hostil" (p. 195). Ou seja, o homem, por seu complexo de castração e sua angústia de desamparo ante os supostos poderes persecutórios da mulher, investe-a no lugar de uma rival que se requer combater ou da qual se deve fugir.

Deriva desse "narcisismo das pequenas diferenças" "a hostilidade que em todos os vínculos humanos vemos batalhar com êxito contra os sentimentos solidários e debelar o mandamento de amar o próximo" (p. 195). Freud, com a introdução do conceito de pulsão de morte e sua relação com as dinâmicas narcisista, edípica e fraterna, torna manifesto, depois de 1920, o uso e o abuso que fazem certos povos e religiões das comparações a serviço dos propósitos de Tânatos. Ao menosprezar e hostilizar o diferente e ao desmentir a diversidade, promovem, a partir do narcisismo das pequenas diferenças no âmbito do social, situações repetitivas de crueldade e sadismo.

Em "Psicologia das massas e análise do eu" (1921) e "O mal-estar na cultura" (1930), faz referência ao efeito tanático exercido pelas comparações; ainda que não as mencione como tais, encontram-se implícitas em seus textos:

> *De acordo com o testemunho da psicanálise, quase toda relação afetiva íntima e prolongada entre duas pessoas – matrimônio, amizade, relações entre pais e filhos – contém um sedimento de sentimentos de desautorização e hostilidade que somente em virtude da repressão não é percebido. Está menos encoberto nas confrarias, em que cada membro disputa com os outros e cada subordinado se queixa de seu superior. E isso mesmo acontece quando os homens se reúnem em unidades maiores. Toda vez que duas famílias se aliam por matrimônio, cada uma*

> *se julga a melhor ou a mais aristocrática, às expensas da outra. Duas cidades vizinhas tratarão de prejudicar-se mutuamente em sua competência; todo pequeno cantão deprecia os demais. Povos aparentados se repelem, os alemães do sul não suportam os do norte, os ingleses abominam os escoceses, os espanhóis desdenham os portugueses. E, quando as diferenças são maiores, não nos assombra que o resultado seja uma aversão difícil de superar: os gauleses contra os germânicos, os arianos contra os semitas, os brancos contra os povos de cor (Freud, 1921, p. 96).*

Em "O mal-estar na cultura", Freud (1930) sublinha ademais como, por meio do "narcisismo das pequenas diferenças" e da fantasia do *"unicato"*, que subjazem às comparações patogênicas, se satisfazem as inclinações agressivas entre as massas.

Ou seja, por intermédio das comparações patogênicas, se satisfazem moções de hostilidade, "por cujo intermédio se facilita a coesão dos membros da comunidade" (p. 111), o que desvela que, nessas comparações estruturantes, se subordina o poder de Eros sob o império desintrincado de Tânatos.

As paixões tanáticas

Camus, através de Marta, em *O mal-entendido*, e do imperador romano, em *Calígula*, denuncia os efeitos desmesurados, provenientes da paixão tanática pelo poder.

Ao passo que Marta é vítima e vitimária ao mesmo tempo de um mal-entendido originado a partir das comparações intersubjetivas, determinadas pela incandescente memória do rancor pré-edípico deslocado para a figura de um irmão, Calígula representaria, por sua vez, por meio de suas delirantes comparações intrassubjetivas, a manifestação de uma paixão destrutiva comandada pela cegueira imposta por um eu ideal irrefreável que desmente as barreiras repressivas e sociais do asco, da vergonha e da compaixão.

Ao final de ambas as peças teatrais, os dois personagens admitem a necessidade de encontrar uma medida para a *hybris*.

Marta assume seu mal-entendido: "Para dizer-lhe a verdade, tive um mal-entendido. E se você conhece um pouco o mundo, não a surpreenderá" (p. 49). E também Calígula compreende a necessidade dos limites: "Não tomei o caminho verdadeiro, não chega a nada. Minha liberdade não é a boa. Nada! Sempre nada. Ah, como pesa essa noite!... seremos culpados para sempre! Essa noite pesa como a dor humana" (Camus, 1944a, p. 114).

Aiziczon de Franco (2005) assinala que, na obra de Camus, é indubitável a influência de Nietzsche. Especialmente em suas primeiras obras: *O mito de Sísifo* (1942), *Calígula* (1944a) e *O mal-entendido* (1944b), em que se torna manifesta a perda total dos valores. A partir disso, Camus tenta buscar novas regras para guiar a ação dos homens.

Não obstante, há de se apostar na vida com a consciência lúcida de saber que este mundo é absurdo, melhor dizendo, que o absurdo se dá no divórcio entre a consciência do homem e o mundo, entre os desejos do homem e o silêncio do mundo, entre a fragilidade da vida e a presença inexorável da morte, entre o desejo de liberdade e a opressão, entre a busca pela paz e a presença ominosa da guerra. Sol e sombra, *hybris* e *diké* jogam nesse drama da vida humana.

Sísifo será, então, o paradigma do absurdo, nessa tarefa diária de viver sem sentido, sem esperar nada, sendo feliz a cada dia.

Por estar vivo e levar a pedra até lá em cima, com a consciência lúcida de que ela cairá novamente, convencido de que não vale a pena morrer pelo argumento ontológico; a vida merece a pena de ser vivida, e Camus aposta nela.

Com efeito, a obra de Camus, caracterizada por um estilo vigoroso e conciso, reflete uma sociedade desembocada no niilismo, após a destruição de seus valores e a sensação de alienação e desencanto, junto com a afirmação das qualidades positivas da dignidade e da fraternidade humanas.

Camus recebeu em 1957 o prêmio Nobel de literatura e, três anos depois, morre em um absurdo acidente automobilístico em Villeblerin (França), em 4 de janeiro de 1960. Em uma bolsa achada entre os restos do carro em que colidiu, foi encontrada uma novela inconclusa cujo título é El primer hombre. *Esse livro demorou mais de trinta anos para aparecer de maneira póstuma, com todas as anotações incluídas. É um livro autobiográfico, no qual Camus questiona a rebeldia social quando esta se transforma em opressão, defendendo resolutamente a rebelião individual como conquista vital e afetiva. No livro que estava escrevendo antes de morrer, começa descrevendo seu grupo familiar pobre, obtuso, em que as palavras eram tão escassas quanto os móveis, em que não havia nem uma colher a mais, nem uma surra a menos. Uma casa em que poucas vezes se recordava o pai ausente, morto no* front *da Primeira Guerra Mundial, quando Camus tinha apenas 1 ano. Aquele pai que fez tanto para que seu filho pudesse nascer, no meio de uma noite de contrações aceleradas e nenhuma parteira. Sua mãe analfabeta quase muda, com as mãos envelhecidas de tanto esfregar, depositou exausta o recém-nascido em uma cesta de roupa suja. E se manteve*

sempre ao seu lado no tempo em que Camus permane-
ceu naquele miserável subúrbio de Argel.

. . .

O amor de sua mãe era um pacto de silêncio que
admitia a estranheza e transcendia as más condições
de existência. Nada obstante, o amor de sua mãe era
pródigo. Excedia as palavras e ignorava a pobreza
(Hopenhayn, 2005, p. 8).

As comparações fraternas na situação analítica

As comparações têm na clínica um alto valor heurístico; podem ser empregadas durante o processo analítico como uma via régia para a descoberta e a elaboração das situações traumáticas e das identificações que se produzem como intento de desenlace de tais situações, e que, de um modo latente, subjazem por trás da manifesta compulsão repetitiva das comparações.

Partirei da hipótese de que as comparações representam um atalho na situação analítica, porque abreviam o caminho para refletir sobre um dos nós privilegiados onde se refugia a intimidade mais escondida da encruzilhada narcisista-objetal de cada sujeito, dentro de um campo dinâmico de forças.

Diferenciarei as comparações normais das patogênicas, as impostas das próprias, as intersubjetivas das intrassubjetivas, as edípicas das fraternas e suas ressignificações através das sucessivas gerações.

Em toda comparação fraterna, se cotejam a falta e o excesso em um mesmo e no outro; a partir disso, pode-se chegar a estabelecer a assunção da diferença, o semelhante e o complementar.

Em alguns casos, a falta ou o excesso desencadeiam sentimentos de compaixão; em outros, ao contrário, reanimam sentimentos de crueldade.

Assim, a qualidade positiva da comparação pode chegar a promover sentimentos de concórdia e camaradagem. Nos dizeres de Sábato, "a solidariedade salvadora, que reabre a possibilidade de recuperar o quanto de humano perdemos" e, além disso, promove "a capacidade de imaginar o próximo, que é um modo de imunizar-se contra o fanatismo" (Oz, 2004, p. 11).

Esse aspecto construtivo da comparação fraterna é ilustrado na antiga lenda hebreia intitulada "Os dois irmãos", em que se põe em evidência como a "salvadora riqueza das diferenças" (Steiner, 1997, p. 8) pode chegar a ser fonte e, ao mesmo tempo, motor da busca de sentido de justiça e da exigência de igualdade entre eles, e que são, segundo sustentam Vallino e Macciò, "as raízes da consciência social e do sentido do dever, do espírito comunitário e da identificação social" (2004, p. 147), manifestações derivadas do aspecto trófico do complexo fraterno.

Ao passo que, na microficção de Brasca intitulada "Hermanos" (Irmãos) (2004), presenciamos justamente o contrário: quando, a partir da comparação, o outro permanece identificado no lugar de um ominoso rival paranoide, e não no de modelo, objeto ou auxiliar complementar, e, como consequência, geram-se encarniçadas e intermináveis rivalidades fraternas que apenas semeiam discórdia, receio e morte.

A seguir, transcreverei ambos os textos para cotejar as qualidades positivas e negativas do uso e do abuso das comparações fraternas.

Os dois irmãos

Há muito, muito tempo, na região onde antigamente erguia-se Jerusalém, viviam dois irmãos.

*Eram lavradores e cultivavam a terra que haviam
herdado do pai. O irmão mais velho era solteiro e vivia
sozinho. O irmão mais novo era casado e vivia com
sua esposa e quatro filhos pequenos. Os irmãos se ama-
vam tanto que não queriam dividir o campo entre eles.
Aravam, semeavam e colhiam juntos. E o produto do
trabalho comum era repartido em partes iguais.
Certa noite, em época de colheita, o irmão mais velho
deitou-se para dormir, mas não conseguiu pegar no sono.
"Eis-me aqui – disse a si – sozinho, sem mulher, nem
filhos. Não tenho que alimentar nem vestir ninguém.
Meu irmão, por outro lado, tem a responsabilidade de
uma família. É justo, então, que compartilhemos nossas
colheitas na mesma proporção? Suas necessidades são
maiores que as minhas."
À meia-noite levantou-se, tomou uma pilha de feixes
de trigo e a levou ao campo de seu irmão.
Logo voltou à sua tenda e adormeceu em paz.
Nessa mesma noite tampouco pôde dormir seu irmão,
pois pensava nele. "Eis aqui que, quando eu me tornar
velho, meus filhos cuidarão de mim, mas o que sucederá
ao meu irmão? Quem cuidará de suas necessidades? Não
é justo que compartilhemos nossas colheitas do mesmo
modo." Então, se levantou, reuniu um montão de feixes
de trigo e os levou ao campo de seu irmão, deixando-os
ali. Feito isso, deitou-se novamente, adormecendo em paz.
Quando veio o amanhecer, ambos os irmãos estranha-
ram sobremaneira encontrar a mesma quantidade de
trigo colhido que haviam deixado na noite anterior. Mas
não se comunicaram sobre o assombro que lhes havia
causado o sucedido.*

*Na noite seguinte, cada irmão repetiu o que havia feito
antes. E na madrugada tiveram motivo novamente para
assombrarem-se: o número de feixes em cada campo não
havia mudado. Mas, na terceira noite, quando ambos
os irmãos repetiam o traslado de feixes, encontraram-se
no cume de uma colina. Imediatamente compreende-
ram o que havia ocorrido. Embargados pela emoção,
deixaram os feixes e se abraçaram, chorando de gratidão
e felicidade.*

Hermanos

*Quando a coexistência tornou-se insustentável, dois
irmãos muito competitivos chegaram a um acordo tácito,
mas inquebrantável: aquilo em que um dos dois triun-
fasse ficaria vedado ao outro; isso evitaria qualquer
comparação entre ambos.*

*Mais que um alívio, o pacto resultou em uma sentença.
Na corrida por apropriar-se dos triunfos mais gratifi-
cantes e das privações menos penosas, o que mostrou
primeiro ser mais inteligente relegou ao outro a estoli-
dez e os trabalhos duros. Consequentemente, quando
o bruto, embora gentil, ganhou com as mulheres, o
intelectual teve de inclinar-se pelos homens. Mas replicou, tornando-se mais rico, com o que obrigou o irmão
a equivocar-se nos negócios e arruinar-se. Não previu
que tanta miséria faria com que seu rival desejasse
morrer até consegui-lo, e que com isso lhe escamo-
tearia o triunfo. Achacoso e coberto de anos, suporta
ainda a ruína de seu corpo enquanto clama por uma
morte proibida.*

Os irmãos Grimm, filólogos, críticos, folcloristas e literatos alemães, constituem um caso especial de solidariedade na história das letras universais.

Muitas das obras de Jacob Grimm (1785-1863) e de Wilhelm Grimm (1786-1859) figuram como escritas em colaboração; entre outras, seus *Contos infantis* (1812-1822), que lhes rendeu renome universal.

Nesses contos se põem em evidência a gravitação exercida pelas comparações fraternas e seus efeitos construtivos e destrutivos nas diversas fantasias que comandam esses relatos, através das quais se satisfazem moções agonísticas e "toda uma série de pulsões: ternas, de agradecimento, concupiscentes, desafiantes, de autonomia" (Freud, 1910, p. 166).

Nestes contos tornam-se visíveis e audíveis as seguintes fantasias fraternas: 1) fratricidas ("Os dois irmãos"); 2) furtivas ("As aventuras do irmão Folgazão"); 3) de rivalidade e exclusão ("Cinderela" e "Os quatro irmãos habilidosos"); 4) de gemelaridade e confusionais ("Os dois irmãos"); e, além disso, os aspectos tróficos e sublimatórios da lógica fraterna, por meio do desdobramento das fantasias de 5) solidariedade; 6) fraternidade; e 7) amizade ("Branca de Neve", "João e Maria", "Os doze irmãos" e "Os três irmãos").

Pontalis (1974) afirma que "a fantasia é uma realidade estruturante e atuante", e assinala ademais a "frequente colusão entre fantasmáticas" (p. 9).

Com efeito, a arte narrativa dos irmãos Grimm é um testemunho eloquente da importância exercida pelas comparações fraternas, edípicas e narcisistas, e nos permite destacar, com nitidez, seus nexos com as diversas fantasmáticas na vida psíquica individual e coletiva.

A fantasia inconsciente básica

M. Baranger (2004) assinala:

> *Cada vez que se estabelece uma relação bastante du-*
> *radoura, em que os papéis se distribuem e se tornam*
> *crônicos ou se intercambiam sobre um fundo constante,*
> *estamos justificados a falar de uma situação de campo;*
> *assim em um casal, uma família, um grupo profissio-*
> *nal ou institucional. Nesse mesmo sentido, também nas*
> *reiteradas comparações, estabelece-se uma relação bas-*
> *tante duradoura, na qual se gera um campo dinâmico*
> *de forças, criador de uma singular fantasia inconsciente*
> *básica, a partir da qual esta determinará a dinâmica*
> *da comparação.*
>
> *Pelo intermédio dessa fantasia inconsciente básica e*
> *de suas transformações, quando se lhe entende e inter-*
> *preta, podemos então começar a coligir o funcionamen-*
> *to psíquico e a história intrassubjetiva de cada um dos*
> *integrantes (p. 51).*

Desde a intersubjetividade até a intrassubjetividade. Desde o *hic et nunc* até o passado e o porvir. Desde essa comparação, aparentemente atemporal, até a temporalidade da ressignificação (Kancyper, 1997b).

Com efeito, o que se compara o faz a partir de uma posição determinada por suas identificações inconscientes, em virtude das quais se coteja com um outro investido por ele, quem, por sua vez, assume e reassume esse papel definido a partir da história de seus próprios traumas e identificações que, inconscientemente, comandam sua vida.

LUIS KANCYPER 49

A seguir, tentarei ilustrar através da clínica:

1. A fantasia inconsciente básica que determina cada comparação e seus efeitos sobre cada um dos participantes.

2. A historização das situações traumáticas e as identificações inconscientes.

3. O reordenamento dessas identificações para facilitar a mudança psíquica.

4. A elaboração da báscula da idealização-desidealização e da relação de domínio que se desencadeiam durante as comparações.

As comparações patogênicas, diferentemente das normais, costumam ser empregadas para reprimir e/ou desmentir as angústias no próprio sujeito, para escandi-las e depositá-las depressa em um outro, sobre o qual se teima em exercer uma pertinaz relação de domínio.

Essas comparações patogênicas não somente se geram na psicologia individual; também se presentificam na psicologia das massas.

Freud o assinala em *O futuro de uma ilusão* (1927a):

Com demasiada facilidade se tenderá a incluir entre as posses psíquicas de uma cultura seus ideais, ou seja, os valores que indicam quais são seus êxitos supremos e mais apetecíveis . . . a satisfação que o ideal concede aos membros da cultura é de natureza narcisista, repousa sobre o orgulho pelo êxito já conseguido. Para ser completa, essa satisfação necessita da comparação com outras culturas que se lançaram a êxitos diferentes e desenvolveram outros ideais. Em virtude dessas diferenças, cada cultura se arroga o direito de menosprezar as outras. Dessa maneira, os ideais culturais passam a ser motivo de discórdia e inimizade entre diversos círculos de cultura, como se observa muito claramente entre as nações (p. 13).

Nesse texto, Freud distingue o uso que certas nações fazem das comparações. Enquanto para alguns membros da cultura a satisfação no cumprimento dos ideais eleva – através do orgulho pelos êxitos obtidos – o sentimento de si (Freud, 1914) coletivo, outros, pelo contrário, instrumentalizam arrogantemente seus êxitos a serviço dos propósitos de Tânatos. Ao menosprezar o diferente e ao desmentir a diversidade entre os povos e as religiões, promovem, a partir do narcisismo das pequenas diferenças (Freud, 1918, 1921, 1930), situações repetitivas de crueldade e de sadismo.

Pablo e as comparações fraternas

Pablo é um exitoso profissional de 38 anos de idade. Consulta-se por seus reincidentes fracassos matrimoniais e por sua acelerada atividade social, alternada com episódios de intensas angústias que lhe originam transtornos psicossomáticos. Já havia realizado dois tratamentos psicanalíticos prolongados.

As sessões que transcreverei têm, segundo as próprias palavras de Pablo, "o valor de um tesouro oculto de alta riqueza que pode chegar a dar-me, e também à minha outra irmã, o tesouro de minha felicidade e de minha paz".

Pablo é o mais novo dentre outras duas irmãs: Solange, de 42 anos, profissional laureada e divorciada duas vezes, com duas filhas, e Paulina, de 40 anos, solteira com severas dificuldades psíquicas. Seus pais vivem e também são profissionais de relevância.

A sessão que relatarei é uma elaboração surpreendente de Pablo, surgida a partir de um assinalamento meu sobre a provável importância que haveria tido em sua história a presença conflitiva de sua irmã Paulina.

Pablo: Hoje continuei pensando em minha irmã Paulina e comecei a dar conta de que ela me marcou, deixando um montão de consequências profundas em minha vida.

Paulina é um caminho nunca explorado em mim. Creio que tem um valor de um tesouro oculto de alta riqueza que pode chegar a dar-me, e também à minha outra irmã, o tesouro de minha felicidade e de minha paz. Ontem li no jornal diário que no Chile se está efetuando uma exploração geológica. Parece ser que na ilha de Robinson Crusoe encontraram um tesouro que havia sido enterrado por piratas no início do século XVII, que continha umas 800 toneladas de ouro e joias incríveis e que seria distribuído entre seus 600 habitantes. Então cada um receberia uns 17 milhões de dólares.

Não sei por que falo neste momento disso, talvez porque sinto que o tema de Paulina possa chegar a ter uma importância fabulosa em mim.

Ontem, quando voltei da sessão, escrevi um e-mail a Solange para que também ela comece a se perguntar acerca da influência de Paulina no curso de sua vida.

Tanto ela como eu nos separamos várias vezes, e não creio que seja por simples casualidade. Em casa, Paulina sempre foi uma carga econômica até que completou os 39 anos e foi, pela primeira vez, viver com um viúvo.

É a única da família que não tem um título universitário. Nunca ganhou um tostão. Sempre foi uma carga familiar. Para mim, Paulina não somente me custou um montão de dinheiro. Ela me tirou um excesso de energia. Eu antes tinha um excesso de culpas e de vergonhas por ela que não me permitia existir.

Repito a você, Paulina foi sempre uma carga. Já viu o que acontece em uma casa onde tem um banheiro que está ocupado e não se pode entrar? Assim foi Paulina para mim: me ocupava a cabeça, a tinha em minha mente e não encontrava a maneira de tirá-la de cima e de dentro de mim.

E sempre vivi apressado e creio que, nessa forma minha de viver e de não existir, também incide a presença de Paulina. Desde que eu nasci, tive de tolerar estar à margem. Ela ocupava toda a atenção de meus pais (pausa). Por que eu sempre tive de pagar e pagar e ficar finalmente sem nada para mim?

É óbvio que algo dela também tem a ver com isso. A ela sempre tinha de dar algo para calar-lhe a boca. E eu assim dei e continuo dando a Romina e a minha ex-mulher o que não lhes corresponde, para tapar-lhes a boca. Ademais, não sei se essa maneira estúpida que tenho de dar demais não tem também a ver com o fato de que tenho medo de parecer com a Paulina. Ela não deu e não tem para dar; e eu creio ter para dar de uma maneira infinita até o extremo de ficar sem nada.

Eu sempre repartia todas as cartas que tinha em minha mão. Nunca ficava com o ás para mim. Dava tudo o que tinha. Sabe por quê? Porque acreditava que eu era o ás em tudo. Sempre acreditei que era genial e muitíssimo mais que muitos.

Assinalo a ele que o tema da comparação com Paulina pareceu ter uma grande importância ao longo de toda sua vida e que, ademais, são idênticas as duas primeiras letras do nome de ambos.

É assim. Não há dúvida. Mas essa comparação com Paulina, que esteve sempre em minha cabeça, já não me serve mais, porque se dispõe em detrimento do que eu quero chegar a ser.
Quando você fica na comparação, você se impede de estar consigo mesmo.
Enquanto se compara, permanece em uma atitude defensiva: vive para se proteger e para se preservar de que os demais descubram aqueles segredos que lhe enchem de vergonha e de dor.
Asseguro-te que o tema de Paulina é todo um achado, é um verdadeiro tesouro inexplorado em minha vida.

Na sessão seguinte:

Sinto-me mais sólido, mais tranquilo.
Estou com meu motor em curso, mas não me sinto hiperativo.
Estou em um bom momento e, para mim, isso tem a ver com o desfrutar.
Algo acontece comigo. Nesse fim de semana senti que não tinha que estar constantemente com minhas filhas.
Pude ir jogar futebol, e quando voltei me esperavam contentes. Isso, desse jeito, me parecia impensável antes.
Inclusive ontem, minha velha me fez um comentário de que tinha de parar de comprar chocolates para minhas filhas, e lhe respondi que apenas agora vou poder começar

> *a impor-lhes limites. Também com Romina [sua ex--mulher] sinto uma grande diferença. Creio que estou aprendendo a conviver com a diferença entre ela e eu, e que ela produza suas mudanças a sua maneira.*

Indico-lhe que na semana anterior ele recordou, na sessão, o peso e as consequências que teve a comparação com Paulina em sua vida. Ele me interrompe:

> *Sim, isso mesmo. Ela era como o vazamento de gás que se infiltrava e terminava invadindo a casa e até podia chegar a te matar. Aqui na sessão se encontrou o vazamento desse gás que estava tomando minha casa que era sólida.*
>
> *Eu hoje me sinto sólido, tive êxitos e também fracassos, e isso é muito importante: destacar que não posso continuar me comportando como antes. Que, se vejo que há trânsito, não tenho de passar por cima dos carros. Eu não podia aceitar que existe o trânsito e que essa é a realidade. Eu muitas vezes não sei se fui negador, mas pensava que como mágico eu poderia modificá-la. Hoje comecei a aceitar que há situações que não são modificáveis, e que já não posso mais me enganar.*

Nessas sessões, pudemos reunir os efeitos desestruturantes que costumam ter os traumas fraternos na vida dos irmãos sadios, quando na estrutura familiar existem irmãos perturbados, psíquica e/ou fisicamente. Em trabalhos anteriores, estudei as influências exercidas por lutos patológicos e não superados por um filho-irmão morto, tanto nos pais como nos irmãos e naqueles que foram concebidos para ser um filho-irmão substituto de um outro falecido (Kancyper, 2004).

No caso de Pablo, sua comparação incessante com sua perturbada irmã Paulina gerava uma fonte permanente de culpabilidade e vergonha. Essa sobrecarga persecutória lhe impunha uma fuga defensiva que se manifestava através de uma enigmática e ingovernável aceleração.

Pablo mantinha um segredo culpado originado pelos efeitos atuantes de sua comparação maníaca e ao mesmo tempo masoquista com Paulina. Seus êxitos profissionais eram vividos persecutoriamente, acompanhados de fantasias fratricidas e furtivas.

Pablo se posicionou na encruzilhada narcisista-objetal, como o próprio eu ideal: considerava-se um ser perfeito e autossuficiente, era o ás inquestionável, e investia o outro e os outros no lugar de um mero objeto-naipe denegrido.

Relação narcisista, geradora de uma comparação patogênica, que se reeditava comigo na situação analítica, na qual costumava se posicionar no lugar do ás acelerado, que aparentemente não requeria nada de ninguém, salvo que eu lhe confirmasse que realmente ele pode prescindir dos demais e que, além de invulnerável, é um ser admirável. Localizando-me na transferência fraterna, no lugar de sua irmã a quem deve cuidar, nutrir e socorrer com receio.

Comparação compulsiva, geradora nele de sentimentos de culpabilidade inconscientes e de necessidade de castigo, que lhe impunham "o fracasso ao triunfar" (Freud, 1916a).

Entretanto, diferentemente do já assinalado por Freud, esse fracasso não provinha fundamentalmente dos efeitos do acionar do complexo edípico, mas sim das influências exercidas pela dinâmica fraterna que afetavam sua mente e seu corpo.

Para mim, Paulina não somente me custou um montão de dinheiro. Ela me tirou um excesso de energia. Eu antes

*tinha um excesso de culpas e de vergonhas por ela que
não me permitia existir.
Repito a você, Paulina foi sempre uma carga.*

Essa atormentada comparação fraterna com Paulina gerava em
Pablo o efeito desorganizador dos traumas, chegando a comandar
inconscientemente os emaranhados processos que intervêm na
escolha de objeto.

Com efeito, suas escolhas de parceira flutuavam entre a hostilidade paranoide e o masoquismo, reeditando, em certa medida, com
as mulheres os vínculos ambivalentes que mantinha com Paulina.

Nas sessões *"Issue"* e "Culpa e dolo", tenta chegar a ser absolvido
de certos traumas, identificações e culpabilidades, para desprender-
-se de missões redentoras impostas por si mesmo. Nelas, anelava
encontrar uma saída para o labirinto mental que tramavam suas
próprias comparações fraternas e que tinham moldado, em grande
medida, sua vida.

Pablo posicionou-se subjetivamente no lugar do mítico Caim.

Com efeito, nas sessões seguintes, presenciamos o início do
desapego da atemporal sentença bíblica "Sou acaso o guardião de
meu irmão?" (Gênesis, 4, 9), que continuava exercendo um poder
atormentador na realidade psíquica de Pablo e operava, além disso,
como uma fonte geradora de culpa, reanimando compulsivamente
seu masoquismo moral e erógeno.

Issue

*Desde que tenho o uso da razão, fui um menino move-
diço, inquieto e hiper-responsável.*

Sempre fiz muito e Paulina não fez nada. Ela é o exemplo da ineficácia e eu, do pragmático. Paulina antes que se sentasse para estudar fazia voltas e rodeios. Eu era superconcentrado, estudava muito bem e até jogava tênis e tomava minhas aulas de saxofone. Solange se casou aos 20 anos. Eu tinha, àquela altura, 16 e Paulina, 18. Quando Solange se casou eu ia a sua casa todos os sábados e Paulina jamais ia. Aliás, eu e Solange somos amigos, com Paulina somos somente irmãos. É pesada, pegajosa, sempre fala das mesmas coisas. É repetitiva.

Em casa, a mais inteligente dos cinco é minha mãe, mas está em campanha proselitista consigo mesma. Tem de se publicitar e falar bem dela mesma. Meu pai é menos capaz que ela. No ranking, *Paulina está no quarto lugar; meu pai, em terceiro; Solange e eu, no segundo, e em primeiro está minha mãe. Mas a Solange está se lixando para o futuro de Paulina, e tenho a sensação de que eu mesmo vou ter de carregar a Paulina, econômica e afetivamente como uma hipoteca.*

É como dizem os americanos: issue. *E, sim, Paulina é todo um tema, um dever de minha vida. Paulina é uma mala que vou ter de carregar quando meus pais deixarem de viver (Kancyper, 1990a, p. 75).*

Culpa e dolo

Eu nunca lhe contei algo que tinha escondido, que a partir desse fato comecei a ter ataques de pânico.

Foi no ano de 1998, eu tinha 21 anos e choquei-me contra um coletivo, e um amigo meu, Sergio, que viajava comigo, ficou em coma durante três meses. Por sorte se salvou e eu fiquei muito culpado de algo que não tinha culpa, porque eu dirigia a 30 km/h e veio um coletivo a 80 km/h e destruiu o carro. Sergio saiu de dentro das ferragens do carro e, ao final, na justiça, teve uma indenização que Sergio cobrou, porque se demonstrou que o culpado tinha sido o motorista do coletivo, e não eu. Esse fato foi muito importante em minha vida, e o tema de Paulina, que estava escondido em mim, também creio que seja. Eu sempre tinha de mostrar minha genialidade para não ser confundido com ela, e isso me trazia uma exigência muito grande. Tenho a sensação de que Paulina, que não era um tema de minha vida até este momento, tenha sido, e que eu sentia culpa por ela e que, na realidade, agora não sei se sou tão culpado.

Eu quero saber quem é o culpado por Paulina.

O acidente com o automóvel e o "issue" de Paulina têm o mesmo caráter de azar, no sentido de que eu não tenho nada a ver.

Talvez me sentia culpado porque Solange e eu somos tão vitais e personalidades tão fortes que não demos lugar a ela, por isso lhe digo que não sei se sou tão culpado, tão responsável de me encarregar dela. A mim me absolveram na justiça no caso do acidente de carro e culparam o coletivo; eu também gostaria de me absolver desta culpa que sinto por Paulina.

Creio que os culpados por ela são meus pais e, principalmente, minha mãe.

Eu não sabia que Paulina era um tema em minha vida. Agora não posso dizer o mesmo, porque sinto que simplesmente o fato de nomeá-la me gera culpa, angústia, mal-estar no peito. Eu postergava minhas coisas para que não vissem tantas diferenças com ela.
(Pausa, se distende no divã, muda para um tom de voz mais reflexivo e afirma:)
Juridicamente se diferencia a culpabilidade do dolo.
Analista: Qual é, segundo você, a diferença?
Pablo: O dolo é intencional, a culpabilidade tem a ver com a negligência, com a ligeireza, com a falta de informação. Paulina não tem um dano cerebral, é superchata, é o reiterativo, não é inteligente, mas minha mãe consentia demais e a converteu em uma inútil.
Não o fez de uma forma intencional, mas o fez, e essa, sim, é sua culpa. Eu tenho, não sei se pode dizer culpabilidade, mas é uma culpabilidade psicanalítica e não jurídica, talvez porque me sinto mais capaz e porque Solange e eu somos, além de irmãos, bons amigos e deixamos sempre a Paulina num canto.

Na sessão *"Issue"*, assistimos ao início de sua desidentificação gradual, e não paroxística (Kancyper, 1990a), de ser o Redentor culpado que leva sobre seus ombros a missão de carregar a cruz de sua irmã perturbada.

Na sessão seguinte, "Culpa e dolo", Pablo começa a questionar o sobrepeso de sua culpabilidade fraterna e adverte que, na realidade, essa culpa e essa responsabilidade não concernem precisamente a ele, mas que historicamente pertencem a sua mãe.

A partir da revalorização da báscula da idealização-desidealização de suas imaginárias culpabilidades e vergonhas, e de tornar conscientes as sórdidas relações de domínio subjacentes a sua reprimida e cindida comparação com Paulina, Pablo, a um só tempo, começa a reordenar as posições identitárias conjuntas nele: como o sujeito posicionado no lugar de um eu ideal, vitimário e perseguido, e no lugar do outro, investido também por ele mesmo como um objeto desvalorizado e potencialmente retaliativo, pelo acionamento de seus desejos hostis infantis e onipotentes.

Pablo nos testemunha, nessas sessões, o tesouro inexplorado que representa o desvelamento de sua atormentada e inconsciente relação com Paulina; portanto, põe em evidência a importância nodal exercida pela dinâmica fraterna em sua vida.

Com efeito, o paradigma fraterno opera como se fosse um farol potente que ilumina certas zonas críticas da topografia da alma humana.

O complexo fraterno nos possibilita remontar o curso da evolução da vida psíquica mais além do Édipo, até o narcisismo estruturante e ao mesmo tempo alienante.

A presença de um irmão inflige uma ferida ao narcisismo e causa uma vexação ao egoísmo e à fantasia sempiterna do "*unicato*" que subjaz a todo sujeito.

O reconhecimento e a aceitação de um irmão, como um outro diferente e ao mesmo tempo complementar, implicam a necessidade de processar um trabalho de elaboração psíquica adicional e complexo no âmbito da idealidade do ideal do eu e, fundamentalmente, do eu ideal, já que este se afirma, principalmente, sobre a negação do outro.

A inclusão da alteridade, personificada através do irmão, perturba a encenação imaginária do eu ideal que, enquanto personagem heroico na realidade intrapsíquica, se erige como um ser único e ao mesmo tempo possuidor de um inquestionável poder sobre os semelhantes e o mundo.

A presença de um irmão quebra, portanto, as fantasias relacionadas com a onipotência narcisista que se manifestam através das fantasias de autossuficiência, heliocentrismo, invulnerabilidade, imortalidade, eternidade, especularidade e bissexualidade. Por outro lado, a presença de um irmão possibilita o processamento e a superação das fantasias pré-edípicas e edípicas.

Considero que, assim como o sonho é uma via régia para a elucidação do inconsciente, o complexo fraterno é outra via para acessar o estudo e a elaboração dos conflitos edípicos, pré-edípicos e narcisistas.

Considerações finais

O caso de Pablo ilustra que as comparações têm, tecnicamente, uma importância significativa, porque seu desvelamento na situação analítica pode ser empregado como um instrumento e um ponto de partida para reunir em uma visão conjunta:

1. O desdobramento do indivíduo como sujeito e objeto; suas respectivas oscilações e os recorrentes jogos de domínio que se reativam durante cada comparação.

2. A historização dos traumas e as identificações que subjazem às comparações.

3. A encruzilhada narcisista-objetal de cada sujeito.

4. A fantasia básica que comanda inconscientemente essa encruzilhada.

Tzvetan Todorov (2003) assinala:

Schopenhauer disse em algum lugar: o indivíduo pode fazer o que quiser, mas não escolhe querer o que quer.

> *Meu ser elege meu fazer, mas quem elege meu ser? Concordo, a partir de que sou, posso exercer minha liberdade. Mas se elege em relação a algo preexistente, não no vazio.*
>
> *. . . .*
>
> *Liberdade não significa indeterminação, mas sim a possibilidade de sobrepor-se às determinações (p. 214).*

Concordo com Todorov e estimo que, através deste caso, podemos pôr em evidência, por um lado, a gravitação que exercem as dinâmicas do narcisismo, do complexo de Édipo e do complexo fraterno como condicionantes essenciais na determinação da eleição de objeto. Por fim, a possibilidade de tornar conscientes suas influências inconscientes reabre no sujeito a esperança de chegar a emancipar-se e a se sobrepor, em certa medida, às determinações inconscientes que comandam o fluir de sua existência.

Por outro lado, o caso de Pablo põe em relevo a eficácia e os limites do fazer psicanalítico para se opor, na medida do possível, aos efeitos trágicos surgidos a partir das comparações patogênicas fraternas que, como em *O mal-entendido*, de Camus, costumam gerar um enclausurado destino de sofrimentos, não somente na psicologia individual, mas também na psicologia das massas.

2. Remorso interminável na obra de Jorge Luis Borges

Introdução

"A memória de Shakespeare"[1] é um conto crepuscular, do último Borges.

Foi escrito ao final de sua vida e irradia sobre sua obra anterior a luz fria de um astro que se apaga.

Nesse sentido, o relato pode ser lido como uma versão (ou inversão) derradeira, grave e melancólica dessa jubilosa entrada na literatura de ficção que, se acreditarmos em Borges, teve lugar apenas em 1939, com "Pierre Menard, autor do *quixote*".[2]

---

1 Edição brasileira: Borges, J. L. (2011). *Nove ensaios dantescos & A memória de Shakespeare*. São Paulo: Companhia das Letras. [N.E.]
2 Edição brasileira: Borges, J. L. (2007). *Ficções*. São Paulo: Companhia das Letras. [N.E.]

Se Pierre Menard, um escritor francês de segunda linha, pretendia ali chegar ao Quijote sem querer ser Cervantes (sem querer deixar de ser Pierre Menard, um escritor simbolista do século XX), Hermann Soergel, o narrador de "La memoria de Shakespeare", acata um destino oposto: o de ser William Shakespeare (Rodríguez, 2005).

Nesse conto, Hermann Soergel recebe a memória opressiva de um outro que não se ausenta jamais e expõe seu fracasso: acha-se totalmente incapacitado para se opor aos invasivos desejos alheios implantados nele.

Encontra, como única solução frustrada para distanciar-se dessa situação conflitiva e traumatizante, uma identificação massiva com os desejos insatisfeitos e impostos por outros a ele, e a missão de redimi-los.

Finalmente permanece encantoado, rendido e sofrendo em um labirinto narcisista-masoquista, como se tivesse sido programado para a obediência e a submissão no cumprimento de ser "o eleito".

Seu problema não é querer recordar, senão o de não poder esquecer. Não pode se desvencilhar do feitiço do poder identificatório parental que o oprime sem trégua.

Desse conto, diz Ricardo Piglia (1999):

Hermann Soergel é um obscuro acadêmico alemão consagrado à obra de Shakespeare, que recebe o inesperado dom de sua memória pessoal. Mas seu resultado é decepcionante, a memória de Shakespeare o extenua, e apenas serve para vãos fins eruditos. O dom de possuir uma memória alheia se torna terrível quando o herdeiro acaba possuído por ela.

Ter ou ser tido por uma memória imposta, esta parece ser a questão.

Esse último conto de Borges surgiu de um sonho.
Borges, aos oitenta anos, viu um homem sem rosto
que, em um quarto de hotel, lhe oferecia a memória de
Shakespeare. "Essa felicidade me foi dada em Michigan",
conta Borges.

Não era a memória de Shakespeare no sentido da fama
de Shakespeare, isso teria sido muito trivial; tampouco
era a glória de Shakespeare, mas sim a memória pes-
soal de Shakespeare (pp. 61-62).

A seguir, porei esse conto no divã e transcreverei suas partes mais salientes, porque este relato, escrito aos 81 anos, descreve com singeleza feitos portentosos.

Isso nos permite, por um lado, vislumbrar retroativamente o peso determinante da crença de "o filho-povo eleito" na realidade psíquica dos indivíduos e das massas.

Por outro lado, propicia-nos a revisão psicanalítica dos seguintes temas:

a. O rol dos fatores pré-edípicos e edípicos na vida psíquica normal e patológica.

b. O Édipo no mito e na tragédia.

c. O Édipo borgeano e o poder do remorso.

d. Neurose de predomínio dual.

e. Do amor ao poder ao poder do amor entre pais e filhos na cartografia mental borgeana.

f. O poder das identificações redentoras: alienação e desalienação.

g. O reordenamento identificatório.

A memória de Shakespeare

Escreve Borges (1982b):

> Há devotos de Goethe, das Eddas e do tardio cantar
> dos Nibelungos; Shakespeare foi meu destino. Ainda é,
> mas de um modo que ninguém teria podido pressentir,
> salvo um único homem, Daniel Thorpe, que acaba de
> morrer em Pretória. Há outro cujo rosto nunca vi.
> Sou Hermann Soergel. . . .
> Nomeei Daniel Thorpe. Apresentou-o a mim o major
> Barclay, em certo congresso shakespeariano. Não direi o
> lugar nem a data; sei muito bem que tais precisões são,
> na realidade, imprecisões.
> Mais importante que o rosto de Daniel Thorpe, que
> minha cegueira parcial me ajuda a esquecer, era sua
> notória infelicidade. Ao longo dos anos, um homem
> pode simular muitas coisas, mas não a felicidade. De
> modo quase físico, Daniel Thorpe exalava melancolia.
> Depois de uma longa sessão, a noite encontrou-nos em
> uma taverna qualquer. Para sentir-nos na Inglaterra
> (onde já estávamos), apuramos em rituais jarras de peltre,
> cerveja morna e negra.
> . . . .
> As palavras que tento reconstruir me impressionaram
> menos do que a convicção com que as disse Daniel
> Thorpe. Achamos que diria algo mais, mas de repente
> calou-se, como que arrependido. Barclay despediu-se.
> Juntos, nós dois voltamos ao hotel. Era muito tarde, mas
> Daniel Thorpe propôs-me que prosseguíssemos a conver-
> sa em seu quarto. Após algumas trivialidades, disse-me:

– Ofereço-lhe o anel do rei. É claro que se trata de uma metáfora, mas o que essa metáfora encobre não é menos prodigioso que o anel. Ofereço-lhe a memória de Shakespeare desde os dias mais pueris e antigos até os do início de abril de 1616.

Não acertei em pronunciar uma palavra. Foi como se me oferecessem o mar.

. . . .

Um pouco intimidado, perguntei-lhe:

– O senhor, agora, tem a memória de Shakespeare?

Thorpe respondeu:

– Tenho, ainda, duas memórias. A minha pessoal e a daquele Shakespeare que parcialmente sou. Ou melhor, duas memórias me têm. Há uma zona em que se confundem. Há um rosto de mulher que não sei a que século atribuir.

Perguntei-lhe então:

– O que fez o senhor com a memória de Shakespeare?

Houve um silêncio. Depois disse:

– Escrevi uma biografia romanceada que mereceu o desdém da crítica e algum sucesso comercial nos Estados Unidos e nas colônias. Acho que é tudo. Preveni-o de que meu presente não é uma sinecura. Continuo à espera de sua resposta.

Fiquei pensando. Não havia consagrado minha vida, não menos incolor que estranha, à busca de Shakespeare? Não seria justo que no fim da jornada eu desse com ele?

Disse, articulando bem cada palavra:

– Aceito a memória de Shakespeare.

Algo, sem dúvida, aconteceu, mas não percebi.

Apenas um princípio de fatiga, talvez imaginária.

Lembro claramente que Thorpe me disse:

– A memória já entrou em sua consciência, mas é preciso descobri-la. Surgirá nos sonhos, na vigília, ao virar as folhas de um livro ou ao dobrar uma esquina. O senhor não se impaciente, não invente lembranças. O acaso pode favorecê-lo ou atrasá-lo, segundo seu misterioso modo. À medida que eu vá esquecendo, o senhor recordará. Não lhe prometo um prazo.

O que sobrava da noite foi dedicado a discutir o caráter de Shylock. Abstive-me de indagar se Shakespeare havia tido contato pessoal com judeus. Não quis que Thorpe imaginasse que eu o submetia a uma prova. Comprovei, não sei se com alívio ou com inquietação, que suas opiniões eram tão acadêmicas e tão convencionais como as minhas. Apesar da vigília anterior, quase não dormi na noite seguinte. Descobri, como em outras tantas ocasiões, que eu era um covarde. Pelo temor de ser defraudado, não me entreguei à generosa esperança. Quis pensar que era ilusório o presente de Thorpe. Irresistivelmente, a esperança prevaleceu. Shakespeare seria meu, como ninguém foi de ninguém, nem no amor, nem na amizade, nem sequer no ódio. De algum modo eu seria Shakespeare.

. . . .

A ninguém é dado abarcar em um único instante a plenitude de seu passado. Nem a Shakespeare, que eu saiba, nem a mim, que fui seu parcial herdeiro, ofereceram esse dom. A memória do homem não é uma soma; é uma desordem de possibilidades indefinidas. Santo Agostinho, se não me engano, fala dos palácios e cavernas da memória. A segunda metáfora é a mais justa. Foi nessas cavernas entrei.

Tal como a nossa, a memória de Shakespeare incluía zonas, grandes zonas de sombra repelidas voluntariamente por ele. Não sem algum escândalo lembrei que Ben Jonson fazia-lhe recitar hexâmetros latinos e gregos e que o ouvido, o incomparável ouvido de Shakespeare, costumava errar uma quantidade deles,[3] em meio às risadas dos colegas.

Conheci estados de felicidade e de sombra que transcendem a comum experiência humana. Sem que eu soubesse, a longa e estudiosa solidão havia-me preparado para a dócil recepção do milagre.

Depois de uns trinta dias, a memória do morto animava-me. Durante uma semana de curiosa felicidade, quase acreditei ser Shakespeare. A obra renovou-se para mim. . . .

Compreendi que as três faculdades da alma humana, memória, entendimento e vontade, não são uma ficção escolástica. A memória de Shakespeare não podia revelar--me outra coisa que as circunstâncias de Shakespeare. É evidente que estas não constituem a singularidade do poeta; o que importa é a obra que executou esse material inconsistente.

Ingenuamente, eu havia premeditado, como Thorpe, uma biografia. Não demorei em descobrir que esse gênero literário requer condições de escritor que por certo não são minhas. Não sei narrar. Não sei narrar minha própria história, que é bem mais extraordinária que a de Shakespeare.

---

3 No *Diccionario de la lengua española*, da Real Academia Española (REAL..., [s.d.]), o verbete *"cantidad"*, na acepção pertinente a esse contexto, traz a seguinte definição: "Em certas línguas, como o grego e o latim, a duração relativa do tempo de emissão das vogais e sílabas, classificadas habitualmente em breves e longas". [N.T.]

Além do mais, esse livro seria inútil. O acaso ou o destino deram a Shakespeare as triviais coisas terríveis que todo homem conhece; ele soube transmutá-las em fábulas, em personagens muito mais vividos que o homem cinza que sonhou com eles, em versos que as gerações não deixarão desaparecer, em música verbal. Para que destecer essa rede, para que minar a torre, para que reduzir às módicas proporções de uma biografia documental ou de um romance realista o som e a fúria de Macbeth?

Goethe constitui, segundo se sabe, o culto oficial da Alemanha; mais íntimo é o culto de Shakespeare, que professamos com nostalgia. (Na Inglaterra, Shakespeare, que tão distante está dos ingleses, constitui o culto oficial; o livro da Inglaterra é a Bíblia.)

Na primeira etapa da aventura senti a felicidade de ser Shakespeare; na última, a opressão e o terror. No início, as duas memórias não misturavam suas águas. Com o tempo, o grande rio de Shakespeare ameaçou, e quase afogou, meu modesto caudal. Percebi com temor que estava esquecendo a língua de meus pais. Já que a identidade pessoal baseia-se na memória, temi por minha razão. Meus amigos vinham visitar-me; assombrou-me que não percebessem que eu estava no inferno. Comecei a não entender as coisas cotidianas que me rodeavam (die alltägliche Umwelt).[4] Certa manhã perdi-me entre grandes formas de ferro, de madeira e de cristal. Aturdiram-me assobios e clamores. Demorei um instante, que pôde parecer-me infinito, em reconhecer as máquinas e vagões da estação de Brêmen.

---

4 Em alemão, no original. "O ambiente cotidiano." [N.T.]

À medida que transcorrem os anos, todo homem é obrigado a suportar o crescente peso de sua memória. Duas me angustiavam, confundindo-se às vezes: a minha e a do outro, incomunicável.

Todas as coisas querem perseverar em seu ser, escreveu Spinoza. A pedra quer ser uma pedra, o tigre, um tigre, eu queria voltar a ser Hermann Soergel. Esqueci a data em que decidi libertar-me. Dei com o método mais fácil. No telefone marquei números ao acaso. Vozes de criança ou de mulher respondiam. Achei que meu dever era respeitá-las. Dei por fim com uma voz culta de homem. Disse-lhe:

– Você quer a memória de Shakespeare? Sei que o que lhe ofereço é muito sério. Pense bem.

Uma voz incrédula replicou:

– Enfrentarei esse risco. Aceito a memória de Shakespeare.

Declarei as condições da dádiva. Paradoxalmente, sentia ao mesmo tempo a nostalgia do livro que eu deveria ter escrito e que me foi proibido escrever e o temor de que o hóspede, o espectro, nunca me deixasse.

Desliguei o telefone e repeti como uma esperança estas resignadas palavras:

Simply the thing I am shall make me live.[5]

Eu havia imaginado disciplinas para despertar a antiga memória; tive de buscar outras para apagá-la. Uma entre tantas foi o estudo da mitologia de William Blake, discípulo rebelde de Swedenborg. Comprovei que era menos complicada.

---

5 Em inglês, no original. "Aquilo que sou, pura e simplesmente, me há de fazer viver." [N.T.]

72 REMORSO INTERMINÁVEL NA OBRA DE JORGE LUIS BORGES

Esse e outros caminhos foram inúteis; todos levavam-me a Shakespeare.

Encontrei, enfim, a única solução para povoar a espera: a estrita e vasta música, Bach.

P.S. 1924 – Já sou um homem entre os homens. Na vigília sou o professor emérito Hermann Soergel; manuseio um fichário e redijo trivialidades eruditas, mas na aurora sei, algumas vezes, que aquele que sonha é o outro. De vez em quando, surpreendem-me pequenas e fugazes memórias que talvez sejam autênticas[6] (pp. 47-59).

O conto se inicia com a expressa devoção de Hermann Soergel por chegar a ser Shakespeare. Deseja materializar em seu próprio corpo o destino irrealizado de Daniel Thorpe, quem, na realidade, havia desejado ser ele o gênio de Stratford, mas somente conseguiu escrever "uma biografia novelada que mereceu o desdém da crítica e algum êxito comercial nos Estados Unidos e nas colônias".

Soergel aceita a sortilha proposta pelo outro. Participa ativamente da aliança com Thorpe, com a finalidade de chegar a redimir o desejo do desejo daquele outro nele. Como recompensa, converter-se-ia em seu inquestionável herdeiro e Redentor.

O estabelecimento do pacto entre um pai-Deus e um filho eleito que promete velar por ele, ser habitado por sua memória e permanecer fiel a seu culto origina uma relação narcisista e indiscriminada entre ambos, que denominei simbiose pai-filho (Kancyper, 1989). Quando esta se cristaliza pelos tempos, como acontece nesse relato, erige-se um inexorável labirinto narcisista-masoquista entre ambos, de abordagem terapêutica muito difícil.

---

6 Edição brasileira: Borges, J. L. (1999). *Obras completas de Jorge Luis Borges* (Vol. 3, pp. 444-451). São Paulo: Globo. [N.E.]

LUIS KANCYPER 73

Considero que a sortilha-aliança, desvelada nesse último conto do poeta, põe a descoberto um elo essencial na cadeia da causação do destino trágico dos personagens borgeanos. Elucida certos traços de caráter que governam suas relações com os demais e consigo mesmo a partir da condição de ser "o eleito".

Com efeito, Hermann Soergel, ao aceitar a proposta de ser o portador da memória do outro, posiciona-se no lugar de um primogênito receoso de outros intrusos à espreita e permanece viscosamente aderido a um pai-Deus como seu único e legítimo continuador.

O relato continua com a descrição da oferta sedutora de Thorpe e com o embriagador estado de fascínio de Soergel.

> *Não acertei em pronunciar uma palavra. Foi como se me oferecessem o mar.*
>
> *. . . .*
>
> *Fiquei pensando. Não havia consagrado minha vida, não menos incolor que estranha, à busca de Shakespeare? Não seria justo que no fim da jornada eu desse com ele? Disse, articulando bem cada palavra:*
> *– Aceito a memória de Shakespeare.*
> *Algo, sem dúvida, aconteceu, mas não percebi. Apenas um princípio de fatiga, talvez imaginária[7] (Borges, 1982b, p. 51).*

Talvez parte dessa imaginária fadiga se deva a sua infatigável busca de permanecer como o único e perfeito duplo: imortal, especular e ideal do pai. Esse singular privilégio, baseado na crença de ser "o eleito", opera como um fascinante estímulo sublimatório e, ademais, como uma armadilha narcisista, interceptando gravemente o acesso à exogamia.

---

7 Edição brasileira: Borges, J. L. (1999). *Obras completas de Jorge Luis Borges* (Vol. 3, pp. 446-447). São Paulo: Globo. [N.E.]

"Ao fim de uns trinta dias, a memória do morto me animava. Durante uma semana de curiosa felicidade, quase acreditei ser Shakespeare." Com efeito, ao longo de toda sua obra, Borges leva ao limite a pretensão impossível de ser uno com o ideal.

Intenta, por um lado, anular a tensão da diferença estrutural entre as instâncias do aparelho anímico: entre o eu e o ideal, entre o eu e o supereu e o isso (Borges, 1960).

Por outro lado, na dimensão intersubjetiva, pretende também recobrir a irredutível descontinuidade com uma continuidade fantasmática de eternidade entre ele e o Outro (Borges, 1982a).

Procura, afinal de contas, profanar a zona sagrada da diferença intersubjetiva que, ao mesmo tempo que constitui e preserva a singularidade de todo sujeito, o distingue de seu semelhante. Essa temática se desdobra desde "Pierre Menard, autor do *quixote*" (1939) até "A memória de Shakespeare" (1982b).

Esse vão intento de chegar a ser um fusionado em uma total coincidência com outro, e materializar a fantasia dos vasos comunicantes (Kancyper, 2004), conduz finalmente à desidealização dessa impossível façanha e desencadeia uma angústia lacerante que ameaça com a dissolução da própria subjetividade.

> *Na primeira etapa da aventura senti a felicidade de ser Shakespeare; na última, a opressão e o terror. No início, as duas memórias não misturavam suas águas. Com o tempo, o grande rio de Shakespeare ameaçou, e quase afogou, meu modesto caudal. Percebi com temor que estava esquecendo a língua de meus pais. Já que a identidade pessoal baseia-se na memória, temi por minha razão.*
> . . . .
> *Esqueci a data em que decidi libertar-me. . . .*

– Você quer a memória de Shakespeare? Sei que o que lhe ofereço é muito sério. Pense bem.

. . . .

Esse e outros caminhos foram inúteis; todos levavam-me a Shakespeare[8] *(Borges, 1982b, p. 58).*

Os personagens borgeanos não podem tornar suas as palavras de Píndaro: "Oh, alma minha, não aspires à vida imortal; esgota ao contrário o campo do possível!".

Porém, o campo do possível está muito longe de satisfazer a crença da perfeição indispensável que o ideal borgeano reclama com insistência e insaciabilidade.

A tensão entre o eu e o desmesurado ideal termina, de forma gradual e progressiva, minando o sentimento da própria dignidade e acrescentando os sentimentos de culpabilidade, vergonha e remorso.

Britton (1994) considera que existem razões complexas pelas quais surgem, em certos sujeitos particulares, problemas para distinguir entre a realidade material e a psíquica, entre o símbolo e o objeto, e entre a crença e o conhecimento. Tais problemas estão relacionados com uma marcante dificuldade de abandonar objetos. Por abandoná-los, não nos referimos simplesmente a aceitar o fato de sua perda, mas sim a aceitar todas as mudanças necessárias operadas nas crenças sobre o mundo, que surgem a partir da tal perda. "Uma dessas crenças que devem ser abandonadas é a de que o objeto perdido acaba sendo indispensável para a vida. Nesse sentido, algumas pessoas experimentam a mesma dificuldade com as crenças que com os objetos: não podem aceitar que não são indispensáveis" (pp. 27-35).

---

8 Edição brasileira: Borges, J. L. (1999). *Obras completas de Jorge Luis Borges* (Vol. 3, pp. 450-451). São Paulo: Globo. [N.E.]

O papel dos fatores pré-edípicos e edípicos na vida psíquica

Édipo e o enigma

Quadrúpede na aurora, alto no dia
E com três pés errando pelo vão
Âmbito do entardecer, assim via
A eterna esfinge ao inconstante irmão,
O homem, e à tarde um homem vaticina
Decifrando aterrado, no cristal
Da monstruosa imagem, o fatal
Reflexo de seu destino e ruína.
Somos Édipo e de modo eternal,
Somos, no vasto e tríplice animal,
O que seremos e tenhamos sido.
Aniquilar-nos-ia ver a ingente
Forma de nosso ser; piedosamente
Deus nos depara sucessão e olvido.[9]

E a psicanálise nos concede outra alternativa: poder decifrar alguns dos intricados enigmas do inconsciente, que estruturam e desestruturam a singularidade de cada sujeito. Para que cada indivíduo possa chegar a ser, de certo modo, um agente ativo de seu próprio destino, e não uma mera vítima, como foi Hermann Soergel, de um labirinto inexpugnável.

"Somos Édipo e de modo eternal / Somos, no vasto e tríplice animal, / O que seremos e tenhamos sido", disse-nos o poeta.

Mas como nos livrarmos de seu cego poder?

---

9 Edição brasileira: Borges, J. L. (1999). *Obras completas de Jorge Luis Borges* (Vol. 2, p. 330). São Paulo: Globo. [N.E.]

Como abrir brechas e penetrar no interior do determinismo repetitivo do labirinto borgeano, para que o sujeito não permaneça imantado como um refém a um destino prefixado e possa aceder a uma realidade cambiante de incertas e infinitas possibilidades das quais ele é o protagonista responsável?

Como quebrantar, definitivamente, o tempo circular borgeano e reabrir o tempo congelado dos traumas e das identificações e das crenças alienantes da compulsão à repetição?

A psicanálise aspira elucidar alguns aspectos críticos da submissão misteriosa do homem à ferocidade e ao capricho de certas forças ominosas de "o inumano", as quais deve enfrentar.

"O inumano", na tragédia e nos mitos, não apenas alude às ingovernáveis forças da Natureza como inclui ainda o poder arbitrário e caprichoso dos deuses, que são sobre-humanos (ou extra-humanos). O inconsciente também opera como se fosse uma força e uma realidade extra-humanas.

Apresenta sua realidade própria e clama por expressar-se através de sintomas, inibições, angústias e outros variados afetos que eludem o governo voluntário dos indivíduos e das massas.

Essas manifestações escandalosas do inconsciente acham-se comandadas pelo acionamento de fantasias, crenças, traumas e identificações; e a psicanálise, ao torná-los conscientes, aporta elementos essenciais para que o sujeito consiga opor-se, em certa medida, ao irreparável e funesto destino que subjaz, como uma sentença imóvel, à dimensão trágica dos personagens borgeanos.

A seguir, farei uma revisão de certos conceitos psicanalíticos para diferenciar o Édipo borgeano do Édipo freudiano. Para fazê-lo, abordarei previamente a importância dos fatores pré-edípicos e edípicos na estruturação psíquica.

Se muitos de nós sentimos a necessidade de avaliar novamente o complexo de Édipo é por nos darmos conta de

> *que, desde as formulações de Freud, essa "pedra angular" da teoria psicanalítica sofreu, pelo próprio fato dos múltiplos aportes pós-freudianos, uma série de deslizamentos e modificações mais ou menos solapados, dissimulados sob uma aceitação por princípio das descrições de Freud. Os aportes que se apresentam à primeira vista como meras extensões ou meros agregados à teoria inicial podem chegar a modificá-la por um tipo de contragolpe, que repercute até os fundamentos. Ademais, nenhuma modificação importante na teoria pode ser considerada inócua: incide imediatamente sobre a clínica e sobre a técnica e configura, por sua vez, uma psicanálise distinta (Baranger, 1976, pp. 201-209).*

Com efeito, o complexo de Édipo, conceito básico para Freud, é um fator essencial da constituição do sujeito humano. Desempenha um papel fundamental na estrutura da personalidade e na orientação do desejo.

Numerosos autores sustentam que, antes da estrutura triangular do Édipo, existe uma relação puramente dual e que os conflitos relativos a esse período podem analisar-se sem a intervenção da rivalidade diante de um terceiro.

> *Além do problema de uma estrutura pré-edípica, a posição de Freud seguiu muito precisa: declara haver tardado em reconhecer todo o alcance da união primitiva com a mãe, mas também pensa que, para explorar esses fatos, não é preciso recorrer a outro eixo de referência que o do Édipo, como o complexo nodal das neuroses.*
> *Para Freud, o pai se encontra presente como "rival inoportuno", mesmo quando na relação pré-edípica predomine a relação com a mãe.*

A escola de Melanie Klein, analisando as fantasias mais arcaicas, sustenta que na relação com a mãe intervém precocemente o pai, como o indica, especialmente, a fantasia do pênis paterno guardado no corpo da mãe. Contudo, cabe perguntar-se se a presença de um terceiro termo (falo) na relação primitiva mãe-filho justifica a descrição desse período como "fase precoce do Édipo". Com efeito, o pai se encontra então presente como instância proibitiva. Dentro dessa perspectiva, J. Lacan, examinando as concepções kleinianas, fala do "triângulo pré-edípico" para decifrar a relação mãe-filho-falo, intervindo este último termo como objeto fantasmático do desejo da mãe (Laplanche & Pontalis, 1968, pp. 285-286).

A estrutura triangular edípica antecede, em uma ordem lógica e cronológica, a situação dual pré-edípica, e não às avessas. Preexiste ao nascimento biológico do *infans* nos desejos e nas identificações parentais, que recaem inexoravelmente sobre cada sujeito. Por isso, considero necessário abandonar uma leitura solipsística do complexo nuclear das neuroses, unicamente a partir do núcleo pulsional do Édipo, para tomar uma visão conjunta e abarcadora das histórias e das situações traumáticas próprias de Laio e de Jocasta investidas sobre o filho. Entre esses três vértices, gera-se um conjunto dinâmico de forças no qual se cria uma originária fantasia inconsciente básica de campo, portadora de um relato singular e de uma trama invisível e hermética, feita de paixões e crenças, de escândalos e segredos. Essa fantasia modela em cada sujeito uma estrutura edípica irrepetível, que se articula ademais com os efeitos provenientes das dinâmicas narcisista e fraterna, e pode chegar a designar o destino do sujeito.

Com efeito, os pais, o filho e os irmãos entre si, implicados na estrutura edípica como um campo de forças, não podem descrever-se nem se entender como pessoas ilhadas, mas sim como uma totalidade estruturada, cuja dinâmica resulta da interação de cada integrante com os outros, em uma causação recíproca dentro de um mesmo processo dinâmico.

Essa diferente leitura possibilita ganhar em entendimento de complexidade crescente, atribuível aos fenômenos progressivos e regressivos que se apresentam nos entrelaçamentos geracionais e na dinâmica que se origina entre a intrassubjetividade, a intersubjetividade e suas incidências na estruturação-desestruturação das instâncias psíquicas, em cada um dos participantes.

Édipo na tragédia e no mito

Freud, baseando-se na tragédia de Sófocles, apresenta Édipo como o agente vitimário que põe em ato os desejos parricidas e incestuosos, ao passo que no relato mítico Édipo é, na realidade, uma mera vítima de uma história de remorsos e ressentimentos concernente a seu pai, Laio. O filho, antes de seu nascimento biológico, já havia sido destinado a cumprir a missão de um herói trágico: como o castigador implacável de um pai culpado e sentenciado a quem deveria matar retaliativamente. Considero que o parricídio, no mito de Édipo, é a exteriorização de uma história de identificações inconscientes que alienaram o filho ao passado condenatório de seu pai, e não uma manifestação solipsística de pulsões tanáticas difusas.

O mito nos relata que:

Laio, filho de Lábdaco, buscou refúgio junto a Pélope
e ali se enamorou do jovem Crisipo, inventando assim
– pelo menos creem alguns – o amor contranatural.
Raptou o rapaz e foi maldito por Pélope. Crisipo se

suicidou por vergonha e Laio não pôde escapar à lei de talião do oráculo, que lhe predizia que seria morto por seu filho. Finalmente foi morto por Édipo perto de Delfos, no cruzamento dos caminhos de Dáulide e Tebas (Grimal, 1982, pp. 146-147).

Nesse relato, Laio é um pai filicida porque, antes do nascimento de Édipo, este já havia sido investido por ele com uma massiva identificação tanática.

Portanto, Édipo é ao mesmo tempo o vitimário e a vítima de uma série de histórias de tormentos dos "outros nele", e estas comandarão finalmente a fatalidade de seu destino infausto.

Com efeito, Édipo havia sido destinado a operar como o braço executor assassino de uma história de culpas concernentes a seu pai. "Os pais comeram uvas acres, e os filhos padecem de arrepio" (Jeremias 31, 29).

Rascovsky e Rascovsky (1967) introduziram o termo *filicídio* para pôr em evidência que, na tragédia edípica, o parricídio e o incesto constituem o conteúdo manifesto, e o filicídio, seu conteúdo latente e ao mesmo tempo o elemento genético de todo o processo.

Sustentaram que as razões que impossibilitaram Édipo de elaborar a repressão do incesto e do parricídio haviam sido uma falta de identificações adequadas com aspectos bons de seus objetos iniciais, que teriam se caracterizado por extrema natureza persecutória e idealizada, configurando uma fixação paranoide esquizoide.

Suas intensas defesas maníacas o levaram, através do uso da renegação, a matar seu pai e a coabitar com sua mãe; a dissociação idealizada dos pais persecutórios, Laio e Jocasta, aparece em forma de seus pais substitutos,

Pólibo e Mérope, cuja existência constitui uma típica novela familiar baseada em tal idealização (p. 721).

Estimo que a perversidade de Édipo teria sido determinada, em grande medida, pelas influências destrutivas exercidas por uma identificação reivindicatória massiva (Kancyper, 1992a). Esta teria comandado a origem e o desenlace inexoráveis de sua tragédia.

Considero necessário diferenciar a identificação reivindicatória da identificação com o agressor, que constitui um mecanismo de defesa.

Anna Freud (citado por Laplanche & Pontalis, 1968) descreve:

A identificação com o agressor atua em diversas circunstâncias: agressão física, crítica etc., podendo intervir a identificação antes ou depois da agressão temida.

O comportamento que se observa é o resultado de uma inversão dos papéis: o agredido se converte em agressor.

Ou seja, o sujeito, enfrentando um perigo exterior, identifica-se com seu agressor, seja reassumindo por sua conta a agressão na mesma forma, seja imitando física ou moralmente a pessoa do agressor, seja adotando certos símbolos de poder que o designam (pp. 187-188).

Por outro lado, a identificação reivindicatória é produto e consequência da programação de um projeto identificatório; precede às relações objetais pós-natais e se articula com a estrutura do sistema narcisista intersubjetivo a serviço da regulação desse "outro" desconhecido pelo sujeito, e que o instala em um papel unívoco, destinado a ser um agente vitimário, castigador e assassino.

Essa intricada situação parento-filial nos permite estudar as relações recíprocas entre as gerações e o campo dinâmico das forças inconscientes que se desdobram entre os três vértices do triângulo edípico.

> *Essa visão mais ampliada dos conflitos edípicos permite enlaçar dialeticamente e sobre uma base metapsicológica os problemas narcisistas com os problemas edípicos e procura evitar reduzir a análise teórica do complexo nuclear da neurose ao exclusivo jogo das pulsões, sem, entretanto, subestimar a importância teórica destas (Faimberg, 1996, p. 169).*

Com efeito, dirigir nossa mirada conjunta aos três ângulos do triângulo edípico, e não unicamente à relação de Édipo com suas figuras parentais, permite-nos atribuir um papel essencial na constituição de um determinado complexo de Édipo aos demais fatores da relação proveniente dos outros dois vértices do triângulo: o de Laio e o de Jocasta até o filho (desejo inconsciente de cada um dos pais e relação entre os pais e as investiduras identificatórias que recaem sobre o filho e configuram a estruturação inconsciente de sua personalidade).

Com efeito, uma via régia para a elucidação e a elaboração do complexo de Édipo constitui o processo da historização na situação analítica, dos desejos e das identificações provenientes de outras gerações, que recaem inexoravelmente em cada sujeito, e de que modo o filho participou e participa ainda desses contratos identificatórios, subscrevendo finalmente um sistema de desejos impostos dos "outros" nele.

Uma das tarefas do processo analítico se centrará em tornar consciente e historizar de que modo os pais reconheceram ou não a alteridade do filho.

Outra tarefa será pôr em evidência como os desejos e as identificações provenientes dos complexos paterno, materno e parental se mantêm ainda ativos, não apenas na realidade psíquica do sujeito como também na de seus progenitores, e como estes procuram impor e recobrir com suas histórias a identidade do filho e impedir que ela se constitua.

Será, portanto, função do filho atravessar pelo intricado trabalho de elaboração do reordenamento do enigmático sistema das identificações, que o constituem e, ao mesmo tempo, o alienam em situações traumáticas de outras gerações que não lhe concernem, para só então poder aceder à permanente e interminável construção-desconstrução e reconstrução do processo de sua identidade.

Todo sujeito, para poder livrar-se do encarceramento do labirinto de Narciso e Édipo, que o retém sem trégua, necessita confrontar-se ao longo da vida com um ato ineludível: o da confrontação geracional e fraterna.

Essa confrontação requer, como precondição, a admissão da alteridade e da identidade, da semelhança e da oposição nas relações parento-filiais e entre os irmãos. Para tanto, cada um dos integrantes do campo da confrontação necessita atravessar ineludíveis e variados lutos nas dimensões narcisista, edípica e fraterna.

Clinicamente, os sujeitos podem agrupar-se em três categorias, conforme confrontem ou não seus progenitores e irmãos:

a. Os que são incapazes de confrontar-se com os pais e com os irmãos.

b. Os que se perpetuam em uma interminável confrontação através do desafio tanático da provocação.

c. Os que superaram o desafio tanático e conseguiram chegar ao desafio trófico, cujos efeitos estruturantes são necessários para lograr a separação-individuação.

Os personagens borgeanos não chegaram à terceira categoria. Permaneceram inibidos e confinados dentro da primeira e adoeceram, por consequência, de severas perturbações na plasmação do processo interminável de configuração da própria identidade.

Sou

Sou o que sabe que não é menos vão
Que o vão observador que no espelho
De silêncio e cristal segue o reflexo
Ou o corpo (tanto faz) de seu irmão.
Sou, tácitos amigos, o que sabe
Que não há outra vingança que o olvido
Nem há outro perdão. Um deus ao ódio
Humano deu esta curiosa chave.
Sou o que, apesar de tão ilustres modos
De errar, não logrou decifrar o labirinto
Singular e plural, árduo e distinto,
Do tempo, que é de um e de todos.
Sou o que é ninguém nem foi espada
Numa guerra. Sou eco, olvido, nada.[10]

(Borges, 1975, p. 31)

O Édipo borgeano e o poder do remorso

A confrontação geracional requer ser tomada em uma visão conjunta, produto de uma relação intersubjetiva, na qual os pais e os filhos se definem uns pelos outros envolvidos em um campo dinâmico (Kancyper, 1995a).

---

10 Edição brasileira: Borges, J. L. (1999). *Obras completas de Jorge Luis Borges* (Vol. 3, p. 102). São Paulo: Globo. [N.E.]

Esse campo é uma estrutura distinta da soma de seus componentes – como uma melodia é distinta da soma das notas – e origina uma fantasia inconsciente básica que, como produto do campo, se enraíza no inconsciente de cada um dos integrantes (Baranger, 1992). Essa fantasia inconsciente básica é uma produção original e originada no campo e, por seu intermédio, estrutura-se sua dinâmica; inclui zonas importantes da história pessoal dos participantes, que assumem um papel imaginário estereotipado.

O conceito de campo possibilita a abordagem de muitos tropeços no confronto geracional, como manifestações da presença de uma patologia específica dessa estrutura, onde pais e filhos participam de um modo complementar e em diferentes graus.

Tal campo dinâmico intergeracional depende, por um lado, dos efeitos que surgem a partir dos sistemas narcisistas parentais e filiais, que não são simétricos entre si, com suas configurações fantasmáticas de imortalidade, onipotência, idealização e do duplo e, por outro lado, das fantasias incestuosas, parricidas e filicidas do complexo de Édipo e das fantasias furtivas (Lacan, 1982) de excomunhão e confraternidade inerentes ao complexo fraterno, que possui sua própria especificidade e articula-se em diferentes graus com o complexo nodular das neuroses (Kancyper, 1995a, 1998, 2004).

Considero que nos personagens borgeanos prevalece uma fantasia inconsciente básica de campo singular, assinalada pela persistência de um pacto de eternidade com um filho redentor, que nasce para redimir as humilhações de um pai que teria adoecido de um profundo sentimento de insignificância, por não ter podido satisfazer seus próprios ideais sublimatórios.

Os personagens borgeanos teriam sido, então, investidos, desde o projeto identificatório parental, para assumir o lugar de um maravilhoso duplo imortal que deve estancar as feridas narcisistas de um pai envergonhado. Diferentemente do Édipo freudiano, no qual o filho teria sido identificado, antes de sua chegada ao mundo, como o duplo ominoso assassino para castigar um pai culpado e merecedor de castigos.

Ao passo que no Édipo do mito e da tragédia de Sófocles o conflito se gera essencialmente pela persistência de uma relação sadomasoquista entre um supereu hipersevero e o eu, o conflito intrapsíquico no Édipo borgeano se tensiona, por sua vez, entre o eu ideal e o ideal do eu com relação ao eu.

Recorda o poeta:

> *Meu pai era anarquista individualista, leitor de Spencer, poeta romântico que deixou alguns bons sonetos, mas ele quis que se cumprisse em mim o destino de escritor (que não pôde se cumprir nele). Já maior, haveria eu de entender que desde criança se me havia traçado o destino de letras. E me foi indicado de modo tácito: meu pai me franqueou sua biblioteca, em sua maior parte de livros ingleses, e me eduquei nela. Meu pai nunca me indicou livro algum. Não me disse, por exemplo: "Este é El Quixote, uma obra-prima". Eu lia o que me apetecia, sem que ninguém me dirigisse. Meu pai nunca discutiu literatura comigo. Meu pai tinha uma hemiplegia e me disse: "Não vou te pedir que me pregues um balaço, porque sei que não o farás, mas vou me arranjar" (Peicovich, 2006, p. 37).*

Os personagens borgeanos adoecem de uma dívida não paga, por não ter conseguido satisfazer e materializar com perfeição as aspirações não cumpridas de certos ideais de outros.

Essas dívidas retêm os personagens borgeanos nas relações imaginárias duais. São relações parento-filiais alienantes, que obstaculizam no filho sua passagem à triangulação.

Com efeito, o fracasso na libertação do poder das identificações redentoras alienantes e impostas detém os personagens borgeanos em estruturas neuróticas graves, em que prevalecem as relações pré-edípicas sobre as edípicas, configurando as chamadas "neuroses de predomínio dual", comandadas fundamentalmente pelo poder de um afeto pertinaz: o remorso.

Remorso se define como um pesar interno que a realização de uma má ação produz na alma.

Remorder, ou morder reiteradamente, provém do latim *mordere*. Dessa mesma raiz, derivam mordidela, mordedura, mordacidade, mordaz (Corominas, 1980). Mordaz denota corrosão, aspereza, causticidade, sarcasmo. Mordaça é o pano ou instrumento que se aplica à boca para impedir a fala.

No latim medieval, *remorsus*, tormento derivado do latim *remordere*, re-morder, denota atormentar (prefixo *re*: de novo); o substantivo foi usado na expressão *remorsus conscientiae*, tormento da consciência, no início do século XV.

> *De maneira que a metáfora fundadora do termo* remorso *é a de morder, que em sua origem tinha um sentido muito forte, "físico", de rasgar, triturar, fragmentar, tanto que pôde servir para designar o morteiro*[11] *e a enfermidade como desorganizadora, fragmentadora do organismo, e inclusive a própria morte como desintegração. E, em sentido figurado, "moral", é ter a sensação interior de estar sendo mordido e re-mordido por ter feito algo ruim; mas pode assumir um sentido "débil", quase sinônimo de pesar, dor intensa (Mascialino, comunicação pessoal, 2008).*

O remorso é a inquietude que desperta a memória de uma dívida, crescida clandestinamente na obscuridade. Dívida singular,

---

11 Também pilão, almofariz. [N.T.]

repetitiva, que se caracteriza por ser sempre pródiga em novas atormentadas quitações revertidas sobre a própria pessoa.

Essa dívida põe em evidência o acionamento de um castigador interno, que cumpre suas funções de tortura no próprio sujeito, com eficiência e fidelidade, de forma alternada ou permanente.

Remorso, por suas características, tem duas facetas estreitamente unidas: por um lado, o sentimento de culpa e/ou vergonha; por outro, a necessidade de autopunição.

O castigo é a faceta penosa do remorso, o sofrimento repetitivo e compulsivo que, mais além do princípio do prazer, nos revela seu íntimo nexo com a pulsão de morte.

Torna-se necessário distinguir os diferentes tipos de remorso, que, segundo a perspectiva a partir da qual são estudados, seriam classificados em primário e secundário, originados por vergonha e por culpa, edípico e fraterno (Kancyper, 1992b).

Remorso primário e secundário

Podemos classificar os remorsos em primários e secundários, quando os relacionamos com o ressentimento.

Os remorsos secundários consistiriam em uma volta do trajeto circular do ressentimento contra o próprio sujeito, que se acrescenta ao remorso primário ou básico.

O sujeito ressentido contabiliza injustiças. Ofendido, ele se crê isento de responsabilidades e com direito a punir e atormentar.

O sujeito atormentado pelo remorso coleciona dívidas. A partir de seu delírio de insignificância, vive responsável de culpas e vergonhas, que na realidade não lhe pertencem e se tornam, portanto, irreparáveis. Culpas e vergonhas que reclamam "merecidas" autopunições, executadas por castigadores internos e/ou externos que obstaculizam a felicidade.

Remorso provocado por vergonha e culpa

O remorso por vergonha está relacionado, fundamentalmente, com um sentimento de inferioridade por não ter cumprido com os ideais próprios nem com os parentais.

Ideais insaciáveis e poderosos que demandam o impossível a seu infortunado possuidor, que sente não ter cumprido com o que esperavam dele.

Esse exaltado ideal do eu demanda ao sujeito com remorso sobre-humanas realizações, e o condena e pressiona a uma perpétua insatisfação.

O remorso

Eu cometi o pior dos pecados
Possíveis a um homem. Não ter sido
Feliz. Que os glaciares do olvido
Me arrastem e me percam, despiedados.
Meus pais me engendraram para o jogo
Arriscado e esplêndido da vida,
Para a terra, a água, o ar, o fogo.
Frustrei-os. Não fui feliz. Cumprida
Não foi sua jovem vontade. Minha mente
Aplicou-se às simétricas jornadas
Da arte, que entretece nonadas.

Legaram-me valor. Não fui valente.
Não me abandona. Sempre está a meu lado
A sombra de ter sido um desditado.[12]

(Borges, 1977, p. 486)

---

12 Edição brasileira: Borges, J. L. (1999). Obras completas de Jorge Luis Borges (Vol. 3, p. 157). São Paulo: Globo. [N.E.]

O remorso originado na culpa está relacionado com a memória desperta do vestígio traumático que deixa uma ação condenável, pela qual o supereu cruel e exaltado reclama para o sujeito, mediante sentimento de culpa, um castigo implacável.

Remorso por qualquer morte

Livre da memória e da esperança,
ilimitado, abstrato, quase futuro,
o morto não é um morto: é a morte.
Como o Deus dos místicos,
de Quem devem negar-se todos os predicados,
o morto ubiquamente alheio
não é senão a perdição e ausência do mundo.
Tudo dele roubamos,
não lhe deixamos nem uma cor nem uma sílaba:
aqui está o pátio que já não compartilham seus olhos,
ali a calçada onde sua esperança espreitava.
Até o que pensamos poderia estar pensando ele também;
repartimos como ladrões
o caudal das noites e dos dias.[13]

(Borges, 1923, p. 33)

Ainda que ambas as formas de remorso traduzam a tensão existente entre o eu e o supereu-ideal do eu, e embora resulte dificultosa a delimitação conceitual precisa de cada uma, suas motivações psicológicas e seus efeitos punitivos apresentam diferenças clínicas importantes.

Não é possível homologar o clamor por castigo por sentir-se ladrão ou assassino responsável (remorso por culpa) com o remorso originado na vergonha, pelo que se sente diminuído, ridículo, tonto

---

13 Edição brasileira: Borges, J. L. (1999). *Obras completas de Jorge Luis Borges* (Vol. 3, p. 157). São Paulo: Globo. [N.E.]

ou imprestável por "não estar à altura" das expectativas próprias ou dos outros.

Os personagens borgeanos padecem, fundamentalmente, o tormento originado na vergonha, que costuma ser eclipsada por uma culpabilidade compulsiva.

A vergonha, como expressão essencialmente direta da tensão narcisista pela humilhação que suscita a redução do valor do si mesmo próprio, leva o sujeito a um comportamento agressivo que logo gera culpabilidade.

A culpa, então, pode obrigar a uma debilitação da imagem poderosa do si mesmo próprio. O que deixa o si mesmo desvalorizado em seu comportamento e, portanto, o volta a submergir na vergonha pela sensação dolorosa da vulnerabilidade imodificável do sentimento de si (*Selbstgefühl*) como um fato fatalmente imutável (Miller, 1989).

Remorso edípico e fraterno

A partir da diferença que se estabelece entre o complexo de Édipo e o complexo fraterno, os remorsos podem ser classificados como edípicos e fraternos.

Os remorsos que remetem ao conflito edípico se relacionam com a culpa e a vergonha mais intrínsecas e essenciais, a culpa de existir. O nascimento do filho firma a imortalidade e a sentença de morte dos progenitores, ao mesmo tempo que os continua, os aniquila, pois é o filho quem sobrevive a eles.

A sobrevida do filho sela a morte do pai. Essa dialética pai-filho, morte-vida, é uma constante que renasce em cada momento de criação e autoafirmação, instituindo-se assim os remorsos primários ou básicos, que são parte constitutiva do conflito geracional.

O pai morto se torna credor, e o filho devedor de uma dívida básica que jamais saldará em sua totalidade, já que constitui uma função estruturante para o sujeito.

A dívida é a missão de se encarregar da dívida dos demais. Dívida não paga, mas que existe igualmente; não contraída pelo filho, mas que deve redimir, sofrer e suportar, configurando-se uma identificação redentora. Essa intricada dinâmica se torna audível no poema borgeano "Remorso por qualquer morte", anteriormente citado.

Por outro lado, no texto "Lenda", presentifica-se a tragédia narcisista entre os irmãos Abel e Caim. Considero importante distinguir as fantasias de roubo, acompanhadas de remorsos pelos êxitos obtidos, que se desdobram nas dimensões vertical (com os pais) e horizontal (com os irmãos). Em "Lenda", o poeta apresenta uma versão diferente acerca dos ressentimentos e dos remorsos entre Caim e Abel. Destaca o nexo íntimo que se estabelece entre o esquecimento e o perdão, e entre o remorso e a culpa. O desenlace difere do relato bíblico.

Lenda

Abel e Caim encontraram-se depois da morte de Abel. Caminhavam pelo deserto e reconheceram-se de longe, porque os dois eram muito altos. Os irmãos sentaram--se na terra, acenderam um fogo e comeram. Guarda-vam silêncio, à maneira das pessoas cansadas quando declina o dia. No céu assomava uma estrela que ainda não tinha recebido seu nome. À luz das chamas, Caim percebeu na testa de Abel a marca da pedra e deixou cair o pão que estava prestes a levar à boca e pediu que lhe fosse perdoado seu crime.

– Tu me mataste ou eu te matei? – Abel respondeu. – Já não me lembro; aqui estamos juntos como antes.

REMORSO INTERMINÁVEL NA OBRA DE JORGE LUIS BORGES

> *– Agora sei que me perdoaste de verdade – disse Caim –,*
> *porque esquecer é perdoar. Procurarei também esquecer.*
> *– É assim mesmo – Abel falou devagar. – Enquanto dura*
> *o remorso, dura a culpa.*[14]
>
> *(Borges, 1969, p. 1013)*

Esse texto descreve as fronteiras imprecisas do sentimento egoico entre irmãos, os desdobramentos narcisistas, a culpa fraterna e o remorso de Abel por ter sido "o eleito". Esse "estranho privilégio", que costuma ter tanta gravitação e pode chegar a marcar o destino das pessoas, das religiões e dos povos. Privilégios e tormentos de que desfrutam e, ao mesmo tempo, padecem o filho eleito e o povo eleito.

O poder detido pelo remorso nas dinâmicas edípica e fraterna gera seus eloquentes efeitos, porque engendra relações objetais narcisistas indiscriminadas que impedem a separação entre o si mesmo e o objeto, operando como um obstáculo severo para a elaboração dos processos que intervêm em um luto normal.

Com efeito, quando se instala o remorso na dinâmica das relações intersubjetivas, intercepta-se a configuração triangular do Édipo, e isso dá origem no sujeito a uma neurose grave de predomínio do vínculo dual.

Neurose de predomínio dual

Schkolnik (1995) descreve com o nome de neurose de predomínio dual certos quadros clínicos severos, nos quais as relações pré-edípicas comandam a dinâmica psíquica. Não obstante, esse comando não é global, mas restam áreas em que aparece, mediante exceções, um funcionamento edípico triangular.

---

14 Edição brasileira: Borges, J. L. (1999). *Obras completas de Jorge Luis Borges* (Vol. 2, p. 415). São Paulo: Globo. [N.E.]

Nessa neurose:

> *se põe de manifesto certa fragilidade na constelação identificatória do sujeito, dando lugar a que a separação do outro seja vivida como uma perda no nível do eu. Nesses casos, junto ao retorno do reprimido em que se desdobra a problemática edípica e a angústia de castração, surgem no cenário da análise outros efeitos do inconsciente, que dão conta de falhas na repressão e carências no nível dos referentes identificatórios básicos para a constituição do sujeito, acompanhadas por uma angústia importante vinculada a vivências de desamparo e desvalimento (Schkolnik, 1995, p. 44).*

Diferença dos tipos de vínculos duais: o dual pré-edípico e o dual arcaico. Este último se caracteriza por falhas prematuras no processo de narcisização.

> *No vínculo dual pré-edípico, as vivências da tenra infância com a mãe se ressignificam no trânsito edípico, em uma continuidade que está dada por um conflito predominantemente ligado ao sexual.*
>
> *Nesses casos, há uma tendência a estabelecer relações de parceria absorventes, encerradas, sem maior lugar para os filhos ou outros vínculos próximos, com uma demanda permanente por um amor exclusivo e único, impregnado de aspirações narcisistas.*
>
> *As neuroses em que predomina o vínculo dual arcaico se caracterizam pela existência de uma problemática narcisista resultante de uma insuficiente discriminação com relação ao outro, com as consequentes dificuldades para chegar à própria subjetividade. Nesse caso, estamos confrontados com um aspecto cindido no psiquismo, que se caracteriza por um narcisismo distinto do da neurose.*

> *Essa outra modalidade de narcisismo, que remete às origens, manifesta-se por uma tendência ao fusional, que evoca os primeiríssimos momentos de constituição do psiquismo, quando ainda não se haviam estabelecido suficientemente os limites entre o mundo interno e o mundo exterior (Schkolnik, 1995, p. 45).*

Em outros casos, a neurose de predomínio dual se estrutura com a figura paterna, configurando-se entre ambos uma relação centáurica, fusional e ambígua, que denominei "simbiose pai-filho" (Kancyper, 1989).

> *A relação centáurica é uma constelação binária idealizada e indiscriminada em que o pai funciona como a cabeça e o dorso de um humano e o filho o continua com o corpo de um fabuloso cavalo, e vice-versa. Entre ambos se conforma um novo ser, com um corpo fusional e protético intercambiável em permanente expansão, montável e desmontável como um* puzzle *(Aragonés, 2004, p. 11).*

O centauro representa "um ser divino terioantropomórfico (de forma bestial e humana)" (Goux, 1998, p. 53), um ser sobrenatural que pode realizar um ato sagrado: liberar o filho do cativeiro materno.

Considero que o desenvolvimento psicossexual, tanto no menino como na menina, requer ser atravessado por um período transitório de uma relação pré-edípica com o pai, relação centáurica em que se consegue cimentar as identificações no filho com as funções paternas de corte da primeira dependência fusional com a mãe. É por meio dessa passageira aliança pai-filho que se chega gradualmente à libertação das angústias e dos poderes que se suscitam nas relações pré-edípicas com a mãe e, só então, propicia-se a passagem à triangulação e ao salto estrutural que representa o complexo de Édipo.

A relação centáurica normal nos evoca a estrutura mítica de Quíron:

> *Quíron é o mais célebre, ajuizado e sábio dos centauros. É filho do deus Chronos e de Filira, filha de Oceano. Para engendrá-lo, Chronos unira-se a Filira em forma de cavalo, o que explica sua natureza dupla. Quíron, que nasceu imortal, era bem amigo dos homens, prudente e benévolo. Educou Aquiles, Jasão e diz-se que o próprio Apolo recebeu suas lições. Seu ensino compreendia: a música, a arte da guerra, a da caça, a moral e a medicina, pois Quíron foi um médico célebre e, inclusive, praticou a cirurgia. Quando Aquiles, ainda criança, teve queimado o tornozelo como consequência das operações de magia que sua mãe efetuara sobre ele, Quíron trocou o osso perdido por outro retirado do esqueleto de um gigante (Grimal, 1982, p. 162).*

Porém, em certas situações, a estruturante relação centáurica perde seu caráter de transição e permanece detida, como instalada em um vínculo ambíguo e viscoso entre pai e filho, configurando-se entre ambos uma interminável simbiose patológica.

Nessa patológica simbiose pai-filho, perde-se a função paterna cirúrgica de corte da díade pré-edípica com a mãe e se gera ao mesmo tempo uma grave neurose, também com predomínio de um vínculo dual e atormentado, mas com a figura do pai.

A simbiose pai-filho seria a resultante de uma particular interação entre os papéis e as funções que exerce cada um dos integrantes dentro de uma singular estrutura familiar. Situação na qual o pai exerce grande atração sobre o filho, por suas constelações psicológicas particulares.

É um pai que só ama, na realidade, a si mesmo. Não necessita amar, mas sim ser amado, e aceita o filho que preencha essa condição.

É um pai que, atrás da manifesta onipotência, encobre uma insaciável necessidade de asseguração narcisista, criando para tal fim depositários de veneração.

O filho aderido a tal simbiose encontra-se vedado à sua superação, porque isso atentaria contra a fantasia do corpo fusionado de um deus continuado em um filho eterno, acarretando o perigo da ruptura do pacto que conduziria a fantasias de fragmentação, de esquartejamento, de abandono e de morte de ambas as partes comprometidas. "Contigo, filho, não posso viver; sem ti, morro".

Cria-se, portanto, uma relação viciosa de dependência recíproca e irrefreável, com o pai erigido como droga e indutor no filho de seu fascínio narcisista viciado, permanecendo ambos em um reconhecimento de báscula de intercambiamento de papéis. A droga/vício pai-filho é uma relação passional, ao mesmo tempo, amorosa e despótica, de temor e de submissão do sujeito ao objeto. Objeto que inibe o deslocamento até outros objetos, detendo e retendo o sujeito e o objeto em uma circularidade repetitiva e em uma temporalidade singular.

A simbiose do filho com o pai apresenta uma dupla origem: objetal e narcisista.

Objetal, como uma tentativa de restituir, mediante o pai, uma primeira relação pré-edípica insuficientemente estruturada.

Narcisista, com a finalidade de neutralizar uma autopercepção desvalida, de inermidade, que leva o filho a fugir para o refúgio de uma imagem fusionada com um pai eterno, elevado e sobrevalorizado, que finalmente o detém em estruturas diádicas, interferindo em sua passagem à triangulação.

Retomemos novamente o conto "A memória de Shakespeare", em que resulta surpreendente a ausência total de rebelião de Hermann Soergel ante o mandato de Daniel Thorpe. Nesse relacionamento, Soergel permanece finalmente cativo e arqueado à condenação narcisista de seu pai: "Esse e outros caminhos foram inúteis: todos me levavam a Shakespeare" (Borges, 1982b).

Do amor ao poder ao poder do amor entre pais e filhos na cartografia mental borgeana

Antes de abordar o intricado tema das identificações, abrirei um parêntesis para recordar que, na cartografia mental dos personagens borgeanos, aparecem diferentes lugares do pai.

Se é verdade que prevalece em sua obra a figura central da simbiose pai-filho, também encontramos nela outros campos dinâmicos intergeracionais marcados por relações menos narcisistas, nos quais prevalecem pais que conseguiram processar, em certa medida, seus próprios lutos de onipotência, imortalidade e especularidade na dimensão parento-filial.

Porque, assim como os pais são necessários para que o filho consiga configurar sua própria estrutura edípica, também o são para que eles mesmos, através de um gradual e laborioso trabalho de elaboração psíquica, consigam libertar-se da desmesura do originário poder parental por eles possuído.

Nos textos "As ruínas circulares" (1944), "O golem" (1964d), "Animais dos espelhos" (1967a), "O centauro" (1967b), "O simurg" (1967d) e "O pelicano" (1967c), põem-se em evidência diversos gradientes da queda progressiva do sentimento da onipotência parental e a passagem gradual do amor ao poder ao poder do amor de pais a filhos.

Em "As ruínas circulares", Borges desvela o afã pigmaliônico que persiste na alma de certos pais. No entanto, diferentemente do que acontece no mito e na obra de Bernard Shaw, o Criador [*Hacedor*] admite seu erro e assume que a relação pigmaliônica gera um campo tanático, em que ambos, pais e filhos, terminam em uma eloquente ruína circular.

"O golem" apresenta um filho autômato servil, que foi programado pigmalionicamente a partir de um controle onipotente parental e termina com uma reflexão questionadora sobre esse aspecto divino e cruel do pai.

Em "Animais dos espelhos", Borges denuncia o caráter autoritário de alguns pais. Nesse conto, ouve-se o despertar das vozes de rebelião dos subordinados, reunidos com solidariedade para se opor ao abusivo poder intergeracional.

"O centauro" põe em manifesto a função estruturante de um pai aliado do filho, com o qual se une transitoriamente em uma relação de fusão pré-edípica, para poder livrar-se das amarras do originário poder maternal.

Em "O simurg", encontra sua expressão o afã de imortalidade que subjaz a cada sujeito. Entretanto, nesse breve relato, Borges assinala que a imortalidade não pode permanecer como um dom exclusivo do pai atávico, senão que requer ser distribuída e levada por cada um dos filhos.

Finalmente, em "O pelicano", o pai nutre seus rebentos com seu próprio sangue.

Fecho o parêntesis para continuar desenvolvendo o notável papel exercido pelo poder das identificações redentoras nos personagens borgeanos.

As identificações redentoras: subir e desalienação

A identificação redentora tem uma particular gravitação na obra de Borges. Nela, devemos diferenciar a identificação imposta da alienante.

Na identificação redentora-alienante, o sujeito se submete, por via inconsciente, às injúrias narcisistas que concernem às histórias secretas das gerações que precederam seu nascimento, mas das quais permanece cativo e identificado no cumprimento de uma missão singular: reparar a honra ofendida de um "outro" mediante seu próprio sacrifício.

O "outro" significa o narcisismo parental e a identificação consigo mesmo.

O regime narcisista parental de apropriação-intrusão é o que força o sujeito a uma adaptação alienante de suas identificações inconscientes com a totalidade da história dos pais.

Faimberg (1985) assinala: "Não existe um espaço psíquico para que o menino desenvolva sua identidade, livre do poder alienante do narcisismo parental. Cria-se um paradoxo do psiquismo que ao mesmo tempo está cheio e vazio em excesso" (p. 1045).

Quer dizer, cheio de uma alteridade ominosa e vazio de uma identidade por carecer de uma espacialidade psíquica discriminada. O processo de intrusão explica o "cheio em excesso" de um objeto que não se ausenta jamais. O sujeito fica cativo dos desejos de redenção do outro. Este representa um objeto excessivamente presente que habita o eu ideal do sujeito, apropriando-se de suas qualidades. Assim, o redentor torna-se um elevado herói que liberará, mediante o próprio sacrifício, as feridas não cicatrizadas concernentes às histórias parentais.

Esse eu ideal, concebido como um ideal narcisista de onipotência, serve de suporte ao que Lagache descreveu com o nome de identificação heroica com personagens excepcionais e prestigiosos e, no caso da identificação redentora, põe em destaque os aspectos destrutivos e construtivos do narcisismo.

O processo de apropriação explica o vazio de uma espacialidade psíquica própria, porque por parte do sujeito há uma falta de reconhecimento na relação de objeto.

Ele se constitui pelo sacrifício e pela reparação compulsiva. Está, enquanto cumpre a dupla função do redentor e da vítima, em nome de um "outro". É uma identificação que o estrutura a partir desse paradoxo, de um cheio de vergonhas e de culpas que não lhe pertencem, mas que igualmente o sequestram, e de um repúdio a toda realidade que possa comprometer sua identificação alienada na submissão a uma missão redentora.

O poder de domínio exercido pelas identificações redentoras e pelas crenças psíquicas sobre os personagens borgeanos, de serem os agentes responsáveis por garantir a prolongação das sombras do passado e dos antepassados, havia sido assinalado por Borges em "Ode escrita em 1966" (1966).

Nesse poema, tornam-se audíveis as missões redentoras assumidas por eles com obstinado juramento: "Somos o futuro desses varões, / A justificativa daqueles mortos; / Nosso dever é a gloriosa carga / Que a nossa sombra legam essas sombras / Que devemos salvar."[15] (Borges, 1966, p. 938).

Com efeito, ao longo de toda a sua obra, os personagens borgeanos permaneceram fatalmente dominados e remordidos pelo peso da crença psíquica de perpetuar a memória excessiva das outras gerações que os precederam, e não chegaram a atenuar as

---

15 Edição brasileira: Borges, J. L. (1999). *Obras completas de Jorge Luis Borges* (Vol. 2, p. 340). São Paulo: Globo. [N.E.]

influências possuídas pelo poder das identificações redentoras alienantes e impostas.

Ode escrita em 1966

Ninguém é a pátria. Nem sequer o ginete
Que, alto na alva de uma praça deserta,
Conduz um corcel de bronze pelo tempo,
Nem os outros que olham desde o mármore,
Nem os que prodigaram sua bélica cinza
Pelos campos da América
Ou deixaram um verso ou uma façanha
Ou a memória de uma vida cabal
No justo exercício dos dias.
Ninguém é a pátria. Nem sequer os símbolos.

Ninguém é a pátria. Nem sequer o tempo
Carregado de batalhas, de espadas e de êxodos
E da lenta povoação de regiões
Que lindam com a aurora e o ocaso,
E de rostos que vão envelhecendo
Nos espelhos que se empanam
E de sofridas agonias anônimas
Que duram até a alva
E da teia de aranha da chuva
Sobre negros jardins.

A pátria, amigos, é um ato perpétuo
Como o perpétuo mundo. (Se o Eterno
Espectador deixasse de sonhar-nos
Um só instante, nos fulminaria,
Branco e brusco relâmpago, Seu olvido.)
Ninguém é a pátria, mas todos devemos
Ser dignos do antigo juramento

> *Que prestaram aqueles cavaleiros*
> *De ser o que ignoravam, argentinos,*
> *De ser o que seriam pelo fato*
> *De ter jurado nesta velha casa.*
> *Somos o futuro desses varões,*
> *A justificativa daqueles mortos;*
> *Nosso dever é a gloriosa carga*
> *Que a nossa sombra legam essas sombras*
> *Que devemos salvar.*
> *Ninguém é a pátria, porém todos o somos.*
> *Arda em meu peito e no vosso, incessante,*
> *Esse límpido fogo misterioso.*[16]
>
> *(Borges, 1966, p. 938)*

A identificação redentora reanima o remorso por vergonha e por culpa, devido ao desamparo do eu diante da repetição, não deliberada, imposta, fatal e irreversível, por esse outro que não é "efetivamente algo novo ou alheio, mas algo familiar de antigo à vida anímica, apenas alienado dela pelo processo da repressão. Esse outro que, destinado a permanecer no oculto, saiu à luz" (Freud, 1919a). O *Unheimlich* do duplo.

Essa situação paradoxal detém o sujeito borgeano em uma relação ambígua com o outro, com seu corpo e com a temporalidade (Kancyper, 1989).

Relação de ambiguidade com um objeto enigmático e vinculado a uma história críptica de situações traumáticas inerentes ao sistema narcisista intersubjetivo e assumido inconscientemente pelo sujeito. E é precisamente o caráter enigmático, misterioso e não verbalizado de seus objetos internos pertencentes a outras gerações, aquilo que

---

16 Edição brasileira: Borges, J. L. (1999). *Obras completas de Jorge Luis Borges* (Vol. 2, pp. 340-341). São Paulo: Globo. [N.E.]

espreita e retém o sujeito borgeano em uma história que não lhe concerne, mas que fatalmente o coage.

Ao filho

Não sou eu, são os mortos quem te gera.
São meu pai, o seu pai, os de outras eras.
. . .
Sinto sua multidão. Nós, somos nós
E, entre nós, estás tu e teus futuros
Filhos que hás de gerar. Os nascituros
E os do rubro Adão. Sou esses após,
Também. O eterno em coisas já fixadas
Do tempo, que são formas apressadas.[17]

(Borges, 1964a, p. 948)

A identificação alienante se diferencia da identificação redentora imposta pela presença nesta de uma explicitada verbalização, que pressiona e impõe um mandato para que o sujeito assuma, em uma realidade material, uma função redentora.

Borges nos revela em "A memória de Shakespeare" como, em um luto patológico, a presença fantasmal de um "outro" morto-vivo continua operando como uma sombra poderosa que demanda realizações sobre-humanas impossíveis de concretizar. Como Daniel Thorpe nubla, com seus reclamos, o terreno da memória de Hermann Soergel e lhe impõe sua própria redenção.

Nesse conto, Borges dá voz ao tormento intrapsíquico que se livra entre a crueldade de um ideal exaltado e de um eu remordido e impotente, que tragicamente sucumbe aos imperativos de suas pressões e não cessa de justificar-se ante a impossibilidade de satisfazer suas incessantes demandas.

---

17 Edição brasileira: Borges, J. L. (1999). *Obras completas de Jorge Luis Borges* (Vol. 2, p. 350). São Paulo: Globo. [N.E.]

Na identificação redentora, o sujeito opera como um homem--deus encarnado: mortal/imortal. Sua imolação será distinguida e compensada com a ressurreição e a vida eterna e, desse modo, pretende desmentir ante a si mesmo o ponto mais espinhoso do sistema narcisista: a imortalidade do eu.

Por meio do estabelecimento de um vínculo sacrifical, configura-se uma singular aliança: o redentor se perpetua como a figura protetora de um suplicante. Opera, no manifesto, como um herói que intercede pela salvação de um outro. Mas, no latente, termina sendo o mendigo desse outro, que finalmente se posiciona diante dele como um amo ávido e queixoso, impossível de ser satisfeito em suas intermináveis demandas.

A dinâmica da culpabilidade e da vergonha compulsivas na identificação redentora revela-nos uma figura central e complexa: do "Salvador" e da vítima que, à semelhança de Cristo ressuscitado e remordido, põe a descoberto a infrutífera façanha reparadora do Redentor e sua evanescente ilusão de imortalidade transida de dor.

Cristo na cruz

Cristo na cruz. Os pés tocam a terra.
Os três madeiros têm a mesma altura.
Cristo não está no meio. É o terceiro.
A negra barba pende sobre o peito.
O rosto não é o rosto das estampas.
É áspero e judeu. Eu não o vejo,
mas irei procurá-lo até o dia
último de meus passos sobre a terra.
O homem alquebrado sofre e cala.
A coroa de espinhos o castiga.
. . .
Sabe que não é um deus e que é um homem
que morre com o dia. Não lhe importa.
Importa-lhe o cruel ferro dos cravos.

Não é um romano. Não é um grego. Geme.
Deixou-nos esplêndidas metáforas
e uma doutrina do perdão que pode
anular o passado. (Essa sentença
foi escrita por um irlandês num cárcere.)
A alma busca o fim, precipitada.
Escureceu um pouco. Já está morto.
Anda uma mosca pela carne quieta.
De que me vale que aquele homem
tenha sofrido, se eu sofro agora?
Kyoto, 1984[18]

(Borges, 1984, pp. 15-16)

Nesse poema, descrevem-se faíscas de revelação acerca dos incessantes padecimentos narcisistas e masoquistas que se repetem nos personagens borgeanos fora do governo psíquico e que povoam seus labirintos mentais. Diz-nos: "O maior defeito do esquecimento é que às vezes inclui a memória" (Peicovich, 2006, p. 69).

O aprofundamento descritivo dos tormentos e dos conflitos da alma humana que a literatura aporta à psicanálise possibilita, sem sombra de dúvidas, melhor compreensão deles.

Entretanto, ver e descrever não é uma condição suficiente para alcançar a resolução e a superação dos obstáculos. O ver é um ponto de partida, mas não é o ponto de chegada que, no caso do personagem borgeano, seria como alcançar, na medida do possível, a desativação do poder tanático exercido pelo remorso e pelas identificações redentoras, com a finalidade de propiciar somente então o trabalho de elaboração destas para que advenha uma mudança psíquica.

---

18 Edição brasileira: Borges, J. L. (1999). *Obras completas de Jorge Luis Borges* (Vol. 3, pp. 515-516). São Paulo: Globo. [N.E.]

108 REMORSO INTERMINÁVEL NA OBRA DE JORGE LUIS BORGES

No poema "O ápice", o personagem borgeano consegue efetivamente descrever a coerção exercida por seus conflitos psíquicos nas realidades interna e externa; no entanto, permanece aprisionado, apesar do trabalho sublimatório, sob a pressão da incandescente memória de Shakespeare.

O ápice

Não haverá de salvar-te o que deixaram
Escrito aqueles que teu medo implora;
Não és os outros e te vês agora
Centro do labirinto que tramaram
Os teus passos. Não te salva a agonia
De Jesus ou de Sócrates nem o forte
Siddhartha de ouro que aceitou a morte
Em um jardim, ao declinar o dia.
É pó também essa palavra escrita
Por tua mão ou o verbo pronunciado
Por tua boca. Não há lástima no Fado
E a noite de Deus é infinita.
Tua matéria é o tempo, o incessante
Tempo. Tu és todo solitário instante.[19]

(Borges, 1981, p. 63)

Norman Thomas di Giovanni (2002) sustenta que "Borges foi o biógrafo do momento eterno, e o Aleph que inventou – esse instante gigantesco que contém infinitas coisas – é quiçá seu símbolo" (p. 109). Considero que as identificações redentoras operam nos personagens borgeanos como os processos inconscientes relevantes por meio dos quais se procura aprisionar imaginariamente os

---

19 Edição brasileira: Borges, J. L. (1999). *Obras completas de Jorge Luis Borges* (Vol. 3, p. 356). São Paulo: Globo. [N.E.]

evanescentes sentimentos de eternidade, invulnerabilidade e onipotência que se presentificam na condição humana.

A identificação redentora acha-se comandada por uma dupla identificação: com o único filho eleito, divino e imortal e, ao mesmo tempo, com um onipotente pai Deus.

O paradoxo dessa simultânea identificação não apresenta para o inconsciente nenhuma dificuldade; ademais confere aos personagens borgeanos a fascinação de um poder estruturante difícil de depor, por encontrar-se sustentado em um triunfo triplo: edípico, fraterno e narcisista.

O reordenamento identificatório

A identificação redentora congela o psiquismo em um "para sempre", característico do inconsciente que se qualifica como atemporal.

Por outro lado, o processo de reordenamento identificatório das identificações redentoras alienantes e impostas libera relativamente o "para sempre" de uma história de resgates que aliena o sujeito na regulação narcisista intra e intersubjetiva. Constitui, assim, a condição que possibilita a recomposição psíquica: permite liberar o desejo, restituir a história em seu caráter de passado e configurar, na medida do possível, a dimensão temporal do presente e do futuro.

Baranger, Goldstein e Goldstein (1989) distinguem entre as formas espontâneas de desidentificação e as formas de desidentificação no processo analítico, para que o analisante possa desprender-se de suas identificações patógenas:

> Isso implica que o analisante tome consciência não apenas do sofrimento que estas lhe provocam como também de que esse sofrimento provém de identificações . . .

> *quanto mais arcaica é uma identificação, mais afeta a própria identidade da pessoa (p. 899).*

As identificações redentoras pertencem à categoria das identificações patógenas e requerem que o trabalho analítico deva passar, necessariamente, pela reconstrução das situações traumáticas que produziram tais identificações.

Não se pode conseguir acesso a essas identificações sem um trabalho de historização progressiva das histórias traumáticas pertencentes aos progenitores em interação com o sujeito, com o reconhecimento dos mecanismos em jogo e com a evidenciação dos efeitos patógenos que retornam do passado e abrem caminho no presente, com um poder particular e uma intensidade incomparável.

Essas situações originais das histórias que permanecem inacessíveis à recordação em forma de representação se reeditam, na situação analítica, na repetição transferencial, na análise dos sonhos, nas lembranças encobridoras, nos traços de caráter, nos sintomas e nas inibições.

A historização permite reordenar a relação que o sujeito estabeleceu com as identificações alienantes dos sistemas narcisistas parentais e explicar as reações paradoxais a partir da evidenciação das funções de apropriação-intrusão, desenganche e reenganche, que se desdobram entre ambos os sistemas narcisistas em oposição. Que dizer, entre o sistema narcisista intersubjetivo parental, em sua articulação com o intrassubjetivo do analisante e suas consequências patógenas, que ainda se fazem audíveis em suas relações de casal, de família e consigo mesmo.

A historização resulta ser um processo essencial, ainda que não suficiente, para lograr a recomposição dos processos identificatórios. Pois do complexo processo da desidentificação participam ademais vários fatores fundamentais.

Por um lado, depende da orquestração da agressividade em sua relação com a intricação-desintricação de Eros e Tânatos; por outro, das vicissitudes dos sistemas narcisistas e pigmaliônicos em oposição e, além disso, dos destinos da pulsão de morte liberada durante o processo desidentificatório.

O sujeito requer implementar uma adequada agressividade a serviço de Eros, para "matar" esse menino marmóreo (Leclaire, 1975) que garante a imortalidade própria e a dos outros por meio de sua façanha salvadora, com a finalidade de conseguir se desligar, na medida do possível, de sua missão redentora.

Com efeito, a necessidade do filho redentor de sentir-se como um herói lhe concede um imaginário poder tão fascinante que o narcotiza e sobreinveste narcisisticamente; entretanto, o redentor paga o preço do desmentido e da cisão ante a si mesmo e aos demais, chegando ao extremo de não registrar o sofrimento e o perigo que gera a imolação sacrifical.

Denomino "dimensão masoquista do narcisismo filial" o intricado nexo que se origina entre o narcisismo e a componente pulsional autodestrutiva do filho na relação com seus pais.

Uma das manifestações da coexistência desse narcisismo tanático com o masoquismo encontra sua expressão na fantasia representada pelo "filho-povo eleito", assinalada por Freud em seu último trabalho, "O homem Moisés e a religião monoteísta" (1939), e por Borges em "A memória de Shakespeare" (1982b), seu último conto.

A crença nessa fantasia da força de realidade do sentimento de orgulho e de confiança do eleito enlaça-se à "esperança de uma recompensa, uma distinção e, por fim, um império universal" (Freud, 1939, p. 82).

E é precisamente o poder dessa crença, guardada como a possessão mais preciosa, que gerou ao longo da história, e continua

112 REMORSO INTERMINÁVEL NA OBRA DE JORGE LUIS BORGES

exercendo até nossos dias, suas profundas influências na psicologia dos indivíduos e na dos povos.

Freud, aos 83 anos, interrogou-se acerca dos traços de caráter do povo hebreu e de sua capacidade de resistência sem comparação, desafiando infortúnios e maus-tratos. "De onde vem aos judeus essa vitalidade, e como se enreda seu caráter com seus destinos? Eis aí o que se gostaria de compreender melhor" (Freud, 1939, p. 102).

Ele responde:

> *Conhecemos o fundamento dessa conduta e sabemos qual é esse tesouro secreto. Se têm realmente pelo povo eleito de Deus; creem estar muito próximos a ele, e isso os torna orgulhosos e confiantes. Não há dúvida de que têm sobre si mesmos uma opinião particularmente elevada, consideram-se mais nobres, de mais alto nível, superiores aos outros, de quem se segregaram, ademais, por muitos de seus costumes (p. 102).*
>
> . . .
>
> *Foi Moisés quem imprimiu ao povo judeu esse traço significativo para todo o futuro. Por seu vínculo particularmente estreito com seu Deus, adquirem uma participação em sua grandiosidade. Elevam o sentimento de si assegurando-lhes que eram o eleito de Deus, concedeu-lhes santidade e comprometeu-se a lhes segregar dos demais (p. 103).*

Nessa mesma direção gostaríamos de elucidar, em "A memória de Shakespeare", de onde chega a Hermann Soergel essa vital e mortífera lealdade à memória concedida por Daniel Thorpe e como se enlaça seu manso acatamento a esse pai Deus que o ungiu, como aos judeus, no lugar de "o filho-povo eleito"?

LUIS KANCYPER 113

Considero que a crença de ser "o eleito" oferece, no plano inconsciente, o elevado gozo narcisista, edípico e fraterno, que dá a ilusão de ser uma soberana figura de exceção, superando a medida e os limites habituais com uma força inquietante e estranha.

Agamben (2005) assinala que:

> *a exceção é uma espécie da exclusão. É um caso singular que está excluído da norma geral.... Apresenta um paradoxo, pelo qual o soberano é quem está em condições de proclamar o estado de exceção, suspende a validade da ordem jurídica, colocando-se a si mesmo fora dessa ordem e, não obstante, conservando-se, de algum modo, dentro dela (p. 72).*

E o criador encontra-se também, ao mesmo tempo, dentro e fora da ordem estabelecida. Ao criar, questiona o geral, põe em suspenso a vigência da norma e gera, por meio de um desafio trófico, algo novo.

> *A exceção não remete a uma série, senão que, em todo caso, a inaugura. Depois, os fatos da série deixam de ser excepcionais, mas o fato primeiro, fundante, segue conservando essa qualidade única de primeiro (Sarlo, 2003, p. 47).*

A crença de "o eleito" dá força de realidade às fantasias de exceção e exclusão, através das quais se satisfazem moções em combate e "toda uma série de pulsões: ternas, de agradecimento, concupiscentes, desafiantes, de autonomia" (Freud, 1910, p. 166). Essa crença sobreinveste, no plano intrassubjetivo, o sentimento de si (narcisismo) e o supereu e o eu ideal, propiciando em "o eleito" a criatividade e a excepcionalidade por sua condição de pertença tão próxima ao soberano Criador [*Hacedor*]. Ao mesmo tempo, costuma reativar sentimentos de culpabilidade e necessidade de autopunição (o remorso masoquista).

No plano intersubjetivo, "o filho-povo eleito" desperta violentas comparações nos irmãos e nos outros povos e o receio em si mesmo, para que nenhum outro intruso possa chegar a usurpar seu inquestionável posto.

Se algum é o predileto declarado do temido pai, não lhe assombrarão os ciúmes dos irmãos; e aonde podem conduzir esses ciúmes, bem o mostra a saga de José e seus irmãos (Freud, 1939, p. 103).

Recentemente, saíram à luz as memórias do sobrinho de Borges, em que se descreve a hostilidade comparativa de sua mãe, Norah Borges, com seu tio, pelo eloquente lugar de preferência que ocupava na dinâmica familiar.

Miguel de Torre descreve as "recordações incendiárias" de uma biblioteca em chamas de sua mãe.

Norah Borges, saturada de livros, sustentava que no mundo não havia mais de cinquenta obras dignas de ser relidas. Do resto podia prescindir e, em mais de uma ocasião, entregou parte desse restante ao fogo redentor. Assim queimou alguns dos valiosíssimos manuscritos de seu irmão Jorge Luis (2002, p. 9).

O eleito Borges tinha dedicado vários poemas ao povo eleito, com que se havia identificado em alguns de seus traços principais, como a devoção pelo Livro e a condenação de seu selado destino.

No poema "A Israel" (1969a, p. 996), identifica-se com a figura redentora de Cristo e também com a interminável batalha e muralha narcisista-masoquista erigida entre o povo hebreu e seu Deus. No poema "Israel" (1969b, p. 997), repete quatro vezes a palavra "condenado". A condenação da memória de ter sido fatalmente "o eleito".

A Israel

Quem me dirá se estás nos perdidos
Labirintos de rios seculares
De meu sangue, Israel? Quem, os lugares
Por meu sangue e teu sangue percorridos?
Não importa. Sei que estás no sagrado
Livro que abarca o tempo e que a história
Do rubro Adão resgata e na memória
E agonia do Crucificado.
Nesse livro estás, que é o reflexo
De cada rosto que sobre ele se inclina
E do rosto de Deus, que, em seu complexo
E árduo cristal, terrível se advinha.
Salve, Israel, que guardas a muralha
De Deus, na paixão de tua batalha.[20]

Israel

Um homem prisioneiro e enfeitiçado,
um homem condenado a ser a serpente
que guarda um ouro infame,
um homem condenado a ser Shylock,
um homem que se inclina sobre a terra
e que sabe que esteve no Paraíso,
um homem velho e cego que há de quebrar
as colunas do templo,
um rosto condenado a ser máscara,
um homem que apesar dos homens

---

20 Edição brasileira: Borges, J. L. (1999). *Obras completas de Jorge Luis Borges* (Vol. 2, p. 398). São Paulo: Globo. [N.E.]

116 REMORSO INTERMINÁVEL NA OBRA DE JORGE LUIS BORGES

é Spinoza e o Baal Shem e os cabalistas,
um homem que é o Livro,

. . .

um homem condenado a ser o escárnio,
a abominação, o judeu,
um homem lapidado, incendiado
e afogado em câmaras letais,
um homem que teima em ser imortal
e que agora voltou a sua batalha,
à violenta luz da vitória,
belo como um leão ao meio-dia.[21]

Antes de concluir, transcreverei um último poema: "The thing I am" (1977, p. 533).

Nele, saem à luz a ambiguidade, o remorso e a vergonha daqueles sujeitos que vivem como covardes e fátuos, porque não conseguem ser os portadores de uma própria e genuína voz.

Eles se autopercebem, por outro lado, como meros simulacros e ecos das memórias heteróclitas de diferentes gerações e terminam sucumbindo, fatalmente, aos efeitos coercitivos exercidos pelo atemporal poder detido por identificações e crenças inconscientes dos outros sobre eles.

The thing I am

Esqueci o meu nome. Não sou Borges
(Borges morreu em La Verde, ante as balas)
Nem Acevedo, sonhando uma batalha,

---

21 Edição brasileira: Borges, J. L. (1999). *Obras completas de Jorge Luis Borges* (Vol. 2, p. 399). São Paulo: Globo. [N.E.]

Nem meu pai, reclinado sobre o livro
Ou aceitando a morte na manhã,
Nem Haslam, decifrando os versículos
Da Escritura, longe de Northumberland,
Nem Suárez, o do ataque de lanças.
Sou apenas a sombra que projetam
Essas íntimas sombras intricadas.
Sou sua memória, e sou também o outro
Que, como Dante e os homens todos,
Já esteve no raro Paraíso
E nos muitos Infernos necessários.
Sou a carne e o rosto que não vejo.
Sou no final do dia o resignado
Que dispõe de modo algo diverso
As palavras da língua castelhana
Para narrar as fábulas que esgotam
O que se chama de literatura.
Sou o que folheava enciclopédias,
O tardio escolar de fontes brancas
Ou cinza, prisioneiro de uma casa
Cheia de livros que não possuem letras,
Que na penumbra escande um temeroso
Hexâmetro aprendido junto ao Ródano,
O que quer pôr a salvo o orbe que foge
Do fogo e também das águas da Ira
Com um pouco de Fedro e de Virgílio.
O passado me acossa com imagens.
Sou a brusca memória da esfera
De Magdeburgo ou de duas letras rúnicas
Ou de um dístico de Angelus Silesius.

Sou o que não conhece outro consolo
Que recordar o tempo da ventura.
Às vezes sou a ventura imerecida.
Sou o que sabe não passar de um eco,
O que anseia morrer inteiramente.
Sou talvez o que tu és no sonho.
Sou a coisa que sou. Já disse Shakespeare.
Sou o que sobrevive aos covardes
E aos fátuos que já foi.[22]

---

22 Edição brasileira: Borges, J. L. (1999). *Obras completas de Jorge Luis Borges* (Vol. 3, pp. 214-215). São Paulo: Globo. [N.E.]

3. Culpabilidade encobridora na obra de Franz Kafka

Introdução

Tem piedade de mim. Sou culpável até a última dobra do meu ser.
Franz Kafka, *Diários*.

A exposição linear se presta pouco para descrever processos anímicos mesclados e que transcorrem em diversos estratos da alma.
Sigmund Freud, "A psicogênese de um caso de homossexualismo numa mulher".

Em um escrito anterior, "Complexo de Édipo e complexo fraterno na vida e obra de Franz Kafka" (1998), propus e desenvolvi a hipótese de que o complexo paterno kafkiano esteve condicionado e reforçado por sobreinvestimentos ominosos, provenientes de uma elaboração masoquista geradora de culpa no pequeno Franz, em razão dos lutos patológicos suscitados por conta da morte precoce de seus irmãos varões que, como duplos consanguíneos, o perseguiam e o incriminavam, projetando essas atribuições de culpa fraternas na figura de seu pai.

Neste texto, procuro chegar a camadas mais profundas e vedadas dos estratos psíquicos dos personagens kafkianos e, correlativamente, estender o campo da psicanálise a outras zonas crípticas da alma humana.

Partirei da seguinte hipótese: os personagens kafkianos, tomando a metáfora espacial de Wisdom, apresentam em sua estrutura mental identificações nucleares insuficientemente estruturantes, que se acham recobertas orbitalmente por identificações edípicas e que eclipsam, através da manifestação de um sentimento de culpabilidade ciclópico e ubíquo, estados afetivos atormentadores comandados pela dinâmica pré-edípica.

Nesse sentido, a culpa compulsiva ante o pai na obra kafkiana teria uma função defensiva, para embuçar os efeitos desestruturantes de certos sentimentos arcaicos, engendrados a partir da sobrevivência de traumas precoces não superados, por déficit no processo da narcisização.

Com efeito, o personagem kafkiano se acha privado de liberdade em suas realidades psíquica e externa e inundado por sentimentos ingovernáveis de angústia de desamparo e por uma intensa vergonha, mascarados, por sua vez, por uma culpabilidade encobridora.

Para dizê-lo com as palavras de Winnicott (1985):

> *Muralhas de pedra não fazem cárcere, nem barras de ferro a jaula.*
> *A liberdade é assunto da economia interna do indivíduo, não se pode destruí-la facilmente, se é que se considera a liberdade em termos de flexibilidade mais que em termos de rigidez da organização das defesas.*

Cabe, pois, distinguir os que têm e os que não têm a
liberdade interna para que se ponham em jogo os pro-
cessos de maturação, para que a criança se sinta um
indivíduo real, ou seja, que possa sentir-se real dentro
de um mundo real (p. 1172).

O personagem kafkiano adoece de uma patologia marcada por falhas estruturais nos vínculos precoces, que engendram uma afronta essencial ao narcisismo do ser humano, por achar-se privado do autogoverno básico e essencial que lhe possibilite exercer a própria liberdade.

Essa ferida narcisista costuma ser reinfectada repetidas vezes e atiçada pelas incandescentes memórias compulsivas do pavor e do rancor. Com efeito, podemos assinalar, com Freud (1937), que os personagens kafkianos padecem:

estalidos de depressão grave, pela certeza interior de
que a cura analítica não servirá para nada e de que não
é possível obter remédio . . . o decisivo é que a resistência
não permite que se produza mudança alguma, que tudo
permanece como é. Amiúde tem-se a impressão de se ter
atravessado todos os estratos psicológicos e chegado à
"pedra fundamental" e, desse modo, ao término de sua
atividade (p. 253).

E assim tem de ser, pois para o psíquico a culpa encobridora e a desesperança kafkianas desempenham o papel do fundamento rochoso subjacente. Os "analisandos kafkianos" representam um resto à nossa teoria e técnica psicanalíticas, como se verá mais adiante.

122 CULPABILIDADE ENCOBRIDORA NA OBRA DE FRANZ KAFKA

A exposição que desenvolverei abarca os seguintes temas:

1. O reordenamento das identificações em Freud e Kafka.
2. O complexo parental em Borges e Kafka.
3. Trauma encobridor, culpa encobridora e historização.
4. O kafkiano na situação analítica.

O reordenamento das identificações em Freud e Kafka

Quando a liberação da opressão conduz, ao menos, à constituição da liberdade, somente então podemos falar de revolução. A liberdade não é antes de tudo a possibilidade de eleger entre duas alternativas, mas a capacidade de iniciar algo novo, a capacidade de romper a rotina de todos os dias. O homem pode dar começo a algo novo, a algo que de outro modo não existiria, o homem livre impede que o mundo se converta em algo homogêneo, em uma mera repetição.

Hannah Arendt, *Sobre a revolução* (1963)

O reordenamento identificatório é um complexo processo de elaboração psíquica, que garante ao longo de toda a vida o não fechamento de uma estrutura imutável e prefixada pelo arbítrio dos deuses. Através dele, e à semelhança do desafio desencadeado entre Prometeu e Zeus, o sujeito porta em suas mãos a tocha do fogo criador, enquanto desdobra sua potencialidade mutante durante o processo de transformar as identificações adquiridas e herdadas dos outros, em um original modelo identificatório próprio e em permanente revisão.

O reordenamento identificatório representa, assim, uma oportunidade de transformação imperdível para efetivar uma mudança psíquica.

Com efeito, as identificações são processos fundamentalmente inconscientes de alta complexidade, em que podemos diferenciar ao menos três fases sucessivas:

1. Apropriação e preensão do modelo identificatório: "tens de ser como teus pais".

2. Rechaço e desprendimento do modelo parental: "quero ser qualquer coisa, exceto como meus pais": identificação reativa.

3. Confrontação e reordenamento das identificações: "admito e reconheço tais e tais aspectos herdados dos outros em mim, mas distingo também aquilo que eu mesmo construí e transformei".

Essa terceira fase do reordenamento das identificações resulta ser um produto "mestiço", proveniente da intersecção de um processo intricado e composto, no qual se entrelaçam o desprendimento não ideal e somente parcial do passado de outras gerações que sobrevivem nele e o novo gerado a partir do trabalho de elaboração dos modelos identificatórios já adquiridos, assim como do encontro com outras situações portadoras de novas identificações.

Recordemos que Freud, em "O romance familiar dos neuróticos" (1909), assevera que o desprendimento da autoridade parental é um processo lento, ineludível e doloroso, e que se realiza somente em certa medida, nunca em sua totalidade; e, além disso, que sem ele não se produz um progresso na psicologia individual e social. Mesmo assim, na "Conferência XXI" (1916b) assinala:

> *O indivíduo humano tem de se consagrar à grande tarefa de desprender-se dos pais; somente através dessa*

124 CULPABILIDADE ENCOBRIDORA NA OBRA DE FRANZ KAFKA

soltura pode deixar de ser criança para converter-se em membro da comunidade social. ... Essa tarefa se impõe a todas as pessoas; é digno de nota quão raramente se conclui da maneira ideal, ou seja, correta tanto no psicológico como no social (p. 307).

Freud cita duas vezes os versos de Goethe: "O que herdaste de teus pais, adquire-o para possui-lo", em "Totem e tabu" (1913, p. 158) e, mais adiante, em "Esquema de psicanálise" (1940a, p. 209).

Podemos interpretar esses versos do seguinte modo: adquirir e possuir não significa reproduzir, senão prosseguir sendo uno, mesmo com a obra de transformação do processo identificatório. O adquirido requer ser primeiro admitido para chegar a reconhecer a origem histórica dos modelos identificatórios em si mesmo, e só então será possível registrar o proveniente e atuante dos outros significativos que o possuem e discernir, ao mesmo tempo, o construído por si mesmo.

O reordenamento das identificações obtém sua força de atualização não apenas por expressar o desejo do sujeito como também por comemorar um fragmento da história esquecida, repetindo a forma que este adotou em uma época dada e assegurando seu impacto sobre a psique. Por isso, o produto de transformação durante a reacomodação identificatória é "um composto, um misto de história vivida e da maneira com que esta foi significada, assimilada, metabolizada então pela psique" (Roussillon, 2006, p. 211). Poderíamos agregar a isso o inédito trazido pelo próprio sujeito.

O fato de o reordenamento das identificações constituir um processo mental permanente possibilita o advento de uma mutação psíquica e contrasta, portanto, com aquela outra crença psíquica e tanática sustentadora da certeza da gravitação de um prefixado e imóvel destino enferrujado. Assim, propicia que o sujeito consiga ser, através do processo da reescrita incessante, não só um objeto de desejo dos outros e para os outros, mas sim um sujeito portador de um desejo próprio como autor responsável por um inacabado romance familiar.

Diz J. M. Coetzee (2004):

> *O romance, o romance tradicional, continua ela, é uma tentativa de entender o destino humano caso a caso, entender como acontece de algum sujeito, tendo começado no ponto A e sofrido as experiências B, C, D, terminar no ponto Z. Assim como a história, o romance é um exercício de tornar coerente o passado. Assim como a história, ele explora as respectivas contribuições de caráter e circunstância na formação do presente. Ao fazê-lo, o romance sugere como podemos explorar o poder de o presente produzir o futuro. É por isso que temos essa coisa, essa instituição, esse veículo chamado romance[1] (p. 46).*

Com efeito, durante o irrefreável processo do reordenamento das identificações, reorganizam-se as três dimensões do tempo: o passado reativado se ressignifica em um presente gerador, ao mesmo tempo, de um renovado modelo identificatório que parece futuro.

Obstáculos no reordenamento identificatório

A experiência clínica e as manifestações da literatura atestam que a dimensão transformadora do trabalho psíquico pode chegar a se obstaculizar e até paralisar-se com suma facilidade em alguma de suas diferentes e fluidas fases. Em certos casos, os mais graves,

---

1 Edição brasileira: Coetzee, J. M. (2004). *Elizabeth Costello*. São Paulo: Companhia das Letras. [N.E.]

126 CULPABILIDADE ENCOBRIDORA NA OBRA DE FRANZ KAFKA

como acontece com os personagens kafkianos, a detenção da reacomodação identificatória se apresenta já na primeira fase, durante a configuração e a preensão dos modelos identificatórios, por falhas na narcisização precoce na estruturação psíquica.

Em outros casos, o obstáculo erige-se quando não se produzem o rechaço e a oposição necessários (segunda fase) ou quando se detém na dinâmica intersubjetiva o ineludível ato da confrontação geracional e fraterna (terceira fase).

Considero importante sublinhar a importância dessa segunda fase, a oposição no processo do reordenamento identificatório como motor do progresso ao longo de toda a vida – mesmo que fundamentalmente durante o período da adolescência –, para a plasmação do processo da identidade. Como afirma Cervantes (2004): "Cai bem ao homem um pouco de oposição. Os cometas se levantam contra o vento e não a favor dele".

Um paradigma da gravitação estruturante que costuma exercer a identificação reativa na adolescência podia ser o célebre acontecimento do chapéu do pai de Freud, que parece ter operado como um fermento significativo para a plasmação das identificações heroicas no filho. Esse episódio é narrado em detalhe no primeiro volume da biografia de Freud, escrita por Jones (1959-1960), no capítulo "Infância e adolescência":

> *A submissão não estava em sua natural maneira de ser, e seu pai não tornou nunca a recuperar o lugar que havia ocupado em sua estima desde a penosa ocasião em que relatou a seu filho, de doze anos, como um gentio lhe havia despojado, com um tapa, de seu chapéu de couro novo, atirando-o ao barro e gritando-lhe: "Saia do pavimento, judeu". À pergunta indignada do filho: "E tu, que fizeste?", o pai respondeu tranquilamente: "Desci à rua e catei meu chapéu" (pp. 34-35).*

Essa falta de heroísmo por parte de quem constituía um modelo ideal resultou chocante para o jovem Freud, que imediatamente comparou em seu íntimo essa conduta com a atitude de Amílcar, que fez seu filho Aníbal jurar, defronte do altar de sua casa, que tomaria vingança dos romanos. Evidentemente, Freud se identificou com Aníbal, já que desde então, como ele afirmou, este ocupou um lugar em suas fantasias (Freud, 1900).

Muito se especulou sobre esse episódio, segundo Rodrigué, em torno do qual o filho ruminou prolixas fantasias de vingança. Diz Marthe Robert: "Essa história nos dá uma ideia da aparência física do jovem Kallamon Jacob". Com efeito, conjectura que o pai de Sigmund conservava certas características de sua Galícia natal, que "permitiam conhecer pela aparência" que se tratava de um judeu religioso da Europa oriental em um dia de sábado. Devemos considerar que Freiberg era uma cidade pequena, e que o "cristão agressor" bem podia ter sido um vizinho (Rodrigué, 1996, p. 73).

Do que foi até agora exposto, podemos resumir que as memórias do pavor, do rancor e da dor das gerações que precederam Freud teriam operado não como freio, mas, ao contrário, como motor reativo de rechaço e oposição, para lavar a honra ofendida e as ofensas padecidas pelos "outros", configurando-se então nele uma identificação reivindicatória. Assim, o jovem Freud teria assumido, a partir de sua identificação reativa enquanto progresso, o lugar de um conquistador que mergulha nas trevas do inconsciente para estancar, a partir dali, as feridas não cicatrizadas das injustiças padecidas e restaurar os retalhos da dignidade ultrajada de seu pai e de seu povo.

Essas identificações reativas podem chegar a operar como um ponto de partida e um recurso significativo para promover a criatividade. Isso acontece quando essa fase do reordenamento das identificações encontra-se comandada, como no caso do jovem

128 CULPABILIDADE ENCOBRIDORA NA OBRA DE FRANZ KAFKA

Freud, por uma reação "enquanto progresso" e não "enquanto retrocesso", diante da admissão e não do desmentido dos modelos identificatórios precedentes.

A propósito, Vermorel e Vermorel (1985) assinalam o significativo poder que adquirem as identificações por oposição à figura paterna em Freud em sua encarnação do papel de *herói da cultura*.

Freud havia descoberto em si mesmo, desde há muito tempo, traços de explorador e de aventureiro que Romain Rolland reconheceria mais tarde, qualificando-o de "conquistador do espírito", ao passo que Thomas Mann o representa como "um cavaleiro entre a morte e o diabo".

Suas múltiplas identificações com chefes militares como Aníbal ou Napoleão, com pensadores como Goethe, Leonardo da Vinci ou Darwin, com um profeta como Moisés, dentre muitas outras, definem seu estilo de criador possuído por um espírito de conquista, de afirmação do caráter original e da prioridade de suas ideias, beirando às vezes uma certa intransigência, que seria exagerada se não fosse necessária para o criador que persegue sua descoberta (p. 915).

Contudo, quando as identificações por oposição somente se instalam reativamente para satisfazer moções hostis, atiçadas pelo poder das memórias do pavor e do rancor, podem chegar a obstacularizar e até paralisar o processo do reordenamento das identificações. Nessas situações, em lugar de se instalar a "reação enquanto progresso", promotora de uma entusiasta abertura que aponta para a conquista de novos projetos, perpetua-se a viscosidade reativa da retaliação tanática, que reanima os aspectos mais tenebrosos e regressivos da condição humana regidos pela "reação enquanto retrocesso".

Por isso, quando nos confrontamos com as identificações por oposição, é necessário discernir em cada caso se estão comandadas pela reação enquanto progresso ou enquanto retrocesso.

Quando a regressão se instala, a libido não progride em sua ativa busca de objetos a investir, mas permanece, ao contrário, imantada aos objetos pretéritos, congelando-se o fluir temporal, espacial e afetivo.

Como podemos observar, trata-se de um processo muito diferente do que caracteriza as identificações regidas pela reação enquanto progresso. Com efeito, a partir delas, a libido avança e conquista novos horizontes ignotos, porque o sujeito, ao não desmentir nem cindir os objetos anteriores, registra, seleciona, integra e transforma tais objetos em uma nova síntese, na qual se presentificam tanto os elementos herdados e adquiridos como aqueles outros trazidos e criados por ele mesmo. Quer dizer que se integram e reorganizam elementos da tradição e da invenção, dando origem a estruturas inéditas. Isso, por sua vez, possibilita ao sujeito exercitar um ato ineludível para a plasmação de sua identidade, representado pela confrontação geracional e fraterna.

Voltando ao caso de Freud, considero que representa, em oposição extrema ao de Kafka, um eloquente modelo que revela como essas três fases do reordenamento das identificações mantêm seus nexos e se influenciam reciprocamente. Com efeito, Freud põe em evidência como a segunda fase, concernente ao "rechaço e desprendimento do modelo parental", acha-se concatenada à primeira, referida à "apropriação e preensão do modelo identificatório", na qual manteve um vínculo preferencial com sua mãe, Amalie Nathanson.

Freud (1900) assinala duas vezes em sua obra os efeitos exercidos pelo sobreinvestimento materno no filho: "Descobri que as pessoas que se sabem os preferidos ou favorecidos de suas mães dão provas na vida daquela particular confiança em si mesmos, daquele

130 CULPABILIDADE ENCOBRIDORA NA OBRA DE FRANZ KAFKA

inabalável otimismo, que não raras vezes aparecem como heroicos e levam a um êxito real" (p. 401). Em "Poesia e verdade" (1917): "Quando alguém foi indiscutivelmente o predileto da mãe, conservará por toda a vida esse sentimento de conquistador, essa confiança no êxito que não poucas vezes o atraem de verdade" (p. 150).

Por outro lado, os sombrios e atormentados personagens kafkianos dão prova na vida de algo totalmente contrário, adoecem de uma teologia negativa. São anti-heróis, carecem de um sentimento de confiança básica em si mesmos e, finalmente, em lugar de abrigar esse sentimento de esperança que acompanha o sujeito para poder enfrentar as situações agonais que inexoravelmente se suscitam nas realidades interna e externa, sentem o desamparo de uma indestrutível desesperança e retraem-se regressivamente no cativeiro do negativismo, até chegar ao extremo da autodestruição.

Em seu último conto, "Um artista da fome" (1924), Kafka põe em evidência a flagrante situação intolerável exercida pela perpetuação de uma "identificação reativa por oposição enquanto retrocesso" com o modelo da mãe nutridora; identificação que pode adquirir valor de sintoma pelo que representa de rígido, forçado e compulsivo.

O jejuador estava francamente apaixonado pela fome. Autopercebia-se como um estorvo que cada vez se tornava menor. "Estas foram suas últimas palavras, mas nos seus olhos embaciados persistia a convicção firme, embora não mais orgulhosa, de que continuava jejuando²" (1979b, p. 232).

Em 1922, Kafka escreve em seu diário:

> *Quando ainda estava eu satisfeito, eu desejava estar insatisfeito e, por todos os meios do século e da tradição,*

---

2 Edição brasileira: Kafka, F. (1984). *Um artista da fome e A construção* (p. 35). São Paulo: Brasiliense. [N.E.]

me jogava na insatisfação: no presente gostaria de poder regressar a meu estado primitivo. Eu me encontrava portanto sempre insatisfeito, inclusive insatisfeito de minha insatisfação (1979a, p. 203).

A construção da Muralha da China

Em *Franz Kafka, uma busca sem saída*, Rodolfo Modern (1993) sustenta:

> *Está claro que nos artistas em geral, e nos escritores em particular, existe uma correlação frouxa ou estreita entre vida e obra, uma consagração maior ou menor a ela. Tal a regra. Mas no caso de Kafka tudo é exceção. Ou quase tudo. Pois sua vida coincide rigorosamente, vista a partir da interioridade, com sua obra. São, em resumo, a mesma e única coisa. Através de seus contos, romances, diários, cartas e aforismos, Kafka descreve a si mesmo. A literatura, e disso se dá conta muito cedo, não é uma atividade espiritual que pode fazer nem que deve fazer: ele "é" a literatura, e vice-versa. Jamais se registrou na história da literatura de um modo tão sistemático e coerente tal fusão. Nem a escrita é para ele assunto dos domingos, nem os domingos são assuntos para a literatura. Toda sua existência está apostada no ato de escrever, somente assim lhe é lícito viver. Ele o diz até a exaustão, porque essa é uma de suas escassas certezas absolutas. Por essa causa, tão especial, praticamente única, enquanto no resto dos autores o âmbito dedicado à redação de diários ou à confecção de cartas corresponde a um espaço não literário na exteriorização*

132 CULPABILIDADE ENCOBRIDORA NA OBRA DE FRANZ KAFKA

> *de sua intimidade, em Kafka todo escrito forma parte de sua obra completa. Porque esse material se compõe de enfoques ou variações que têm por sujeito seu excepcional e curioso universo interior. Não existe, por consequência, um Kafka público e outro privado. E é difícil encontrar na história da arte um exemplo tão acabado, até monomaníaco, pode-se dizer, de identificação na supressão de fronteiras. Somente se necessita a si mesmo para produzir literatura; ele é a mina de onde extrairá o material com que forjará uma das aventuras mais notáveis da escrita contemporânea (p. 9).*

Na voz dos escritos kafkianos, encontramos esse tom tão inconfundível do autor, em que se desvanece toda esperança, em que todos os seus seres se encontram fatalmente marcados por um enferrujado destino de fracasso na vida.

Kafka sonda, em "Durante a construção da Muralha da China", os elementos e as relações que fazem a existência humana. Todavia, a exposição dos problemas, sempre por meio de imagens concretas, não traz soluções satisfatórias. Assim ocorre, por exemplo, na narração da construção da muralha chinesa, em que o autor põe em evidência o absurdo de certas medidas oficiais para a construção de uma obra totalmente inútil, mas em cuja execução os homens desejosos de liberdade aparecem em uma situação de escravos. Esse conto narra a edificação de uma muralha erigida por partes separadas e sem um objetivo determinado. Depois de concluída cada parte, os trabalhadores são enviados a outra região afastada da anterior. O observador kafkiano se interroga:

> *Conforme em geral se propaga e é sabido, ela foi pensada como proteção contra os povos do norte. Mas como pode servir de proteção uma muralha cuja construção*

não é contínua? Com efeito, muralha assim não só não pode proteger, como a própria construção corre perigo constante. Essas partes de muralha abandonadas em região deserta podem ser destruídas facilmente e a todo momento pelos nômades, sobretudo porque, já então amedrontados pela construção, eles mudaram de morada com incrível rapidez, como gafanhotos, e talvez por isso conseguiram uma visão de conjunto melhor sobre os progressos da construção do que nós, os construtores. Apesar de tudo, a construção não podia mesmo ser efetuada de maneira diferente do que aconteceu[3] *(1979b, p. 403).*

Considero que esse conto põe em evidência o padecimento do personagem kafkiano, que desvela a falida construção do conjunto das identificações e dos mecanismos defensivos adequados que não conseguiram configurar uma muralha, um sistema relacional flexível, para configurar e preservar a estrutura da personalidade. O personagem kafkiano sustenta nesse conto que primeiro se requer assentar a muralha, os fundamentos estruturais da vida anímica, para que logo possam se desenrolar as ulteriores fases do desenvolvimento libidinal. Portanto, assinala:

a grande muralha criaria pela primeira vez na história dos homens um fundamento seguro para uma nova Torre de Babel. Ou seja, primeiro a muralha e depois a torre. . . .

Havia então – este livro é apenas um exemplo – muita confusão nas cabeças, talvez justamente porque tantos buscavam unir-se o mais possível em torno de uma única

---

3 Edição brasileira: Kafka, F. (2002). *Narrativas do espólio* (p. 74). São Paulo: Companhia das Letras. [N.E.]

*meta. O ser humano, em sua essência instável, da na-
tureza da poeira que sobe, não suporta grilhões; se ele
mesmo se acorrenta, começa logo a sacudir loucamente
os grilhões e a atirar aos pedaços para todos os pontos
cardeais muralha, cadeia e a si próprio[4] (1979b, p. 407).*

Nesse parágrafo, Kafka desvela as angústias desorganizadoras
e de desamparo que aprisionam seus personagens pelas falidas
identificações narcisistas, edípicas e fraternas, e também pela incapacidade de lograr certa harmonização entre elas.

Para Freud, a identificação, mais do que um mecanismo psicológico entre outros, é a operação em virtude da qual se constitui o
sujeito humano. Em "Psicologia das massas e a análise do eu"
(1921), distingue três modos de identificação. a) Como forma originária do laço afetivo com o objeto. Trata-se aqui de uma identificação pré-edípica, marcada pela relação canibalística que, desde
o princípio, é ambivalente: as identificações primárias. b) Como
substituto regressivo de uma eleição objetal abandonada: identificações secundárias. c) Na ausência de toda catexia sexual do outro,
o sujeito pode, não obstante, identificar-se com este na medida em
que tem um elemento em comum: identificação histérica.

Freud também indica que, em certos casos, a identificação
afeta não o conjunto do objeto, mas sim um "traço único" dele. Por
outro lado, e esse é um fato essencial, o conjunto das identificações
de um sujeito não forma um sistema relacional coerente; assim, por
exemplo, dentro de uma instância como o supereu encontram-se
exigências diversas, conflitantes, heteróclitas.

O personagem kafkiano, ao enunciar seu ser substancialmente
instável como pó porque "não tolera laços; e se ele mesmo se liga,
muito cedo começará a arrancar-se das ligaduras e fará saltar aos

---

4 Edição brasileira: Kafka, F. (2002). *Narrativas do espólio* (p. 79). São Paulo:
Companhia das Letras. [N.E.]

quatro pontos cardeais muralha, cadeia e a si mesmo" (Kafka, 1979a, p. 33), põe em evidência seus traumas precoces nos primeiros vínculos, que costumam representar-se com maior clareza e condensar-se na configuração de um complexo de Édipo patológico.

O conto continua denunciando os falidos construtores, que fracassaram na construção da estrutura defensiva, deixando como sequela uma visão desesperançada da vida. Esses construtores edípicos, representados pelo Imperador e pelas mulheres imperiais, são acusados pelo narrador:

> *Exatamente assim, tão sem esperança e esperançoso, o nosso povo vê o Imperador. Ele não sabe qual imperador está reinando, e até sobre o nome da dinastia persistem dúvidas. Muita coisa desse tipo é aprendida na escola, seguindo a seqüência, mas a insegurança geral nesse sentido é tão grande que mesmo o melhor aluno é arrebatado por ela. Imperadores mortos há muito tempo são entronizados em nossas aldeias e aquele que ainda vive só nas canções emitiu recentemente uma proclamação que o sacerdote lê diante do altar. Batalhas da nossa história mais remota só agora são travadas, e o vizinho com o rosto inflamado invade a sua casa levando a notícia. As mulheres dos imperadores, superalimentadas em almofadas de seda, distanciadas dos nobres costumes por cortesãos astutos, inchadas pela ambição de poder, excitadas pela cobiça, esparramadas na volúpia, continuam a perpetrar de novo os seus delitos. Quanto mais tempo passou, tanto mais assustadoras brilham todas as cores, e é com alta lamúria que a aldeia um dia vem a saber que faz milênios uma imperatriz bebeu em largos tragos o sangue do seu marido[5] (Kafka, 1979c, p. 413).*

---

5 Edição brasileira: Kafka, F. (2002). *Narrativas do espólio* (p. 87). São Paulo: Companhia das Letras. [N.E.]

136 CULPABILIDADE ENCOBRIDORA NA OBRA DE FRANZ KAFKA

Nessa narração vem à luz a visão espectral que tem o personagem kafkiano acerca da dinâmica do complexo parental. Mais adiante, o conto termina increpando o Império por seu enclausuramento e pela impotência do povo para se opor à arbitrariedade da instituição oficial.

Na verdade, o principal culpado por ela é o governo, que, no mais antigo reinado da Terra, até hoje não foi capaz – ou então negligenciou isso em nome de outras coisas – de desenvolver a instituição do império a uma clareza tal que ele produza efeito nas mais distantes fronteiras do reino de um modo imediato e ininterrupto. Mas por outro lado também existe aí uma fraqueza na capacidade de imaginação e crença do povo, que não consegue tirar o império da funda introspecção de Pequim e torná-lo inteiramente vivo e presente no peito dos seus súditos, que não querem nada melhor que sentir esse contato e sucumbir nele.

Essa concepção portanto não é com certeza uma virtude. Tanto mais chama a atenção que precisamente essa fraqueza parece ser um dos mais importantes meios de união do nosso povo; sim, se for permitido que a audácia de expressão chegue a esse ponto, ela é literalmente o solo sobre o qual vivemos. Fundamentar aqui de maneira minuciosa uma censura não significa sacudir nossa consciência, mas, o que é muito pior, as nossas pernas. E por isso não quero por enquanto prosseguir mais na pesquisa dessa questão[6] (Kafka, 1979c, p. 416).

O conto conclui revelando a impossibilidade dos personagens kafkianos de se oporem aos abusos do poder vertical. E, se bem

---

6 Edição brasileira: Kafka, F. (2002). *Narrativas do espólio* (pp. 90-91). São Paulo: Companhia das Letras. [N.E.]

admitem sua própria incapacidade de encarar a confrontação geracional e a impossibilidade de chegar a se ligar com outros de um modo fraternal para conjurar as injustiças, permanecem fatalmente detidos e inibidos por vergonha, remorso, desesperança e pavor.

Kafka-Borges e o complexo parental

A expressão "complexo parental" foi empregada por Freud de 1910 a 1922. Nós a encontramos nos seguintes textos: "Um tipo especial de escolha de objeto feita pelos homens" (1910, p. 165 e p. 167), "Um caso de paranoia que contradiz a teoria psicanalítica" (1915b, p. 269), "O tabu da virgindade" (1918, p. 202) e "Sonho e telepatia" (1922, p. 119).

Um complexo é um conjunto organizado de representações e lembranças dotadas de um imenso poder afetivo. Forma-se a partir das relações interpessoais da história infantil do sujeito e tem um valor estruturante no desenvolvimento humano. Tais representações são parcial ou totalmente inconscientes e exercem seus efeitos no processo da subjetivação.

No complexo parental, podemos reunir a dimensão narcisista do complexo de Édipo e sua relação com o complexo fraterno.

Com efeito, no complexo parental, põe-se em evidência qual foi o investimento narcisista filial por excesso ou por falta no seio da dinâmica do campo intersubjetivo parental. Também se põe em evidência qual foi o lugar – ou o não lugar – do filho para cumprir com a função de complemento fálico narcisista na dinâmica parental *"entre"* os pais e a identificação com esse lugar.

Nesse complexo, presentifica-se uma fantasia típica: a fantasia da espionagem da criança com as orelhas, através da qual procura desvelar o ruído pelo qual se delata o comércio sexual dos pais.

A observação do comércio amoroso "entre" os pais é
uma peça que raras vezes falta no tesouro de fantasias
inconscientes que a análise pode descobrir em todos os
neuróticos e, provavelmente, em todos os seres humanos
(Freud, 1915b, p. 269).

Considero importante diferenciar esse complexo parental do complexo materno e do complexo paterno. Nestes últimos, encenam--se as relações ambivalentes do filho com a mãe e com o pai, ao passo que o complexo parental mantém, além disso, seus íntimos nexos com o complexo fraterno.

Em certos casos, o lugar disponível do filho *"entre"* os pais costuma permanecer usurpado pela presença da instalação de outros irmãos sãos e/ou perturbados física ou mentalmente. Ou, como no caso de Kafka, por irmãos mortos que não se ausentam jamais dos espaços mentais de cada progenitor nem do lugar *"entre"* ambos.

Podemos descrever duas categorias bem diferenciadas e opostas do complexo parental e seus efeitos estruturantes e desestruturantes na configuração subjetiva dos personagens kafkianos e borgeanos.

Na obra do autor de *O aleph*, o filho costuma permanecer sobreinvestido em um papel que lhe excede, posto que sua missão é a de resgatar a cada um dos progenitores e/ou manter a estabilidade estrutural da família.

Por outro lado, na obra do autor de *O castelo*, o filho não consegue adquirir uma carta de cidadania real que outorgue valor e significado a sua subjetividade. O campo dinâmico da instância parental kafkiana encontra-se obstruído pela presença de uma trama libidinal intricada e demasiado compacta no casal conjugal. Este não dá possibilidade alguma a nenhum outro localizar-se com disponibilidade no lugar de complementação fálica.

Kafka escreveu de passagem, em seu *Diários*, uma das frases mais terríveis de seu século literário: "Minha vida é um titubeio pré-natal" (1979a). Por outro lado, Borges (1982a) soube que tinha um só caminho assinalado e inamovível: "Soube antes de ter escrito uma só linha que meu destino seria literário" (p. 14). Destino determinado por sua instância parental, da qual permaneceu cativo ao longo de toda sua vida dentro do labirinto dos desejos heteróclitos das gerações que o precederam.

Posse (2008) assinala que, no permanente interesse que Borges manifestava por Kafka:

> *havia certa identificação, que poderia sondar-se no íntimo de suas personalidades. Frustrados no fundo, talvez feridos em sua sexualidade, ambos poderiam ter exclamado conjuntamente, se Borges e Kafka tivessem podido se encontrar: O único de que me arrependo é de não ter sabido ser feliz.*
>
> *Borges assinalou que Kafka era o autor de uma das obras mais singulares do século. Narrar em romance uma metáfora do insuperável, do muro, foi sua incumbência ou seu destino. Borges observou que duas obsessões guiavam a obra de Kafka: a subordinação e o infinito. Em quase todas as suas ficções há hierarquias, e essas hierarquias sucedem-se infinitamente. São infinitas por serem intrinsecamente insuperáveis. Não demonstraram ser tão afetados pelas enfermidades (a tuberculose e a cegueira) como por suas incapacidades para a vida real e cotidiana, por problemas muito íntimos. Georges Bataille observou que o erotismo na obra de Kafka carece de amor, de desejo e até de força: é um erotismo de deserto. Kafka não aceitou o*

destino de ser adulto e pai. Amadureceu até a esterilidade (p. 18).

Nem os personagens kafkianos nem os borgeanos encontraram repouso em suas relações atormentadoras com as instâncias parentais e fraternas. O personagem borgeano esteve afetado pela nostalgia do absoluto. Buscou a fusão amorosa para restaurar uma completude perdida. Levou ao limite a pretensão de ser uno com o ideal. Procurou anular a irredutível tensão da diferença "entre" as instâncias do aparato anímico. Esse "entre" é, precisamente, o que permite estabelecer na dimensão da intersubjetividade o espaço, o interstício, o intervalo da presença de uma verdadeira identidade e alteridade. E, na dinâmica intrapsíquica, o intervalo entre o eu e as instâncias ideais da personalidade. O protagonista borgeano pretendeu, no plano da intersubjetividade, recobrir o "entre", obturar a descontinuidade entre os sujeitos com uma continuidade fantasmática de eternidade entre ele e o outro. Procurou, definitivamente, profanar aquela zona sagrada da diferença intersubjetiva que constitui e preserva a singularidade de todo sujeito e o distingue de seu semelhante. Seu anelo estendeu-se, inclusive, ao âmbito da realidade psíquica, para desmentir o desgarramento original que separa o eu humano de seu ideal.

Ao contrário, o personagem kafkiano erigiu entre ele e o outro não um "*entre*"; interpôs, em vez disso, um descontínuo muro narcisista-masoquista que impossibilitou todo um intercâmbio com o outro e consigo mesmo. Essa descontínua "muralha da china" operou como uma defesa falida, que impossibilitou sua conexão consigo mesmo e dele com os outros, chegando ao extremo de um isolamento total e de uma impossibilidade de que o outro encontrasse alguma pequena fenda em seu muro de negativismo, através da qual pudesse se comunicar, gerar um encontro e celebrar um intercâmbio humano. Os muros kafkianos foram demasiado altos, e seus narradores permaneceram fatalmente cativos deles.

Com efeito, os personagens kafkianos não puderam compartilhar nem se instalar em um vínculo estável. Permaneceram intocáveis, prófugos de um encontro aprazível sustentado no tempo e encadeado a fantasmas psíquicos ominosos que governaram finalmente suas vidas. Padeceram, fatalmente, um enclausurado destino de fracasso na vida amorosa.

Entre as atormentadas cartas que Kafka escreveu a suas sucessivas mulheres, H. Bloom (1995) assinala que a essência da fuga irrefreável ante o amor pode encontrar-se, em particular, em sua famosa carta a Milena, que representa uma das mais eloquentes do século.

Faz muito tempo que não lhe escrevo, senhora Milena, e tampouco hoje lhe escrevo por uma casualidade: na realidade não tenho de desculpar-me, senão fazer uma observação de interesse geral; provém, por assim dizer, das cartas ou da possibilidade de escrevê-las. As pessoas quase nunca me traíram, mas as cartas sempre, e na verdade não as alheias, mas justamente as minhas. No meu caso é uma desgraça muito especial, da qual não quero continuar falando, mas ao mesmo tempo é também uma desgraça geral. A singela possibilidade de escrever cartas deve ter provocado – a partir de um ponto de vista meramente teórico – uma terrível desintegração de almas no mundo. É com efeito uma conversa com fantasmas (e, para piorar, não somente com o fantasma do destinatário, mas também com o do remetente) que desenvolve entre linhas a carta que alguém escreve, ou ainda em uma série de cartas, em que cada uma corrobora a outra e pode se parecer a ela como testemunho. De onde haverá surgido a ideia de

142 CULPABILIDADE ENCOBRIDORA NA OBRA DE FRANZ KAFKA

que as pessoas podiam comunicar-se mediante cartas? Pode-se pensar em uma pessoa distante, pode-se aferrar- -se a uma pessoa próxima, todo o resto fica mais além das forças humanas. Escrever cartas, não obstante, significa desnudar-se diante dos fantasmas, que o esperam avidamente. Os beijos por escrito não chegam a seu destino, os fantasmas os sorvem pelo caminho. Com esse abundante alimento se multiplicam, com efeito, enormemente. A humanidade o percebe e luta para evitá-lo; e para eliminar no possível o fantasmal entre as pessoas e conseguir uma comunicação natural, que é a paz das almas, inventou o trem de ferro, o automóvel, o avião, mas já não servem, são evidentemente descobertas feitas no momento do desastre. O lado oposto é tanto mais calmo e poderoso, depois que o correio inventou o telégrafo, o telefone, a telegrafia sem fios. Os fantasmas não morrerão de fome, e nós, por outro lado, pereceremos.

Essas eloquentes asseverações acerca da indestrutibilidade do poder persecutório dos fantasmas psíquicos na memória do pavor povoam e dominam a visão atormentada dos personagens kafkianos.

Borges, como autor, foi um buscador de liberdades, mas também permaneceu finalmente amarrado a metas irrealizáveis. Vivia marcado pela necessidade de reivindicar e, ao mesmo tempo, superar seu pai, escritor frustrado, para o qual trabalhava sem achar sossego, mantendo a brasa de sua inspiração incandescente, até o estalido final nas chamas de sua escrita.

Enquanto Borges procurava compulsivamente cumprir de modo vicariante a missão épica do eu ideal parental, Kafka, como autor, assumia reativamente os aspectos negativos do eu ideal, o anti-herói, para o que atiçava reiteradamente as chamas de seu mal-estar, seu sentimento de insignificância e o desejo de vingança. Sentia-se despossuído de toda esperança e sabia-se imolado no sofrimento.

Com efeito, o sofrimento constituía para Kafka sua espada e seu escudo. Borges, por sua vez, através da simbiose pai-filho, havia sido destinado pelos anelos da instância parental a reivindicá--los nas letras, mas mantinha uma dívida não paga com seus outros antepassados militares nas lanças: "O jardim de veredas que se bifurcam".

Vários ensaístas e críticos literários interrogaram-se sobre onde estão os sentimentos e, em especial, o amor na obra borgeana.

Borges declarou:

> *O êxito ou o fracasso me parecem irrelevantes e nunca me preocupo com eles. O que busco é a paz, o prazer do pensamento e da amizade e, ainda que seja demasiado ambicioso, uma sensação de amar e ser amado. Prefiro ser amado do que admirado.*

Considero que o mesmo Borges, em partes, responde a essas perguntas em seu poema "O ameaçado", escrito em 1972, poema que seria, em grande medida, um lamento de amor pelo amar impossível.

> *É o amor. Terei de me esconder ou fugir.*
> *Crescem as paredes de seu cárcere, como em um sonho atroz. A bela máscara mudou, mas como sempre é a única.*
> *De que me servirão meus talismãs: o exercício das letras, a vaga erudição, o aprendizado das palavras que usou*

144 CULPABILIDADE ENCOBRIDORA NA OBRA DE FRANZ KAFKA

o áspero Norte para cantar seus mares e suas espadas,
a serena amizade, as galerias da Biblioteca, as coisas
comuns, os hábitos, o jovem amor de minha mãe, a
sombra militar de meus mortos, a noite intemporal, o
gosto do sonho?
Estar contigo ou não estar contigo é a medida de meu
tempo.
O cântaro já se quebra sobre a fonte, já se levanta o
homem à voz da ave, já escureceram os que olham pelas
janelas, mas a sombra não trouxe a paz.
É, eu sei, o amor: a ansiedade e o alívio de ouvir tua voz,
a espera e a memória, o horror de viver no sucessivo.
É o amor com suas mitologias, com suas pequenas ma-
gias inúteis.
Há uma esquina pela qual não me atrevo a passar.
Agora os exércitos me cercam, as hordas.
(Este quarto é irreal; ela não o viu.)
O nome de uma mulher me delata.
Dói-me uma mulher por todo o corpo.[7] (p. 1107).

Para os personagens borgeanos, a simbiose vicariante com o pai da primeira simbiose com a mãe opera como uma tentativa defensiva de neutralizar infrutiferamente o sentimento ominoso da presença feminina, que impede de percorrer e morar, com prazer e confiança, pelos surpreendentes lugares e remansos lenitivos alojados na cidade-corpo da mulher.

Essa presença se manifesta paradigmaticamente na imagem ampliada da mulher-cidade (Kancyper, 2004).

---

7 Edição brasileira: Borges, J. L. (1999). *Obras completas de Jorge Luis Borges* (Vol. 2, p. 519). São Paulo: Globo. [N.E.]

Buenos Aires

E a cidade, agora, é como um traçado
Dos fracassos e ofensas que vivi;
Os ocasos desde essa porta eu vi
Ante esse mármore, em vão, aguardados.
O incerto ontem aqui, e o hoje distinto
Aqui os banais casos me deparam
De toda sorte humana; aqui armaram
Meus passos o incontável labirinto.
Aqui o entardecer cinzento espera
O fruto que lhe devem as manhãs;
Minha sombra aqui pela não menos vã
Sombra final ligeira irá, quimera.
Não nos une o amor, senão o espanto;
Será por isso que eu a quero tanto.[8] *(1964b, p. 947).*

Em Borges, o ressentimento e o remorso teriam operado como afetos catalizadores da memória do rancor, não somente em seus aspectos tanáticos mas também em seus efeitos tróficos. Com efeito, em um de seus últimos poemas, "Os conjurados" (1983), Borges abriga o tamanho de uma esperança planetária e a estende a toda a humanidade, em flagrante oposição à inquebrantável desesperança kafkiana, comandada pela memória do pavor.

Os conjurados

No centro da Europa estão conspirando.
O episódio data de 1291.
Trata-se de homens de diversas estirpes, que professam
diversas religiões e que falam em diversos idiomas.
Tomaram a estranha decisão de serem razoáveis.

---

8   Edição brasileira: Borges, J. L. (1999). *Obras completas de Jorge Luis Borges* (Vol. 2, p. 349). São Paulo: Globo. [N.E.]

146 CULPABILIDADE ENCOBRIDORA NA OBRA DE FRANZ KAFKA

Resolveram esquecer suas diferenças e acentuar suas afinidades.

Foram soldados da Confederação e depois mercenários, porque eram pobres e tinham o hábito da guerra e não ignoravam que todas as empresas do homem são igualmente vãs.

Foram Winkelried, que crava no peito as lanças inimigas para que seus companheiros avancem.

São um cirurgião, um pastor ou um procurador, mas também são Paracelso e Amiel e Jung e Paul Klee.

No centro da Europa, nas terras altas da Europa, cresce uma torre de razão e de firme fé.

Os cantões agora são vinte e dois. O de Genebra, o último, é uma de minhas pátrias.

Amanhã serão todo o planeta.

Talvez o que digo não seja verdadeiro; oxalá seja profético[9] (p. 97).

O "não lugar" no complexo parental kafkiano

A seguir, transcreverei o conto "Volta ao lar" e fragmentos de outra narração, "O casal". Em ambos, sai à luz a extrema paralisia que impede o narrador kafkiano de se confrontar com seus pais. Parece que o lugar do filho "entre" os pais está obliterado por um "não lugar". É precisamente esse "não lugar" o que denuncia o autor nesta célebre carta (Kafka, 1919) dirigida ao pai:

Entre nós, não houve propriamente dita uma luta, eu fui despachado prontamente; o que ficou foi fuga amarga, luta interior.

---

9 Edição brasileira: Borges, J. L. (1999). *Obras completas de Jorge Luis Borges* (Vol. 3, p. 561). São Paulo: Globo. [N.E.]

Mas vocês dois estavam sempre em pé de guerra, sempre a postos, sempre com todas as suas forças. Uma visão tão grandiosa como desoladora.

Volta ao lar

Voltei, atravessei o vestíbulo e fiquei olhando ao meu redor. É a velha propriedade rural de meu pai. As poças no meio. Aparelhos velhos, imprestáveis, misturados uns aos outros, obstruem o caminho para a escada do pavimento térreo. O gato espreita em cima do corrimão. Um pano rasgado, alguma vez enrolado por brincadeira numa estaca, se agita ao vento. Cheguei. Quem vai me receber? Quem espera atrás da porta da cozinha? Sai fumaça da chaminé, o café do jantar está sendo preparado. Isso lhe é familiar, você se sente em casa? Não sei, estou muito inseguro. É a casa de meu pai, mas está fria pedaço por pedaço, como se todos estivessem às voltas com seus assuntos, que eu em parte esqueci e em parte nunca conheci. No que lhes posso ser útil, o que sou para eles, mesmo sendo o filho do pai, do velho agricultor? E não ouso bater à porta da cozinha, só ouço de longe, só ouço de longe e em pé, de maneira a não ser surpreendido como quem está ali escutando. E porque ouço à distância, não capto nada, só escuto uma leve batida de relógio – ou talvez apenas julgue ouvi-la – que vem dos dias da infância. O que acontece na cozinha, de resto, é segredo dos que estão sentados lá, segredo que eles ocultam de mim. Quanto mais a pessoa hesita diante da porta, tanto mais estranho se torna. Como seria se alguém abrisse agora a porta e me

148 CULPABILIDADE ENCOBRIDORA NA OBRA DE FRANZ KAFKA

> *perguntasse alguma coisa? Eu não pareceria então al-*
> *guém que quer ocultar o seu segredo?*[10]
>
> (Kafka, 1979b, p. 450)

Nesse conto, põe-se em evidência a eloquente inibição de que padece o personagem kafkiano ante a instância parental. Vacila, mantém-se longe e nem sequer se autoriza a se aproximar da porta para dar satisfação à fantasia relacionada com o "espiar com as orelhas",[11] o tique-taque e os fumegantes segredos que se cozinham entre seus pais. Sente-se altamente inseguro e retorna sua pergunta: *que significo para eles e em que lhes posso ser útil?*

O desconhecido e incerto posicionamento do filho na trama libidinal do casal parental, como o representante narcisista primário maravilhoso ou ominoso (Leclaire, 1975), investidura fundadora e estruturante do processo identificatório, afeta o sentimento de si do sujeito, bem como seu sentimento de pertença e compromisso com as próprias origens.

O narrador kafkiano, ao não se animar a retornar ao lar, foge do casal parental, gerando assim um movimento de autoexclusão. Portanto, priva-se da ocasião de encontrar para si mesmo uma renovada oportunidade de tramitar *"in situ"* em suas tramas e processar o reordenamento das identificações, processos inelutáveis que todos os sujeitos devem atravessar ao longo de todas as fases do desenvolvimento, para favorecer o aparecimento de mudanças psíquicas.

No próximo conto, "O casal", o personagem kafkiano denuncia seu falido posicionamento no complexo parental, assim como

---

10 Edição brasileira: Kafka, F. (2002). *Narrativas do espólio* (pp. 139-140). São Paulo: Companhia das Letras. [N.E.]

11 Expressão utilizada em espanhol que se refere ao ato de escutar algo escondido. [N.T.]

a ausência de um espaço discriminado e disponível para ele "entre" os progenitores, porque nessa dinâmica intersubjetiva o pai ocupa toda a cena mental e emocional da mãe, que carece de um olhar valorizador para investir seu filho. Desse modo, o filho é finalmente desarraigado do lar, porque nesse complexo parental fundido não existe uma espacialidade psíquica possível "entre" os pais para alojar um terceiro.

O casal

O velho N., um homem grande, de ombros largos, mas, por causa da moléstia insidiosa, para meu espanto muito emagrecido, curvado e inseguro, ainda estava como acabara de chegar, com o seu casaco de pele, murmurando alguma coisa para o filho. Sua esposa, pequena e frágil, mas extremamente vivaz, embora só no que dizia respeito a ele – para nós outros ela mal olhava –, empenhava-se em despir o casaco de pele dele, o que, em virtude da diferença de altura dos dois, causava algumas dificuldades, mas afinal ela conseguiu. Aliás, talvez residisse nisso o fato de N. estar muito impaciente, tentando alcançar com mãos tateantes, sem parar, a cadeira de descanso, que, depois de despir o casaco de pele, a mulher empurrou para ele com rapidez. Ela mesma levou para fora o casaco sob o qual quase desaparecia.

Agora me parecia ter finalmente chegado minha vez, ou melhor, ainda não havia chegado e certamente não chegaria nunca, neste lugar; se eu tinha a intenção de ainda fazer alguma coisa, precisava ser logo, pois minha sensação era de que aqui as condições para um discurso comercial poderiam tornar-se cada vez mais difíceis; mas plantar-me no lugar para sempre, como parecia

150 CULPABILIDADE ENCOBRIDORA NA OBRA DE FRANZ KAFKA

estar pretendendo o agente, não era meu estilo; de resto não queria ter para com ele a mínima consideração. Foi assim que comecei, sem cerimônias, a exibir minhas coisas, embora notasse que N., naquele instante, estivesse com vontade de se entreter um pouco com o filho. . . . No vestíbulo ainda encontrei a senhora N.; vendo sua figura lamentável disse, pensando em voz alta, que ela me lembrava um pouco minha mãe. E, uma vez que ela ficou em silêncio, acrescentei:
– O que se pode dizer respeito disso? Ela pode fazer milagres. O que já havíamos destruído, ela o restabeleceu. Eu havia falado com deliberação de um modo exageradamente lento e claro, pois presumia que a velha senhora tivesse dificuldade de ouvir. Mas ela era com certeza surda, pois sem transição perguntou:
– E o aspecto de meu marido?[12]

(Kafka, 1979c, p. 223)

Nesses fragmentos de narração, vêm à luz os nexos que se tramam entre os complexos parental, materno e paterno. Estes dois últimos permanecem alterados em suas funções estruturantes, quando o complexo parental se encontra saturado pela presença de uma dinâmica conjugal configurada sobre a base de um modelo de subjugação amo/escravo. A disfuncionalidade desses complexos gera no filho eloquentes traumas e cisões. Seus efeitos desorganizantes para a vida psíquica costumam ser altamente patógenos e sua superação requer um trabalho de elaboração sumamente longo, difícil e intricado.

---

12 Edição brasileira: Kafka, F. (2002). *Narrativas do espólio* (pp. 202-203, 207). São Paulo: Companhia das Letras. [N.E.]

Trauma encobridor, culpa encobridora e historização

O trauma encobridor é uma tentativa falha de assimilação e superação de situações traumáticas, porque a temporalidade permanece congelada gerando uma historização falsa. Esta origina uma temporalidade circular:

> oposta à historização analítica, que opera em um movimento retroativo, tende a substituir essa história falsa por uma história mais verdadeira, ao mesmo tempo que tende a reabrir a temporalidade com suas dimensões de futuro, presente e passado interagindo dialeticamente. O trauma é inseparável do processo de historização (Baranger, Baranger, & Mom, 1987, p. 769).

A historização localiza os acontecimentos traumáticos em uma perspectiva temporal diacrônica e possibilita inserir a sucessão dos acontecimentos isolados em um calendário histórico. Através da historização, reestruturam-se no sujeito elementos parciais e enigmáticos de certos traumas desconectados entre si e que, em dado momento, como costumam acontecer em um *insight*, se cristalizam subitamente e, ao reordenar-se em uma inédita estrutura, engendram um sentido novo para reabrir a temporalidade.

Na psicanálise atual, há uma tendência cada vez maior a retroagir as situações traumáticas a suas origens, para outorgar, assim, um significado às cisões orquestradas pelo sujeito como efeito das situações traumáticas mais precoces.

Baseando-me nesses conceitos, proponho então como hipótese que na obra de Kafka a presença da situação traumática com a figura paterna operava como um trauma encobridor de outros traumas mais precoces que se geraram com a figura materna e com os dois irmãos falecidos. Esses traumas narcisistas, fraternos e pré-edípicos distorceram seu complexo paterno, convertendo o pai em uma pavorosa figura onímoda, sobrevalorizada e hipertrofiada, para recobrir defensivamente outras situações atuais e atuantes nas dinâmicas interpessoais e intrapsíquicas.

Na realidade, o conflito edípico, tão presente na obra kafkiana, recobre outros estratos mais profundos da alma, onde moram aqueles aspectos da personalidade que representam relíquias de vivências das primeiras fases do desenvolvimento: o período pré-edípico. Considero que a fase pré-edípica na vida e na obra de Kafka tem uma significação e uma importância determinantes na vida psíquica de seus personagens e que deixaram seu rastro nos falhos processos de narcisização. Suas influências se manifestam de um modo compulsivo através das memórias do pavor e do rancor, nas quais a culpabilidade costuma encobrir não tanto a angústia de castração, mas fundamentalmente a angústia de desamparo (*Hilflosigkeit*) e a angústia de morte (Freud, 1927a, p. 180). Também costuma encobrir a vergonha relacionada com a mortificação narcisista e a dor e o rancor intoleráveis.

Com efeito, os personagens kafkianos padecem de intensas dores que costumam, por um lado, ser recobertos por sentimentos de culpabilidade.

César Vallejo (1892-1938), o "poeta da dor humana", contemporâneo de Franz Kafka (1883-1924), põe em relevo esse lacerante vínculo que se trama entre a dor e a culpabilidade, em seu célebre poema de 1919:

Os mensageiros negros

Há golpes na vida, tão fortes... Já não sei!
Golpes como do ódio de Deus; como se diante deles,
a ressaca de todo o sofrido
empoçasse-se na alma... Já não sei!

São poucos; mas são... Abrem valas obscuras
no rosto mais orgulhoso e no lombo mais forte.
. . .
E o homem... Pobre... pobre! Volta os olhos, como
quando por sobre o ombro nos chama uma palmada;
volta os olhos loucos, e todo o vivido
empoça-se, como poço de culpa, no olhar.
Há golpes na vida, tão fortes... Já não sei! (p. 17)

Por outro lado, e com suma frequência, a indomável vergonha kafkiana costuma permanecer eclipsada pelo acionamento incoercível da culpa.

A razão mais premente para utilizar a culpa com o fim de encobrir a vergonha é que a culpa está vinculada com a sensação de que o si mesmo é forte, apesar de estar abrumado e sentir-se culpado, ao passo que a vergonha traz consigo uma sensação dolorosa de vulnerabilidade. Erikson descreveu a maneira em que um si mesmo compulsivamente autoritário permite à criança sentir-se menos indefesa e menos vulnerável à vergonha.
Ao estabelecer esse tipo de comportamento, de controle do si mesmo, a criança está impulsionando o desenvolvimento da consciência. A ironia desse tipo de manipulação do si mesmo é que em última instância a criança, ou o adulto, volta a se encontrar abrumado pela impotência, ainda que neste caso se trate da impotência da culpa e não da impotência da vergonha. O tópico da vergonha como geradora de culpa é interessante, em parte, porque demonstra a relação interativa entre as tensões narcisistas e a resposta do supereu frente à expressão de impulsos,

assim como o papel de tais interações na formação de estruturas psicológicas.

O indivíduo que se sente culpado dá uma forte ênfase consciente à moralidade.

Também se podem encontrar exemplos de vergonha encobertos pela culpa fora da área da compulsividade aguda em situações em que os sentimentos de vergonha se experimentam de maneira intensa. Em alguns casos, a experiência de culpa se torna hipertrofiada e sobre-valorizada. Nesses casos, deve suspeitar-se que sua aparência está sobredeterminada; pode expressar conflitos de base moral, uma defesa contra a vergonha e um padrão masoquista de buscar um afeto intensamente excitante ainda que doloroso (Miller, 1989, pp. 168-190).

Um dos sentimentos centrais e manifestos na obra de Kafka corresponde precisamente à culpabilidade ubíqua (Kancyper, 1998).

Kafka queria intitular toda sua obra "Tentativa de evasão para fora da esfera paterna". Por exemplo, no conto "O veredicto" (1912), sua primeira obra mais autobiográfica, todos os seus heróis permanecem no atoleiro de uma culpabilidade crescente. Mais adiante, em 1919, Kafka escreveu a seu pai a célebre carta de que conhecemos apenas alguns fragmentos:

Mas tu, tu não podes tratar a uma criança mais que de acordo com tua própria natureza, com força, com estalidos, com cólera.

Tu te havias levantado por ti mesmo até uma posição tão elevada que tinhas uma confiança ilimitada em ti mesmo... Em tua presença eu começava a gaguejar...

Diante de ti havia perdido a confiança em mim mesmo e havia assumido como reação um sentimento de culpabilidade sem limites.

Recordando o caráter ilimitado desse sentimento foi como um dia escrevi, atribuindo-o a outro: Temia que a vergonha o sobrevivesse. Era de ti de quem se tratava em tudo aquilo que começava a escrever. Que fazia eu em meus escritos senão verter as queixas que não havia podido verter em teu seio? (1974, p. 190).

Nessa carta, o esmagador sentimento de vergonha que sobreviverá ao autor de *O processo* está relacionado com o caráter autoritário, inflexível e cruel correspondente às descrições da personalidade do pai de Kafka. Não obstante, considero que Hermann Kafka "herdou", ainda, sobreinvestimentos geradores de culpa provenientes de outras fontes: dos traumas fraternos não resolvidos no autor pela morte precoce de seus irmãos Georg e Heinrik e de suas incriminações sufocadas contra Julie Löwy, sua mãe.

Em "Dostoiévski e o parricídio", Freud (1928) assinala que a gênesis e a manutenção do sentimento de culpa e expiação na criança proviriam não apenas de uma fonte como também de outras diversas, mesmo que sustente que é a relação ambivalente com o pai a que opera como sua fonte principal.

Segundo a conhecida concepção, o parricídio é o crime principal e primordial tanto da humanidade como do indivíduo. Em todo caso, a principal fonte do sentimento de culpa; não sabemos se a única, pois as indagações não puderam, todavia, estabelecer com certeza a origem anímica da culpa e da necessidade de expiação. Mas não carece que seja a única. A situação psicológica é complicada e requer elucidação (p. 180).

156 CULPABILIDADE ENCOBRIDORA NA OBRA DE FRANZ KAFKA

Com efeito, considero que, na origem do sentimento de culpa e necessidade de expiação nos personagens kafkianos, confluem, além da culpa edípica com a figura paterna, outras fontes pletóricas de turbulências anímicas: a culpa fraterna (Kancyper, 1995a) e a culpa pré-edípica com a mãe (Kancyper, 1998).

Todos os protagonistas de seus romances acham-se habitados por sentimentos de culpabilidade, necessidade de castigo, vergonha, ressentimento, remorso, ilegitimidade e humilhação: Gregor Samsa ("A metamorfose", 1912), Josef K. (*O processo*, 1915) e K. (*O castelo*, 1922). Cada um vive e morre irremediavelmente na marginalidade e no desamparo. Esse não pertencimento e errância radicais provêm da interioridade dos mesmos personagens e também do mundo real externo arbitrário, que parecia deter um poderio sem rosto.

O castelo

O castelo (1922), último romance inconcluso de Kafka, representa – em minha opinião – uma eloquente metáfora do desgarre inaugural daqueles sujeitos que padecem de uma carência estrutural no processo de narcisização, por não ter conseguido configurar esse estado de amor primordial e ditoso que permite ao *infans* chegar a sentir-se Sua Majestade, o Bebê, para uma Mãe Rainha.

Condição de Sua Majestade, que confere ao sujeito um onipotente poder de pertença e de permanência espaço-temporal confiável na dimensão intersubjetiva e, ao mesmo tempo, o investe intrapsiquicamente com um poder de governo estável sobre si mesmo, e uma confirmação e um domínio de suas próprias capacidades e legítimos direitos.

Do contrário, uma falha estrutural precoce no desenvolvimento libidinal opera como uma situação traumática em que não se conseguiu configurar aquele novo ato psíquico para que o narcisismo se constitua. Salto estrutural necessário em que intervém inexoravelmente a presença, em todo sujeito em formação, de um encontro, confiável e sustentado ao longo do tempo, com um outro, a partir do qual as pulsões autoeróticas reordenam-se para efetuar a passagem à fase seguinte do narcisismo como estrutura.

Diz Freud (1914):

> *É um pressuposto necessário que não esteja presente desde o começo no indivíduo uma unidade comparável ao eu; o eu tem de ser desenvolvido. Pois bem, as pulsões autoeróticas são inicialmente primordiais; portanto, algo tem de agregar-se ao autoerotismo, uma nova ação psíquica, para que o narcisismo se constitua.*

Com efeito, o narcisismo como estrutura não se apresenta de entrada. Requer um novo ato psíquico para que as pulsões autoeróticas advenham a configurar-se em narcisismo. Trata-se de um momento pontual, em que se inaugura no sujeito a capacidade para discriminar a identidade da alteridade e, ao mesmo tempo, é o momento fundador em que o ser humano permanece investido da pulsão de domínio (*Bewältigungstrieb*), que lhe confere um sentimento de dignidade sobre o sentimento de si (*Selbstgefühl*).

Mesmo que Freud não tenha explicitado em sua obra em que consiste esse novo ato psíquico, muitos autores, entre eles Winnicott e Lacan, remetem-no à importância que tem, nos momentos inaugurais da formação do aparelho psíquico, a identificação especular com uma mãe suficientemente jubilosa, que detenha um poder e uma disponibilidade libidinal em seu âmbito corporal, mental e afetivo, para investir seu filho na condição de "Sua Majestade, o Bebê".

A introjeção desse primeiro vínculo de fascinação recíproca mãe-filho, consolidado em uma estável continuidade e confiança, torna-se uma identificação estruturante para o filho. Não obstante, esse processo de narcisização muitas vezes se encontra perturbado por uma falha precoce na simbiose inaugural, engendrando uma patologia por carência narcisista. A deformação dessa primeira etapa libidinal altera as etapas subsequentes, e se geram, em consequência, deformações não somente na configuração do eu, mas também nas outras instâncias psíquicas: no supereu, no isso, assim como na idealidade do ideal do eu e do eu ideal.

Voltando a Kafka, em relação ao que foi apontado anteriormente, considero que seus personagens apresentam uma patologia severa por carências precoces e portam, em consequência, certas deformações na conformação do aparelho psíquico, chegando ao extremo de adoecer de um "estado de inacabamento estrutural", gerador de uma afronta lacerante ao sentimento do si mesmo próprio.

Em *O castelo*, reaparece (como no romance anterior, *O processo*, de 1915) o senhor K., um agrimensor que chega de noite às imediações do castelo, onde é requerido como trabalhador. Não obstante, a recepção do povo vizinho à fortaleza não é menos tímida que precavida. O obscuro dessa conduta negativa da aldeia impede que cumpra sua incumbência. Não há trabalho nem pouso para ele.

Sempre em perigo, K. é objeto da falta de hospitalidade dos outros, pois sua condição de forasteiro é esgrimida como causal justificativa de tal rechaço. "*O senhor não é do castelo, o senhor não é da aldeia, o senhor não é nada*", diz a ele uma estalajadeira, representante de um mundo que o exclui.

O senhor Klamm, chefe supremo dessa sociedade, não se deixa ver. Entre ele e os demais estende-se, poderoso e impiedoso, um emaranhado de funcionários. Cada um deles pretende executar seus papéis com caráter irrevogável: desse modo, conquistam méritos e, pelo mesmo caminho, estabelecem e lutam por um lugar no mundo. Como é presumível, as relações entre os locais não alcançam plenitude nem sequer tom humano. Presididas por afãs possessivos, as mulheres representam um butim dos senhores. O feitiço do Poder transforma os personagens em entes irreconhecíveis até para os mais próximos. Fascinação e asco se justapõem na inóspita realidade de cada dia.

K. é posto à prova em toda sua magnitude forasteira. Seus esforços por ser alguém ou alcançar autoridade, seus propósitos de obter reconhecimento de seus direitos, levam-no a elaborar diferentes estratégias de afirmação. Uma delas consiste em valer-se de Frieda, sua prometida e ex-amante de Klamm, com o objetivo de alcançar o nebuloso e vedado castelo, em busca de alguém que possa dar-lhe conta dos decretos acerca de seu destino. Não obstante, não lhe resta mais do que se constituir em um espectador a distância.

> *Os olhares do observador não podiam se fixar e se desviavam. Essa impressão estava hoje mais reforçada pela escuridão prematura: quanto mais ele fitava tanto menos reconhecia, tanto mais fundo tudo mergulhava no crepúsculo[13] (Kafka, p. 1979c, p. 320).*

A luta vã e o prolongado esforço por meio de peripécias e relações, de trabalhos e domicílios, convertem o personagem em um derrotado por cansaço. Ao final, já não lhe interessam propósitos afirmativos, posto que sua vontade foi sufocada pelo desânimo e pela resignação. Com efeito, K. não chega a estabelecer-se como um príncipe dos castelos, mas sim como um pária, um desarraigado forasteiro dos caminhos; permanece em um estado de errância

---

13 Edição brasileira: Kafka, F. (2000). *O castelo* (pp. 150-151). São Paulo: Companhia das Letras. [N.E.]

persecutória, comandado pela nostalgia de chegar a encontrar a possibilidade de uma nova gênese. Tem a sensação de que sempre está chegando e indo, mas não pode permanecer dentro do castelo, porque nem sequer conseguiu entrar nele. "Minha vida é um titubeio pré-natal", afirma Kafka.

Compreender a fantasmal natureza do castelo, procurar a proximidade de outros sem condutas preconcebidas ou atrever-se a sentir são atos desproporcionais diante do ostensivo poder de uma figura paterna que avassala aqueles que vivem sob sua férula distante e excludente.

Os personagens kafkianos são paradigmas da desolação sombria e traumática do mundo atual. A memória do pavor dos traumas nos personagens kafkianos permanece ativa. A palavra "trauma" provém do grego, seu significado é "ferida". E as feridas kafkianas se reinfectam, ainda, com a memória incandescente do rancor que impede a cicatrização: permanecem abertas, sangrando nos escritos.

"Um médico de campo": ter e ser

Nesse relato breve, uma das obras mestras de Kafka, podemos rastrear o desolado mundo afetivo que assedia um sujeito quando se acha atravessado por uma depressão narcisista. O protagonista exerce sua profissão de médico no campo, e podemos pensar que dele surge também um dos retratos interiores do autor, como o de confrontar-se com sua própria vida.

Suas tribulações mantêm o protagonista escondido em um profundo estado de humilhação. O sentimento dominante não é a culpa, mas a vergonha pela impossibilidade de manter um sentimento de dignidade em sua autoestima. Sente-se diminuído, fissurado e inferiorizado, em comparação com um eu ideal e um ideal de eu desmesurados em suas aspirações de perfeição.

Trata-se de uma narração em primeira pessoa, e quase tudo se conta no presente.

Nessa narração, o pedido de ajuda urgente de um enfermo reativa no protagonista um estado primitivo de desamparo que vem à luz através de várias cenas e climas afetivos tais como os seguintes.

a. *"Uma forte nevasca cobria o amplo espaço que nos separava."* Esse sentimento de desamparo resulta ser uma manifestação da ressignificação de falhas precoces no processo da narcisização, originadas nos primeiros vínculos mãe-filho e no falho investimento narcisista do protagonista no complexo parental.

O tormento que aprisiona esse médico rural não provém de uma falha no *ter* conhecimentos médicos suficientes para assistir ao enfermo, mas nas carências intrapsíquicas que desorganizam seu *ser*.

O protagonista kafkiano encontra-se incapacitado de exercer sua pulsão de domínio intrassubjetivo, bem como de deter um poder sobre suas próprias sensações, afetos, pensamentos e atos.

A incapacidade de governar sua pulsão de autodomínio (*Bewältigungstrieb*) traslada-se, inclusive, dentro da dinâmica intersubjetiva à pulsão de domínio sobre os outros (*Bemächtigungstrieb*), paralisando, como consequência, sua prática profissional.

Do fundo da noite, surgem badaladas de sinos que, aparentemente, o chamam a cumprir com seu dever profissional.

Apressa-se a partir metido no abrigo de peles, com a valise do instrumental na mão, estava no pátio, já pronto para a viagem. Mas me faltava o cavalo. Como consequência

> *de um esforço excessivo neste inverno gélido, meu único cavalo havia morrido na noite anterior. Minha servente percorria agora o povoado para me conseguir um cavalo alugado. Mas não havia esperanças. Eu o sabia; e sempre mais coberto de neve, mais imobilizado, estava ali sem razão alguma. Pelo portão apareceu a servente, só, agitando a lanterna. Era natural. Quem ia alugar seu cavalo para semelhante viagem? (Kafka, 1979b, p. 168).*

A doméstica consegue dois cavalos para a carruagem que lhe serve de meio de transporte. O médico se sente atraído por ela, mas não decide tomar uma decisão definitiva e se apressa com desinteresse a cumprir sua missão.

Nessa primeira cena, o médico manifesta a falta de seu impulso instintivo, do *Drang* (a falta do cavalo para realizar a viagem), e a busca dessa força fora dele.

b. Na segunda cena, descrevem-se os efeitos desoladores que provêm dos traumas precoces que não conseguiram ser superados através dos tempos e que, subitamente, se ressignificam no momento da consulta médica.

O médico rural o expressa sem rodeios:

> *Como não me sinto chamado a reformar o mundo, deixo que siga deitado.*
> *– Me salvarás? – sussurrou soluçando o rapaz completamente deslumbrado pela vida que se manifestava em sua ferida. Em seu lado direito, perto da cintura, abriu-se nele uma grande ferida, como a palma de uma mão;*

sua cor ascendia por diversos matizes desde o rosa até o vermelho-escuro no fundo e se clareava muito nas bordas, ligeiramente granuladas e com coágulos irregularmente repartidos. . . .

Assim é a gente no local em que vivo. Sempre exigem do médico o impossível. Perderam sua antiga fé... Que mais podem pretender, um velho médico de campo de quem roubaram a servente? E a família e os mais velhos do povoado chegam a mim e me desnudam.

O coro da escola, com seu maestro à frente, coloca-se diante da casa e canta uma canção com a seguinte letra: "Desvistam-lhe que então curará;
Se não cura, matem-no.
Somente é um médico, somente é um médico".
Então me encontro desnudo e passando os dedos pela barba vejo que a gente, cabisbaixa, me olha tranquilamente (p. 173).

c. Na terceira cena, põe-se em evidência a falta de provisões narcisistas básicas que aqueçam o protagonista kafkiano. O médico rural se encontra comandado, fundamentalmente, pela angústia de desamparo e por um forte sentimento de vergonha que o abismam em um profundo estado depressivo.

No lugar de resgatar e aliviar, no possível, o padecimento do enfermo, deita-se ao lado dele e, entre ambos, entabula-se o seguinte diálogo:

– Sabes? – me diz ao pé do ouvido –, tenho muito pouca confiança em ti. Já te puseram em algum outro lado. Não vieste por tua própria vontade. Em vez de me ajudar, me apertas em meu leito de morte. Queria arranhar-te os olhos.

164 CULPABILIDADE ENCOBRIDORA NA OBRA DE FRANZ KAFKA

– Concordo – digo eu –, mas sou um médico. Que devo fazer? Creia-me que tampouco me sinto cômodo.

– Devo me conformar com essa desculpa? Se estiveste são, verias. É que sempre tenho de me resignar! Vim ao mundo com esta formosa ferida. Foi minha única herança.

– Jovem amigo – digo eu a ele –, cometeste a falta de não ter sentido das coisas. Eu, que já atendi tantos enfermos, que estive por todos os lados, eu te digo que tua ferida não é tão grave. Fizeram-na em ti dando-te duas machadadas, que te deram bem nos dois ângulos de abertura. . . .

Assim não chegarei nunca à casa. Meu florescente consultório vai se arruinar.

Desnudo, exposto à geada desse maldito inverno, com uma carroça deste mundo e cavalos de outro mundo, eu, um velho, vago pelos campos. Meu abrigo pende da parte traseira da carroça, mas não posso alcançá-lo e nenhum de meus clientes ocasionais move um dedo.

Uma só vez que se atenda um chamado noturno e já não há como solucioná-lo (p. 175).

Na depressão narcisista, quebrou-se a confiança básica do eu, acrescentaram-se as demandas inacessíveis de perfeição do eu ideal e do ideal do eu e devastou-se a força pulsional do isso.

Na depressão narcisista, diferentemente da depressão objetal, não há sentimentos de culpa (nem consciente, nem inconsciente). A vergonha é de ordem narcisista, ao passo que a culpa é de ordem objetal (edípico). A diferença entre ambas as depressões pode se tornar frutífera tanto do ponto de vista da clínica, como do ponto de vista da técnica. As depressões mais "narcisistas" são mais rebeldes e propensas a desembocar em certos tipos de suicídio, ao passo que nas depressões de tipo "objetal" as atividades reparatórias postas em destaque por M. Klein mostram-se mais eficazes e geradoras de melhorias sintomáticas (Baranger, 1988, p. 20).

O campo analítico kafkiano e a necrópole de analistas de Fabián

O termo "kafkiano" é empregado em nossa época como um adjetivo, ligado a situações de condenação e tenebrosidade, de injustiça e animosidade. Se é que o utilizamos de um modo descritivo, para fazermos referência aos processos circulares de reclusão na realidade material a partir de ângulos diversos – teológicos, filosóficos, sociológicos, políticos, linguísticos e históricos –, pode também ser empregado, pela psicanálise, para descrever o atormentado mundo interno de um sujeito que vive uma existência fechada à mudança psíquica e marcada pela desesperança. Na situação analítica, esse termo pode também ser utilizado para descrever a presença de um severo obstáculo ao processo analítico, que perturba e até chega a paralisar a dinâmica do campo: o baluarte kafkiano intersubjetivo.

O baluarte intersubjetivo é, segundo M. Baranger, W. Baranger e Mom (1978):

> *uma formação artificial, um subproduto da técnica analítica. Manifesta-se como obstáculo ao processo analítico. É uma estrutura cristalizada ou uma modalidade de relação inamovível entre ambos os participantes.*

> *Provém do conluio entre aspectos inconscientes do analisando e aspectos correspondentes do analista. Cria uma zona de desconhecimento que ambos os participantes compartilham, como se se tivessem posto de acordo entre si para não ver o que se passa nela (p. 1001).*

Em *O cânone ocidental*, H. Bloom (1995) destaca a importância que têm na narrativa kafkiana os recorrentes temas referentes à indestrutibilidade da culpa, da desesperança e do castigo. Diz-nos: "Freud, seguindo furtivamente Shakespeare, ofereceu-nos o mapa de nossa mente; Kafka nos insinuou que não esperássemos utilizá-lo para nos salvar nem sequer de nós mesmos" (p. 457).

Em nossa prática psicanalítica, nós nos encontramos com certos analisandos que adoecem da negatividade, do retraimento e da desesperança kafkianos, criando-se com o analista um campo ominoso repetitivo. Esse campo representa, por sua vez, um preocupante desafio para nossa disciplina, já que põe em questão os alcances e os limites da analisabilidade e reabre a busca de novos aportes metapsicológicos e técnicos. Consequentemente, empregarei o adjetivo "kafkiano" na situação analítica para designar um repetitivo desafio e uma provocação que atacam o objeto da análise, gerando com o analista um particular campo que oscila entre a desesperança e a esperança, entre a culpa e a condenação, interceptando o desdobramento normal do processo analítico. Tal campo ominoso se estrutura a partir de uma fantasia inconsciente básica, que é o produto de um engate inconsciente entre ambos os integrantes do par analítico e ambiciona destruir a ação mutatória da psicanálise.

O analisando permanece aferrado regressivamente a uma persistente e repetitiva atitude de desalento, a uma neurose de destino de fracasso, e procura derrotar e até sepultar o potencial papel terapêutico do analista, para reconduzi-lo a sua privada necrópole, em que jazem outros analistas vítimas do acionamento de uma onipotente fantasia mortífera. Nessa fantasia, o analisante se posiciona como um assassino serial de analistas. Obtém um elevado gozo narcisista a partir de um renovado triunfo sádico sobre eles, manifestação eloquente da megalomania negativa de seu narcisismo tanático: "Comigo não vão poder". Põe, assim, em cheque o analista e promove nele, mediante sofisticadas e variadas surpresas táticas, comparações repetitivas com outros analistas que já fracassaram em suas terapias anteriores.

Os traços característicos desse campo ominoso kafkiano (culpabilidade ubíqua, reparação, desesperança, entre outros) mantêm um nexo íntimo com a história do analisando. Não obstante, também o analista participa inconscientemente e de forma conjunta desse campo, com certas páginas "mal encadernadas" de sua própria história, estruturando-se assim entre ambos uma mortífera fantasia inconsciente básica do campo analítico, de dois gladiadores, em que um deve morrer.

Diferentemente do campo perverso sadomasoquista ou voyeurista-exibicionista, torna-se difícil desentranhar o prazer relacionado com o ataque à análise e ao analista no campo kafkiano. Da mesma forma como, no campo sadomasoquista, o analisando costuma ser martirizado ou o analista flagelado, e vice-versa, no campo kafkiano, analista e analisando permanecem imobilizados em uma regressiva e repetitiva desesperança.

Casualmente, uma das últimas frases que Kafka dirigiu a seu amigo Max Brod foi: *"Há muitas esperanças, mas não para nós"*.

O kafkiano estaria constituído de identificações primárias insuficientemente estruturantes que ofenderam no sujeito seu *Selbstgefühl*, e que provêm do desenlace de traumas narcisistas precoces, que marcaram toda impossibilidade de aceder ao conhecimento pela palavra. Não são apreensíveis porque, por não pertencerem à consciência, não podem reaparecer pela suspensão da repressão. Nosso desafio técnico consiste em tentar pôr em representação de palavra essas identificações patógenas e historizar os traumas repetitivos para que possam ser toleradas por outras, posto que constituem – para empregar a metáfora espacial de Wisdom – identificações nucleares e não orbitais no sujeito ressentido. O outro desafio consiste em conseguir que o analisando tome distância dessas identificações alienantes, com o fim de efetuar um reordenamento identificatório.

A repetição da fuga no campo kafkiano

Em outro trabalho (Kancyper, 2007), afirmava que no campo kafkiano achamos uma incapacidade no sujeito para o estabelecimento de um vínculo estável que possibilite o desdobramento de um sentimento de pertença e continuidade compartilhado com o analista, precondição básica para que o processo analítico se constitua. Com efeito, o analisando kafkiano é um inquieto passageiro em trânsito que nunca chega, finalmente, a um destino preciso para se estabelecer com serenidade e segurança.

Em um momento inesperado do campo analítico, o analisando ou o analista "pega a pá", começa a cavar debaixo dos próprios pés e dos do outro e transforma assim a dinâmica do campo analítico em um repetitivo e regressivo campo singular, povoado de incerteza e de uma irredutível desesperança e fuga.

Com frequência, como afirmam Mehler e Argentieri (1990):

> *o analista é investido da irreal tarefa de preservar a ilusão de que as necessidades insatisfeitas podem ser satisfeitas e que os objetos perdidos podem ser restituídos.*

Essa ilusão coexiste com um ressentimento constante por seu não cumprimento. A esperança alterna-se com a desesperança, e o paradoxo radica na necessidade de conseguir que esses opostos coexistam. Não há um espaço intermediário alternativo entre "como era" e "como deveria ser"; a esperança patológica substitui a esperança realista e dá lugar à desesperança (pp. 167-168).

A presença de um campo kafkiano na situação analítica representa um severo obstáculo à cura, opera como uma fonte de reação terapêutica negativa, de baluarte, de *impasse* e de interrupções. Expõe o analista a uma relação agonística, na qual deve sobreviver a combates reiterados pelas demandas, com atuações masoquistas por parte do analisando, que ao mesmo tempo provocam no analista uma complementar resposta de ataques sádicos, acompanhados por um sentimento onipotente de esperança que, por sua vez, é refutado pelo analisando com uma desesperança onipotente, invencível.

Considero que o meio de que dispõe o analista para deixar de participar desse tanático conluio inconsciente é levar a cabo um trabalho psíquico agregado e minucioso.

Esse trabalho psíquico adicional ineludível consiste na detalhada revisão das dinâmicas de seu próprio narcisismo e de sua própria relação de domínio nas dimensões intrassubjetiva e intersubjetiva, que se engancham e ressignificam a partir dos oscilantes estados de fuga e inapreensibilidade do analisando. Com frequência, o analista deve ademais, por assim dizer, "consultar seu dicionário contratransferencial" (Baranger, 1994, p. 510) e lançar um segundo olhar conjuntamente ao analisando e a si mesmo como analista, para elucidar sua participação, a partir da intersubjetividade, na plasmação da mortífera fantasia inconsciente básica dos dois gladiadores em combate que, como afirmei

170 CULPABILIDADE ENCOBRIDORA NA OBRA DE FRANZ KAFKA

anteriormente, comanda o baluarte kafkiano. Ressalto a necessidade da autoanálise, com o fim de evitar que a situação analítica possa perder sua dinâmica e obstaculizar-se defensivamente nos abrolhos de um baluarte perverso.

Fabián: um adolescente kafkiano

Fabián, de 18 anos, apresentava em sua realidade psíquica um universo povoado, fundamentalmente, pelos temas kafkianos da desesperança, do sofrimento e de uma mania de insignificância. Manifestamente, sofria severos transtornos sexuais e de aprendizagem. Esse adolescente tinha sido identificado no meio familiar como o filho "vagabundo" e sofredor. Era o irmão mais velho de outras duas irmãs: Jennifer, de 16, e Mercedes, de 12 anos, que também apresentavam dificuldades nos estudos. É interessante apontar que tanto a mãe, de 45 anos, como o pai, de 52, haviam interrompido seus estudos superiores.

Fabián tinha solicitado iniciar um processo analítico porque não podia controlar seus acessos de angústia, vergonhas e culpas, que se externavam através de reiterados sintomas psicossomáticos e de conflitos em suas relações sociais e em sua orientação vocacional.

As três sessões que transcrevo a seguir põem em manifesto:

a. As comparações masoquistas-paranoides de Fabián e suas oscilações.

b. Os nexos íntimos que se tramam inconscientemente entre a inibição da sexualidade e os transtornos da aprendizagem.

c. As silenciosas lutas de poder intrapsíquicas comandadas pelas tensões intrassistêmicas e cindidas entre o "eu mau" e o "eu bom" de Fabián na dinâmica do campo analítico, que geraram um obstáculo no decurso do processo analítico, configurando um baluarte kafkiano.

"Eu sempre gosto de não ser eu"

Fabián: Eu me comparo constantemente.

Quando vou com amigos dançar e vejo que o outro pode falar bobagens com as meninas e eu não, me comparo e saio perdendo. E, quando me comparo com um pirralho que não saiu nem quinze vezes em toda sua vida, saio ganhando, e é assim é com tudo.

Quando vejo televisão e vejo o Brad Pitt, digo: "Olha que pinta tem o cara e todas as minas que se atraem por ele", ali saio perdendo; e quando vejo o Tévez, saio ganhando.

Eu vivo me comparando e me incomoda, porque quando me sinto superior me faço de tonto para que o outro não se sinta mal.

Analista: Tonto ou idiota?

Fabián: Eu sou um idiota porque não estudo, porque não me ocupo do que é meu, mas me faço de tonto diante dos demais para que não me invejem. Eu sou um vagabundo, um idiota, um babaca que analisa tudo. Nunca chego a relaxar de todo. Vivo me comparando a todos.

Vejo um negro enorme e imagino que piroca deverá ter, e eu gostaria de ter uma grande como a dele. E comigo, quem vai se comparar? Eu gostaria de poder deixar de me comparar, mas não consigo controlar. Isso sim, gostaria de poder ter controle sobre mim.

(Eu assinalo que, quando se compara, não focaliza o olhar no que é próprio e permanece como um limpador

de para-brisa, olhando e admirando os lados, sem tréguas; e logo lhe pergunto como se compara comigo.)

Eu imagino que, quando você se põe a ler um livro, se concentra no livro. Eu não consigo ficar concentrado em algo sem que me venham outras coisas à cabeça. E até quando estou vendo TV e tento me concentrar, não acabo de ver um programa completo, não consigo me concentrar e isso me pesa.

Tento ler. Leio e não me concentro e depois não me lembro de nada. Porque sou um babaca de merda. O mesmo me acontece com o tênis, não consigo ficar concentrado todo o tempo na quadra.

Eu não sei o que fazer. As comparações são muito rápidas e me desconcentram.

Eu não quero ter mais comparações.

Eu vejo alguém e automaticamente penso e começo a me comparar com ele e não consigo manejar isso. Digo para mim: "Chega, não se compare". Mas há outra parte do meu cérebro que está ali comparando tudo. É como um diabo que me fode e não consigo dominar.

Se vou andando e não vejo nos demais nada de positivo, não penso que eu tenha mais que eles.

Eu nunca digo que sorte eu tenho de ser assim. Eu quase nunca me digo que sou o melhor.

Não sei se alguma vez te contei que tenho medo de avião e, quando estou esperando para fazer check-in, *olho as pessoas que estão na fila e me digo: "Como eu gostaria de ser esse que não tem medo de voar". Eu sempre gosto de não ser eu. Gostaria de ter a pinta do Brad Pitt, a piroca do negro, a capacidade de voar sem medo que o outro* tem e eu não e, além disso, pode falar com as minas sem problemas. Mas, se tivesse todas essas qualidades, então não seria eu. Estou farto de viver na comparação.

"Mudar o sinal de minha confiança"

Fabián: O pouco poder da mente que tenho é enorme. Sempre trato de encontrar a desculpa para não fazer algo, em vez de encontrar algo para me incentivar a fazê-lo. Se tivesse mais controle sobre minha mente ou sobre meu corpo, me sentiria muito melhor e poderia fazê-lo. Se eu tivesse uma mente mais forte, poderia aguentar muito mais e treparia melhor. E meu problema, o da ejaculação precoce, me tira muitíssima confiança em mim. Pareço um tonto, por isso me dá medo e me dá vergonha e não faço.

Por exemplo, gosto da amiga da minha irmã e sei que ela gosta de mim; não me aproximo e tenho muita vontade, mas não me animo, para que ela depois não diga a suas amigas que esteve comigo e que eu estive dois segundos com ela e que não consegui. Isso me tira a autoestima pela base e me sinto um tonto, um burro.

Quando era pequeno, eu me dizia que queria ter 15 anos porque pensava que ia transar com todas; e agora, que tenho 18 e que é o meu momento, não transo. Eu não transo não porque não queira, mas porque não consigo. Isso me dá muitíssima raiva. Se transasse bem, seria diferente. Teria mais confiança em mim mesmo.

(Eu pergunto se ele encontra alguma relação entre o que lhe acontece com o fato de se animar e se desanimar, quando está com uma garota, e o que lhe acontece quando

174 CULPABILIDADE ENCOBRIDORA NA OBRA DE FRANZ KAFKA

tem de tomar um livro entre suas mãos e se animar a penetrar nele.)

Sim, com certeza. Diante da menor dificuldade, eu largo. Digo: "Dá no mesmo, não vou entendê-lo". Isso me dá no saco. Também no estudo me sento dois minutos e me levanto e vou embora. Tampouco me concentro nas aulas, eu me repreendo e vou em seguida para qualquer lado.

Analista: Parece que é muita a sua confiança de que não pode se concentrar e permanecer. Tem uma forte crença armada acerca de seu fracasso já antes de penetrar.

Fabián: Em quase todas as situações parto da ideia de que vou me dar mal. Quando transo, parto da ideia de que vou acabar rápido e, quando estudo, que não vou poder estudar muito. Não gosto de como sou. Eu sinceramente te digo, Luis, que, se não tivesse alguma esperança de mudar, teria de me dar um tiro, porque a verdade é que todos os objetivos de minha vida dependem muito dessa mudança.

Eu quero estudar bem e creio que o estudo é mais fácil de mudar que o problema nas relações sexuais. Com o estudo, posso já começar a dominar um pouco mais minha concentração, noto uma mudança que não é suficiente para nada. Mudança que tem de seguir progredindo bastante, porque assim não vamos a lado algum; mas, quando transo, sempre acontece a mesma coisa e me deixa mais pra baixo.

Analista: Também quando se compara com os outros, que segundo você são tão fabulosos, termina finalmente sentindo-se um tonto, porque essa comparação é outra maneira que tem para bater em si mesmo.

Fabián: Creio que, se tivesse a mesma confiança no êxito que no fracasso, seria muito distinto e estaria muito bem.

Analista: E quando vem à sessão, o que sente antes de entrar?

Fabián: Na realidade, é bastante estranho o que me acontece. Quando estou aqui na sessão, me vejo em alguns pontos melhor. Tenho confiança de que vou conseguir. Chego à sessão e saio dela esperançoso. Mas quando me encontro com as garotas e não lhes digo nada, me digo: "Eu não tenho cura. Sou um tonto", e me digo que para mim, transar com uma mina é uma utopia. Eu gostaria de transar uma hora sem parar.

Analista (em tom chistoso): *Durante uma hora contínua?*

Fabián (rindo): *Bem, por assim dizer uma hora. Eu me conformo com meia hora, com vinte minutos, mas algo normal. Algo com que não me sinta tão mal, porque a vergonha me ataca e me mata.*

Eu sempre vou ter essa mentalidade de um débil que me faz sofrer tanto? Eu sempre imagino que o outro é melhor que eu, e não sei como eu serei. Eu tenho mais vontade de mudar do que confiança em mim. Minhas vontades são enormes. Penso que tenho tudo ao meu alcance, absolutamente tudo o que quero posso obter. Mas, às vezes, me digo se poderei algum dia mudar e mudar o sinal de minha confiança para passar do negativo ao positivo.

A partir do discurso de Fabián, proponho-me as seguintes questões:

176 CULPABILIDADE ENCOBRIDORA NA OBRA DE FRANZ KAFKA

1. Como resgatar Fabián da palavra-cativeiro "idiota-tonto", que devastava seu sentimento de si e o instalava na posição de um mero objeto desprezível?

2. Como liberá-lo da comparação patogênica masoquista que tinha efeitos vexatórios e ultrajantes em sua identidade, mas que, por sua vez, era provocada por ele mesmo, por estar comandada inconscientemente por sua desvalorizada autoimagem narcisista de "vagabundo"?

3. Como ajudá-lo a tornar consciente a fantasia inconsciente básica de campo, de ser ele "o débil", que o conduzia a investir o outro no lugar de um sujeito rival e forte, ao passo que Fabián, necessariamente, posicionava-se como um objeto inerme e exposto à derrota?

Essa fantasia de disputa tanática desdobrava-se imaginariamente entre os dois extremos e baseava-se na certeza absoluta de sua impotência erótica e intelectual. Não obstante, tinha ainda um aspecto defensivo que encobria, na realidade, uma convicção onipotente de superioridade que procurava manter em segredo.

Fabián, enquanto primogênito, sustentava a crença onipotente de estar por cima de outros, que tinham de elaborar os conhecimentos de modo gradual e sistemático com o fim de aprender. Ele, por sua vez, pretendia apreender magicamente, em apenas duas noites (as que antecediam as provas), aqueles conhecimentos que os demais haviam processado, "como idiotas", durante vários meses, que se convertiam em objeto de sua difamação ao triunfar maniacamente sobre eles.

Fabián se achava comandado pelo acionamento de uma fantasia de excepcionalidade própria do "eleito", sustentadora de uma legitimidade própria que lhe conferia condições de suspender a validade de uma ordem estabelecida pelas normas educativas, por efeito da qual o jovem ficava localizado de fora dessa ordem. Esse estado de excepcionalidade em que se havia instalado eximia Fabián de todo tipo de obrigações, enquanto pretendia ser aprovado pelas autoridades: ele queria estar ao mesmo tempo dentro e fora da lei.

Não obstante, quando esse desejo onipotente de soberano e eleito se frustrava na realidade material, Fabián regressava a sua megalomania masoquista, tornando-se, ao mesmo tempo, um ser superior e um "idiota-tonto" e vagabundo.

A posição daquilo que denominei "vítima privilegiada" (Kancyper, 1991) promovia um movimento libidinal regressivo em Fabián, que terminava se refugiando em um muro narcisista--masoquista (Kancyper, 2007), que ele havia erigido com autocensuras e que sustentava defensivamente por meio de um extremo negativismo para estudar.

4. Como pode se posicionar o analista, na situação desse campo dinâmico, como um "aliado transitório" e não um "cúmplice", para que o analisante se anime a questionar e confrontar o imposto por outros e o promovido e provocado por ele mesmo, a partir do lugar da responsabilidade e não da culpa, do remorso ou da vergonha?

A finalidade dessa posição do analista seria poder ajudar o paciente a pular o cerco da cosmovisão marcial da vida: matar ou morrer, amigo ou inimigo; da lógica belicista engendrada pela reativação da fantasia inconsciente básica de campo de "o débil e fracassado *versus* o forte e exitoso". Apenas posteriormente será possível, quiçá, construir outra lógica, a da solidariedade, que possibilita a admissão da diferença, da semelhança e da diversidade entre o sujeito e os outros complementares. No dizer de Levinas: "Jamais existimos no singular, porque estamos relacionados com os seres e com as coisas que nos rodeiam. . . . Eu não sou o outro, mas não posso ser sem o outro". Com efeito, Fabián, em suas comparações

178 CULPABILIDADE ENCOBRIDORA NA OBRA DE FRANZ KAFKA

flutuantes com o outro, fazia um uso masoquista (sou um vagabundo, um tonto) e, ao mesmo tempo, maníaco e paranoide do
outro (eu, em dois dias, estudo o que os outros idiotas demoram
meses, além disso, os professores não me dispensam porque me
odeiam), que o inundava de angústia, vergonha e dor, e interceptava
de um modo eloquente seus processos de aprendizagem e suas
relações sexuais.

Durante o segundo ano de tratamento analítico, Fabián tinha
se resguardado atrás de um sistema complexo de resistências de
difícil abordagem, que fazia perigar sua continuidade. Desafiava e
obstaculizava sistematicamente o poder de meu trabalho analítico
e cindia e depositava em minha pessoa uma possibilidade remota
de conseguir certa mudança psíquica. A situação analítica, então,
achava-se comandada pelo negativismo e pela desesperança. Sua
atmosfera se assemelhava a um campo kafkiano em que reinava,
no dizer de Modern (1993), "uma sensação de opressão, de angústia, de incerteza, de impossibilidade de chegar à meta, de errar sem
rumo nem destino por caminhos não escolhidos, de fracassos e
negação" (p. 7).

"Vencer-me": Fabián e as comparações intrapsíquicas

Como dizia, Fabián se atormentava, nesse segundo ano de análise, com a certeza de que nunca conseguiria manter uma relação
sexual feliz e jamais chegaria a modificar seus repetitivos fracassos no estudo. Seu rendimento intelectual se achava totalmente
bloqueado. Não estudava nem sequer o mínimo necessário. Somava,
então, renovados fracassos em seus estudos, aumentando desse
modo o tamanho de sua desesperança kafkiana.

Na sessão seguinte, que intitulei "Vencer-me", vieram surpreendentemente à luz as comparações intrapsíquicas intrassistêmicas de Fabián, que, em minha opinião, constituíam manifestações do acionamento de cisões no interior de seu eu. Elas se diferenciam das comparações intrapsíquicas, ou seja, entre instâncias (comparações do eu com o isso, com o supereu, com o ideal de eu e com o eu ideal). Efetivamente, nas comparações intrassistêmicas, encenavam-se as batalhas cindidas entre as duas posições conflitivas diante da "realidade" da castração e sua repetição transferencial na situação analítica.

Fabián se apresentou, na sessão que transcrevo a seguir, com um sorriso amplo e um brilho vitorioso no olhar.

> *Fabián: Creio que pude vencer o fato de mentir para mim. Eu, em vez de estudar dois dias antes da parcial como sempre faço, consegui pela primeira vez chamar um professor para que me explicasse e realmente me serviu. Eu antes mentia para mim mesmo dizendo-me que não me fazia falta, que eu ia conseguir sozinho, e a verdade é que ficava assistindo à televisão e não me movia da cama. Não sei como foi, mas agora já não estudo mais na minha casa. Quando sinto que o tédio vai me pegar, saio de minha casa e vou estudar em um bar sozinho. Quando estou sozinho em casa, não estudo. E, além disso, chamei um amigo meu que tinha de estudar direito comercial. E isso para mim é como um triunfo; é vencer-me.*
>
> *Analista: Por que vencer-me?*
>
> *Fabián: Há uma publicidade do Pumas[14] que tem relação com isso de vencer-me. Nessa publicidade tem uma*

---

14 Apelido do clube de futebol mexicano Club Universidad Nacional A.C. [N.T.]

grávida que está a ponto de parir e precisa descer uma escada de quinze degraus. Vê-se que ela está agitada e com medo, mas, para dar força a si mesma, ela diz "Sou uma Puma" e começa a olhar com atenção para pisar bem em cada degrau, porque senão cai. E assim também o Pumas tem de lutar contra a adversidade para poder vencer. Porque, para conseguir coisas, deve ter convicções para poder fazê-las. Por minha vez, eu via a escada e dizia "Eu vou vencer", mas não olhava quantos degraus tinha a escada. E caía de bunda e fracassava.

Analista: Ou seja, antes pensava que não necessitava levar muito em conta a realidade. Ao passo que hoje pensa diferente: que, para poder chegar, não precisa apenas ver como também olhar cada degrau com atenção. Mas, além disso, Fabián, no rúgbi se requer levar em conta a presença dos outros para poder chegar a formar um time. E aqui comigo na sessão, pertencemos os dois ao mesmo time ou estamos enfrentando um ao outro?

Fabián: Quero te dizer, Luis, que eu queria te vencer. Eu me dizia "esse analista que ajudou tanto a meu primo, e que dizem que é tão bom, comigo não vai conseguir". Por isso, e não sei por que somente hoje, eu posso te contar um segredo: eu tinha um eu mau que dizia "você, Luis, que se acha um cabeça, comigo vai fracassar", mas meu eu bom também me dizia "estou desesperado e necessito que Luis me ajude". O que acontece é que os dois, só agora, estamos no mesmo time. Antes, preciso contar que eu estava pressionado por meu eu mau e não queria me abrir e me aliar a você. Eu queria e vinha com vontade às sessões, mas meu eu mau era mais forte do que meu eu bom. Deixa eu ver como posso te explicar: é como que... para te dar um exemplo, ontem vi um filme sobre campos de concentração. Havia uns nazistas que decidiam quais judeus iriam levar ao campo de extermínio, mas entre eles havia uns judeus que eram aliados dos nazistas para se salvarem. E eu agora sinto que, ao estar com você, sou seu aliado para que as forças de Estados Unidos e Grã-Bretanha possam me ajudar contra os alemães nazistas que eu tinha dentro de mim. Meu eu negado acreditava que era o vencedor, sentia que não iria encontrar forças para poder ser vencido por meu outro eu poderoso, o bom que quer estudar e se relacionar bem com uma mina. Mas, quando eu vinha para cá, pensava que você tampouco poderia me ajudar, porque meu eu mau era invencível e me obstinava em achar que você não conseguiria. Eu me dizia, quando vinha caminhando para cá, "estou indo ao psicólogo, estou gastando muita grana e ele não vai conseguir" e queria te demonstrar que comigo, com meu eu mau, não iria conseguir. Eu sabia que com a mentira não faria nenhuma mudança, mas a verdade é que este meu eu mau, meu contra, sempre foi meu pior inimigo. Eu vivi em um campo de concentração e somente agora sinto que ganhei duas pequenas batalhas. Na terça-feira me rendi à matemática e na sexta-feira, à contabilidade. Não sei como serão os resultados.

(Silêncio. Distende-se lentamente no divã, e a atmosfera do campo analítico se torna, pela primeira vez, um pouco mais confortável após vários meses de um tenso e elevado mal-estar. Muda o tom de sua voz, gira sua cabeça para me olhar e faz uma pergunta.)

Fabián: Você lembra do filme La vida es bella, *que quando termina a Segunda Guerra Mundial estavam o papai, o tanque e o garotinho com os aliados?*

Analista: Creio, Fabián, que na sessão de hoje se produziu uma reviravolta, após vários meses de batalhas entre nós dois. Talvez tenha vivido muitos anos encerrado em seu próprio campo de concentração, guardando um segredo e uma crença que te envergonhavam.

Fabián: Sim, a vergonha para mim é o pior. Ela me limita, me mata. Põe um freio, e o pior é que não é possível fingi-la.

Analista: Talvez essa vergonha que não se pode fingir gerava uma comparação permanente com outros companheiros e com personagens que lutavam dentro de você e somente agora você se animou a apresentá-los na sessão, com tanta clareza e coragem.

Ou seja, Fabián, antes ocorria uma guerra mundial, não na Europa, mas dentro de você mesmo: entre o que chamou de seu eu mau e seu eu bom. E, hoje, parece que seu eu bom obteve seus triunfos sobre seu eu mau, esse eu mau que te traía e funcionava como um entregador.

Por outro lado, hoje você me localizou como no filme La vida es bella, *junto de você, no lugar de um aliado, e não no de um inimigo.*

Nessa sessão, presenciamos como a desesperança e o ressentimento operavam de forma conjunta na situação analítica, alimentando em Fabián uma torrente de resistências que impediam o estabelecimento da transferência "pela certeza interior de que a cura analítica não servirá para nada e de que não é possível obter remédio" (Freud, 1937, p. 253).

Além disso, manifestam-se nessa sessão, por um lado, um princípio de superação do campo ominoso kafkiano, sustentado pela penumbra secreta de um inconfessável tormento, que condenava Fabián a oscilar entre a imobilização da vergonha e a mortificação da culpa, e, por outro lado, a tramitação gradual do luto por sua crença referida à indestrutibilidade de sua desesperança e por sua vitória "analicida" possibilitou abrir algumas gretas na espessura de seu muro defensivo que bloqueava, à semelhança de uma "rocha de base", o prosseguimento do processo analítico.

Resulta assombroso comprovar como a psicanálise e a literatura, nas palavras de M. Aguinis (1989), "enfrentam em comum a ciclópica tarefa de perscrutar os abismos da alma humana. Compartilham o material e diferem na metodologia" (p. 172). Nesse caso específico, e em relação com o poder das comparações intrapsíquicas e intrassistêmicas, torna-se interessante cotejar as semelhanças e as diferenças entre a batalha que ocorria no interior de Fabián na situação analítica e a guerra deflagrada no interior do autor de *O processo* entre os dois combatentes, o mau e o bom, que retrata em uma das cartas a Felice. A carta em questão, de 30 de setembro de 1917, descrita por Kafka como "a carta mais desagradável que tenha jamais escrito" (1979a, p. 59), diz assim:

> *Como sabes, há dois combatentes na guerra que se desenrola em meu interior. Nos dias passados tive menos dúvidas que nunca de que o melhor de ambos pertence a ti. Por meio de palavras e silêncio, e uma combinação de ambos, eu te mantive a par sobre a evolução da guerra durante cinco anos, e a maior parte desse tempo tens sofrido por isso. Tu és meu tribunal humano. Dos dois que estão em guerra em meu interior, ou melhor dizendo, cuja guerra sou eu – exceto um pequeno remanescente*

184 CULPABILIDADE ENCOBRIDORA NA OBRA DE FRANZ KAFKA

atormentado –, um é bom e outro é mau. . . . O sangue derramado pelo bom (o que agora nos parece) para te ganhar está a serviço do mau. . . . Porque, secretamente, não creio que essa enfermidade seja tuberculose, mas mais propriamente um sinal de minha falência geral. Cri que a guerra podia durar mais tempo, mas não é possível. O sangue não sai dos pulmões, mas de uma estocada decisiva desferida por um dos combatentes (citado por Murray, 2006, p. 279).

Antes de concluir, desejaria sublinhar que a psicanálise não pode reduzir-se à desesperança kafkiana, nem pode cingir-se ao eco mudo da impotência, mas requer converter-se em um dos refúgios mais sólidos para a conservação de um espaço possível e esperançoso, onde se ampliam os limites de uma humanização sempre em risco de soçobrar.

Considero que a psicanálise, ao procurar decifrar as ciladas do inconsciente que intervêm nos diversos processos do sofrimento humano, reabre, a partir de e para o sujeito, as possibilidades de uma permanente e esperançosa reestruturação. Para alcançar essas possibilidades, o próprio analista, imerso nessa cultura pós-moderna ou sobremoderna do excesso, deve mais do que nunca se negar a ser reduzido à contemplação estuporosa do desencanto kafkiano e do sentimento de precariedade que inunda estes tempos, comandados pelas memórias do pavor, da dor e do rancor. Pelo contrário, necessita aprofundar no estudo e na revisão permanentes da teoria e da técnica psicanalíticas, tornando conscientes os modos de operação dos escândalos do inconsciente na clínica, na cultura e no social, ao mesmo tempo que procura desvelar os efeitos da esperança e da desesperança que a cultura pós-moderna exerce sobre sua própria práxis.

4. Ressentimento, trauma e cisão: suas relações com a ressignificação e a historização

Introdução

O conceito de cisão do eu tem na teorização psicanalítica uma localização importante e leva a uma reestruturação profunda da metapsicologia e da clínica.

Essa palavra possui diversos significados nos escritos de Freud, que no começo a emprega como um termo descritivo e, no final de sua obra, como um instrumento conceitual.

Como termo descritivo, Freud a utiliza, em especial, para descrever o fato de que o aparelho psíquico está dividido em sistemas (inconsciente e pré-consciente) e em instâncias (isso, eu e supereu) e também para descrever o desdobramento do eu em uma parte que observa e outra parte que é observada.

Ademais, ele a emprega para assinalar a separação entre as duas correntes sexuais na vida amorosa: a terna e a sensual. "A vida

186 RESSENTIMENTO, TRAUMA E CISÃO

amorosa desses seres permanece cindida nas duas orientações que a arte personificou como amor celestial e terreno (ou animal). Quando amam, não anelam; quando anelam, não amam" (Freud, 1912, p. 176).

Não obstante, Freud também se vale do termo "cisão" como instrumento conceitual, sobretudo em seus artigos "Fetichismo" (1927b), "A cisão do eu no processo de defesa" (1940b) e "Esquema de psicanálise" (1940a). Com efeito, nesses trabalhos, Freud se centra no eu para descobrir um mecanismo altamente específico, o desmentido (*Verleugnung*), em que assinala a presença de uma divisão sem linha de conflito aparente no seio do próprio eu, no qual coexistem duas atitudes psíquicas com respeito à realidade exterior enquanto esta contraria uma exigência pulsional: uma delas leva em conta a realidade; a outra desmente a realidade presente e a substitui pela criação de uma produção de desejo.

"As duas atitudes subsistem uma junto à outra durante toda a vida, sem influenciarem-se reciprocamente. É o que se tem direito de chamar uma cisão do eu" (Freud, 1940b, p. 205).

A esse respeito, Laplanche e Pontalis (1968) dizem:

> *Mas, ao descrever uma cisão do eu (intrassistêmica) e não uma cisão entre instâncias, Freud procura pôr em evidência um processo novo com respeito ao modelo da repressão e do retorno do reprimido, para assinalar que uma das peculiaridades desse processo repousa no fato de que não conduz à formação de um compromisso entre as duas atitudes presentes, mas as mantém simultaneamente sem que se estabeleça entre elas uma relação dialética (p. 69).*

Nesse mesmo ano, em sua última obra, "O homem Moisés e a religião monoteísta" (1939), Freud chama a atenção sobre a natureza cindida e paradoxal dos traumas que, ao mesmo tempo que se resguardam atrás das resistências de um muro narcisista, fazem força para se manifestar e se fazer conhecidos.

> *ou seja, que, na raiz de uma grande intensidade psíquica, mostram uma ampla independência com respeito à organização dos outros processos anímicos, adaptados estes últimos às exigências do mundo exterior real e obedientes às leis do pensamento lógico. Não são influenciados, ou não o bastante, pela realidade exterior; não fazem caso desta nem de sua sub-rogação psíquica, de sorte que facilmente entram em contradição ativa com ambas. São, por assim dizer, um Estado dentro do Estado, um partido inacessível, inviável para o trabalho conjunto, mas que pode chegar a vencer o outro, chamado normal, e constrangê-lo a seu serviço. Se isso acontece (geschehen), alcança-se assim o império de uma realidade psíquica interior sobre a realidade do mundo exterior (p. 73).*

Freud (1940b), ao introduzir a noção de cisão do eu, vacila acerca de se o que propõe deveria ser conhecido desde há muito tempo e óbvio, ou se pelo contrário, tratava-se de algo novo e surpreendente. Considero que a noção de cisão como conceito e termo descritivo leva a uma reestruturação profunda da teoria e da clínica psicanalíticas.

Influi, por exemplo, de maneira muito direta, na compreensão metapsicológica das situações traumáticas e em seus efeitos na estruturação e na desestruturação das dinâmicas edípica, narcisista e fraterna.

Recordemos que "O trauma não mente. O trauma protesta, exige a repetição, manda até que se o explicite. O trauma tem sua

188 RESSENTIMENTO, TRAUMA E CISÃO

memória" (Baranger, 1994, p. 506). Neste trabalho, procuro desenvolver, através da apresentação de um caso clínico, a mortificação narcisista e o muro de ressentimentos e remorsos pós-traumáticos gerados pela sobrevivência de certos traumas precoces, que perturbaram o processo de narcisização e que haviam sido mascarados atrás da insistência de um trauma encobridor.

Por isso, abordarei os seguintes temas:

1. As memórias do pavor, da dor e do rancor e suas relações com a cisão e com o trauma.

2. Ressentimento e cisão do eu.

3. "Pedir peras ao olmo"[1] ou a vã esperança do ressentimento.

4. Usos e abusos da memória coletiva do rancor, da dor e do pavor na psicologia das massas.

5. As memórias do pavor, do rancor e da dor na situação analítica.

6. Trauma encobridor e historização.

7. Trauma e destinos dos traumas.

8. Ressignificação das cisões traumáticas no campo analítico.

---

1 *"Pedir peras al olmo"* é uma expressão idiomática do espanhol, usada para referir-se a uma demanda impossível. O "olmo" é uma árvore, mas, não sendo uma pereira, não dá peras. Poder-se-ia ter buscado uma expressão análoga em português para se realizar uma tradução oblíqua, ou seja, alterando a forma, mas mantendo a ideia que se quer passar, como "procurar uma agulha em um palheiro" ou "tirar leite de pedra", mas optei pela tradução literal que, mesmo não sendo usual em português, ainda assim expressa um sentido análogo. [N.T]

As memórias do pavor, da dor e do rancor e suas relações com a cisão e com o trauma

> *Faço minhas as palavras de Winnicott: "A maioria de minhas ideias se inspiram em meus pacientes. E devo reconhecer minha dívida a esse respeito". A Eduardo, meu paciente, eu lhe devo a frase: memória do pavor.*
>
> Luis Kancyper

O sujeito capturado pela memória do pavor é um mnemonista implacável.

Ele se acha oprimido por reminiscências traumáticas, comandadas pelo sentimento de um temor com espanto ou sobressalto, e não pode, para seu desgosto, esquecer.

Permanece preso pela memória de um passado traumático que não pode separar e manter à distância do consciente.

Na repressão (esforço de suplantação), o sujeito desaloja acontecimentos não tão traumáticos; por outro lado, no mnemonista do pavor, os acontecimentos traumáticos são mais intoleráveis para o eu em termos de *Selbstgefühl*. São como corpos estranhos, cindidos do curso associativo com o resto do eu. Ao não poder entrar na cadeia da significação simbólica, não chegam a ser reprimidos, mas persistem cindidos. O cindido é mantido fora da circulação psíquica e, por conseguinte, não pode evoluir enquanto permanece como tal.

A memória do pavor é, precisamente, a memória de heteróclitas situações traumáticas, em que se repetem os sentimentos e as representações como automatismo de repetição, sem configurar um recordar acompanhado de um reviver afetivo integrado em uma estrutura diferente e com uma nova perspectiva temporal.

No manifesto, apresenta-se como uma ausência do porvir, mas, no latente, o aparente sem sentido do porvir está obturado pela presença ominosa de um contrassenso: conjurar o dano de um passado e afastar o pavoroso perigo de um futuro que espreita com a memória da repetição de um intolerável passado.

Com efeito, na memória do pavor, o sujeito se torna um sobressaltado sobremorrente que permanece varado como uma sentinela em um posto, para evitar a surpreendente aparição de um iminente despencar. O sobremorrente foge da castração-morte. Vive para triunfar sobre a perseguição alada de Tânatos. Preocupa-se em evitar a presença ominosa de um perigo potencial e ameaçante e se torna finalmente um "sobremorrente" nas realidades psíquica e externa.

Digo "sobremorrente" e não "sobrevivente".

Geralmente se denominam sobreviventes, assinala Schmucler (2007):

> *aqueles indivíduos cujos destinos, espontaneamente, tinham marcado o final antecipado de seus dias e que, no que tange à maior parte dos que estavam em sua mesma situação, os alcançaram inexoravelmente. Assim, sobrevive-se a um cataclismo, a certa idade, a alguma enfermidade raramente curável (p. 4).*

Por outro lado, o sobremorrente, à semelhança do mítico Caim, encontra-se condenado a permanecer em um estado de nomadismo incessante para fugir de uma espectral perseguição.

> *Vive, definitivamente, para salvar-se mediante a busca incessante de um reasseguramento, mas paga seu direito à existência com uma quota constante de sofrimento:* doleo ergo sum. *Prefere a evitação do desprazer à busca do prazer, mas não cessa de sofrer. Precisamente, é a tensão da incerteza que o preserva da ausência total*

de tensão que rege o Princípio de Nirvana. Parafra-
seando os poetas: morrer-se a vida, viver-se a morte
(Kancyper, 2004, p. 147).

Com efeito, o sobremorrente vive em um estado de precariedade porque adoece, em seu mundo interior, de uma falta de sentimentos de pertença e de arraigamento pela persistência nele de
certas marcas traumáticas de um passado que o inundam, em sua
memória do pavor, com compulsivos sentimentos cindidos de culpabilidade, vergonha e terror subtraídos de seu próprio domínio
(*Bewältigungstrieb*).[2]

O sujeito capturado pela memória do pavor é um nômade
sobremorrente. Apresenta severas perturbações para configurar
primeiro e comprometer-se depois em um vínculo confiável e sustentado com um outro ao longo do tempo. Não pode envolver-se
nem se segurar em uma situação estável e duradoura, tanto em
suas relações privadas como nas profissionais e institucionais.

O mnemonista do pavor é, definitivamente, um migrante cindido e mantém aberta, ao mesmo tempo, certa esperança que lhe
oferece uma possibilidade de fuga e permanência, em um privado
espaço de segurança que o preservaria, precisamente, de chegar a
ser torturado pela repetição de situações outrora traumáticas que
não consegue desativar nem separar do presente. Para isso, abriga
suas secretas e obscuras esperanças em tenebrosos e cindidos lugares para chegar, no momento necessário, a refugiar-se neles e
salvar-se de certas situações ominosas.

A memória do pavor é a memória do retorno em ato do passado que se encontra comandada não tanto pela angústia de castração, mas principalmente pelas angústias de morte e de desamparo

---

2 Em português, "pulsão de dominação". [N.T.]

192 RESSENTIMENTO, TRAUMA E CISÃO

(*Hilflösigkeit*). Estas promovem que o sujeito viva desgarrado e cindido "no horror de viver no tempo que há de seguir o momento em que se está" (Borges, 1972, p. 1107). Ainda que em certos momentos o mnemonista do pavor costume sentir também a borgeana "Nostalgia do presente".

> *Naquele exato momento, disse o homem a si mesmo:*
> *Que não daria eu pela ventura*
> *de estar a teu lado na Islândia*
> *sob o grande dia imóvel*
> *e de compartilhar o agora*
> *como se compartilha uma música*
> *ou o gosto de uma fruta.*
> *Naquele exato momento,*
> *o homem estava junto dela na Islândia.*[3]
>
> *(Borges, 1981, p. 61)*

Por outro lado, o sujeito sequestrado pela memória do ressentimento e do remorso torna-se um refém da memória viciante do rancor, que, ao mesmo tempo, se diferencia da memória da dor e da memória do pavor.

A memória do rancor se entrincheira e se nutre da esperança do poder de um tempo de revanche vindouro, ao passo que a memória da dor continua com o tempo da assunção da castração da realidade.

O mnemonista da dor não promove uma subestimação do passado, nem a amnésia do sucedido, nem a imposição de uma absolvição superficial, mas aceita com pena, ódio e dor a castração da realidade como imodificável e resignável, para efetuar a passagem do perdido para outros objetos, o que possibilita processar um trabalho de elaboração de um luto normal.

---

3 Edição brasileira: Borges, J. L. (1999). *Obras completas de Jorge Luis Borges* (Vol. 3, p. 355). São Paulo: Globo. [N.E.]

A memória da dor, então, admite o passado como experiência e não como peso; não exige a renúncia da dor do ocorrido e do sabido. Opera – mediante a pulsão de vida – como um não esquecer estruturante e organizador, como um sinal de alarme que protege e previne a repetição do mal e dá passagem a uma transformação e a uma renovada construção do possível.

> *É a memória um grande dom,*
> *Qualidade mui meritória;*
> *E aqueles que nesta história*
> *Suspeitem que lhes dou pau,*
> *Saibam que esquecer o mal*
> *Também é ter memória.*
>
> *(Martín Fierro,* Hernández, 1945*)*

Com efeito, na memória da dor não se cinde o passado. Ao contrário, recorda-se dela como experiência instrutiva para poder ser integrada na configuração das dimensões temporais do presente e do futuro.

Por outro lado, a repetição na memória do rancor reinstala – mediante a pulsão de morte – a compulsão repetitiva e até insaciável do poder vingativo, e paralisa o processo de elaboração do trabalho de um luto normal, posto que no rancor, precisamente, a temporalidade apresenta características particulares: manifestamente, uma singular relação com a dimensão prospectiva. Devemos recordar que a repetição é a forma básica de interceptar o porvir e impedir a capacidade de mudança. A memória do rancor, diferentemente da memória da dor, não está regida pelo princípio de prazer-desprazer nem pelo princípio de realidade, mas pelo princípio de "tormento".

Com efeito, o sujeito rancoroso não permanece ancorado na atemporalidade nem no tempo suspenso da arte, tempo fora do

194 RESSENTIMENTO, TRAUMA E CISÃO

tempo que quebra as dimensões temporais de passado, presente e futuro. Tampouco permanece entretido em uma vivência de eternidade, na contemplação do objeto interno maravilhoso para desmentir a passagem do tempo esquizoide: sua posição é, fundamentalmente, produto da insistência no castigo reivindicatório de um agravo cujas contas ainda não saldou. Desse modo, presente e futuro são hipotecados para lavar a honra ofendida de um passado singular que se apoderou das três dimensões do tempo.

A vivência do tempo sustentada pelo poder do rancor é a permanência de um ruminar indigesto de uma afronta que não cessa, expressão de um luto que não se consegue processar, não somente no próprio sujeito e na dinâmica intersubjetiva, mas essa sede de vinganças taliônicas pode chegar a perpetuar-se pela transmissão das gerações, selando um inexorável destino na memória coletiva. A impossibilidade de levar a cabo um processo de luto poderia vincular--se com a reanimação, nesses pacientes, do mecanismo defensivo do desmentido da percepção da realidade e, ao mesmo tempo, com a criação de outra realidade substitutiva, que dá como resultado uma cisão intrassistêmica no eu do sujeito ressentido e remordido.

Não obstante, há outro aspecto do rancor que vale a pena mencionar: ao caracterizar-se por abrigar uma esperança vindicativa, pode chegar a operar como um porto na tormenta, em uma situação de desamparo, como último recurso de luta em que o sujeito procura restaurar o despedaçado sentimento da própria dignidade, tanto no campo individual como no social, e assim fomentar um destino construtivo.

Com efeito, o poder do rancor não apenas promove fantasias e ideais destrutivos como também pode chegar a propiciar fantasias e ideais tróficos, favorecendo o surgimento de uma necessária rebeldia e de um poder criativo que tendem a estancar as feridas provenientes dos injustos poderes abusivos originados por certas situações traumáticas. O sentido desse poder esperançoso opera para opor-se e não se subjugar aos clamores de um inexorável destino de opressão, marginalização e inferioridade, e "pode passar a ser a fonte dos mais grandiosos êxitos culturais, que são levados a cabo por meio de uma sublimação cada vez mais vasta de seus componentes pulsionais" (Freud, 1912, p. 182).

Essas duas dimensões antagônicas e coexistentes do poder do rancor estendem-se em diferentes graus em cada sujeito, e é preciso reconhecê-las e apreendê-las na totalidade de sua complexa e aleatória dinâmica.

Ressentimento e cisão do eu

O sujeito ressentido permanece esperando algo de um ofertante impossível.

Não reconhece a castração da realidade no outro nem em si mesmo próprio, porque a admitir seria uma prova inexorável de sua própria vulnerabilidade diante da impossibilidade de mudar a estrutura daquele outro ou de chegar a ser transformado ele mesmo através dos poderes por ele investidos sobre esse outro.

Portanto, o sujeito comandado pelo afeto do rancor desmente a percepção sensorial genuína que lhe mostrou a existência da falta e atém-se à convicção contrária, construindo um argumento em que assevera, a partir de sua onipotência de pensamentos, que "o outro sim tem, mas a mim injustamente não querem brindar. Portanto, sou uma inocente vítima, já que de um modo traiçoeiro não me oferecem o que legalmente me corresponderia receber" (p. 158).

Essa crença é suficiente para legitimar, diante de si mesmo e diante dos demais, sua cega vingança repetitiva. Considero que a vã esperança reivindicatória está sustentada pelo sobreinvestimento do sujeito e do objeto, pela agressão a serviço dos propósitos de

Tânatos e pelo mecanismo defensivo do desmentido de uma realidade que, ao tornar-se intolerável para o sentimento de si do sujeito prejudicado, dá como resultado uma cisão em seu eu.

A realidade desmentida pelo sujeito ressentido não deixa de exercer suas influências, porque não chega a ser totalmente escotomizada: suas afrontas e feridas nas dinâmicas edípica, narcisista e fraterna (Kancyper, 2004) continuam reinfectando-se com as memórias incandescentes do rancor e do pavor, gerando de uma só vez outra produção de desejo à semelhança do que acontece no fetichismo: "a criação do fetiche obedeceu ao propósito de destruir a prova da possibilidade da castração, de modo que fosse possível escapar à angústia de castração" (Freud, 1940b, p. 204). Considero que há em jogo, além disso, outras angústias mais primitivas, pré--fálicas, como a angústia de desamparo e de morte.

O sujeito ressentido costuma permanecer instalado em um pertinaz rancor, porque esse afeto, por um lado, proporciona a ele uma satisfação narcisista ao promover uma elação do sentimento de si e uma coesão egoica e, por outro, possui finalidades defensivas já que modera os efeitos desestruturantes provenientes de outros afetos ominosos que ameaçam o sujeito com a perda de sua organização psíquica.

Portanto, no comportamento do sujeito ressentido, coexistem, dentro de seu eu, duas atitudes psíquicas com respeito à realidade exterior, enquanto esta contraria uma exigência pulsional.

Freud menciona em "Neurose e psicose" (1924c) a possibilidade de o eu chegar a ressentir-se e perder a síntese de seus processos, para evitar a ruptura com o isso ou com a realidade, "deformando--se a si mesmo, aceitando em detrimento de sua unidade, eventualmente, inclusive, lascando-se ou despedaçando-se" (p. 158).

Com efeito, no sujeito ressentido a cisão é um mecanismo de defesa e um estado do eu, ao passo que o desmentido costuma ter um caráter parcial, a partir do qual se estabelecem, ao mesmo tempo, dentro de seu eu, duas atitudes psíquicas opostas, que basculam entre o reconhecimento e o desmentido da realidade da castração.

Com frequência, vemos que a esperança assintótica na memória do ressentimento e do remorso pode chegar a ser interminável quando opera como uma defesa, ante a impossibilidade de admitir a perda do irrecuperável. Nesses casos, a esperança interminável e patológica do rancor "costuma representar o único e o último vínculo possível com os objetos primários e sua renúncia significaria a derrocada definitiva da ilusão e a aceitação de que, real e efetivamente, se perderam tais objetos para sempre" (Mehler & Argentieri, 1990, p. 175).

Isso está vinculado com a aparição do ressentimento na situação analítica. Observamos que no analisando se legitima uma regressiva vontade de domínio, que aspira a impor um poder retaliativo sobre o analista e sobre o mundo. Aparece, então, a desmesura de suas pretensões, que não o fazem retroceder diante de nenhuma atrocidade, porque o analisando ressentido considera-se inocente e sedento de uma justiça reivindicatória. Nesses casos, o analista costuma representar, então, na transferência, um pretérito ofensor, e o analisando pode chegar a preferir descontar nele, mediante um triunfo sadomasoquista, mesmo à custa de sua própria saúde. Prefere vingar-se a curar-se.

Com efeito, a afronta narcisista origina um movimento regressivo e repetitivo de reivindicação que, por sua vez, funda um estado soberano e consumado de excepcionalidade. Segundo Agamben (1995), o soberano é quem está em condições de proclamar o estado de exceção, suspender a ordem jurídica, colocando-se a si mesmo fora dessa ordem e, não obstante, conservando-se, de algum modo, dentro dela. Sua Majestade, o Ressentido, afirma com decisão soberana não ter necessidade de direito para criar direito e constrói a partir de si mesmo uma nova legalidade.

O estado afetivo do ressentimento é irracional, impulsivo e implacável. Seus tenebrosos poderes repetitivos reanimam o que há de violência no homem. Avança rápida e inexoravelmente até seus fins destrutivos.

O difícil problema técnico que se nos apresenta em nossa práxis é como combater isso na situação analítica, porque o ressentimento e sua implacável necessidade de vingança são manifestações regressivas e repetitivas do narcisismo tanático, comandado pela arrogância cega do eu ideal combativo e "analicida" que ataca o enquadramento.

O ressentimento forma um foco ao redor do qual se organiza um refúgio psíquico.

Steiner (1997) sustenta:

> *Os refúgios psíquicos são organizações patológicas da personalidade que proporcionam uma estabilidade que é resistente à mudança psíquica.*
>
> *Os ressentimentos focalizados em experiências traumáticas, em que o analisando sentiu-se lastimado e ofendido, parecem ser experimentados espacialmente como lugares regressivos de segurança em que o sujeito pode buscar refúgio da realidade e, portanto, da angústia e da culpa (p. 214).*

"Pedir peras ao olmo" ou a esperança vã do ressentimento

> *Oh, alma minha!*
> *Não aspires à vida ideal.*
> *Esgota, em vez disso, o campo do possível.*
> Píndaro

O sujeito ressentido posiciona-se como um credor arrogante e vingativo: espera obter o inalcançável e não pode desfrutar do possível. Permanece esperando que o olmo lhe dê peras, algo que, dada a natureza da árvore, nunca oferecerá. Não obstante, o sujeito também não pode desfrutar da sombra nem da dura e apreciada madeira que o olmo, por ser uma árvore muito frondosa e corpulenta, possui e pode brindar.

O sujeito ressentido costuma martirizar o outro e permanecer emperrado na assintótica esperança do rancor, através da colocação em marcha, em sua realidade psíquica, da báscula do desmentido e da idealização na encruzilhada narcisista-objetal.

Para tanto, o sujeito ressentido, ao mesmo tempo que desmente o princípio de realidade acerca da estrutura do outro, sobreinveste-o com atributos de que esse outro carece e se autoinveste, de uma só vez, de imaginárias realidades onipotentes que nutrem sua megalomania narcisista e pigmaliônica (Kancyper, 1991) com certezas e crenças, alimentando, desse modo, seu eu ideal com a cegueira do fanatismo.

Assim, produz-se uma dupla desmentido e cisão, tanto no sujeito como no objeto, entre os que entretecem os princípios de prazer e de realidade, com incompatibilidades que não chegam a ser harmonizadas entre si; origina-se, como consequência, uma urdidura psíquica de afrontas, ressentimentos e invejas, cujas influências

RESSENTIMENTO, TRAUMA E CISÃO

tanáticas costumam ser altamente perigosas e expansivas, chegando ao extremo de gerar efeitos incoercíveis e atemporais de destrutividade, tanto no indivíduo como na psicologia dos povos.

Usos e abusos da memória coletiva do rancor, da dor e do pavor na psicologia das massas

> *A memória procura preservar o passado somente para que seja útil ao presente e aos tempos vindouros. Procuremos que a memória coletiva sirva para a libertação dos homens, e não para seu subjugo.*
> Jacques Le Goff

Em nossa época, os ocidentais e, mais recentemente, os europeus parecem obcecados pelo culto da memória. Não obstante, Todorov, em seu livro *Os abusos da memória*, afirma que, ainda que se tenha de procurar que a recordação se mantenha viva, a sacralização da memória é algo discutível.

Em seu texto, que foi apresentado em Bruxelas, no congresso "História e memória dos crimes e genocídios nazistas", em 1992, finaliza sua exposição com estas palavras:

> *Aqueles que, por uma ou outra razão, conhecem o horror do passado têm o dever de levantar sua voz contra outro horror, muito presente, que se desenvolve a umas centenas de quilômetros, inclusive a umas poucas dezenas de metros de seus lares. Longe de continuar sendo prisioneiros do passado, nós o teremos posto a serviço do*

presente, como a memória – e o esquecimento – têm-se de pôr a serviço da justiça (Todorov, 2000, p. 59).

Concordo com Todorov e considero, além disso, que as diferenças qualitativas das memórias coletivas, quando se encontram comandadas pelas diferentes moções anímicas do rancor, da dor ou do pavor, geram usos e abusos de um culto da memória coletiva com fins diversos.

Essas três categorias diferentes da memória põem em destaque o uso que fazem delas certos povos e religiões, para tirar proveito das recordações, com a finalidade de poder continuar atuando no presente com reclamações e litígios atiçados pela memória do rancor e/ou do pavor, posicionando-se então e através dos séculos no estatuto exclusivo de vítima privilegiada.

E, a partir desse lugar de exceção, certos povos e religiões tornam-se finalmente credores rapaces, o que lhes abre no presente uma linha de crédito inesgotável com direitos legitimados para punir o diferente e identificá-lo no lugar de um vitimário responsável por seu infortúnio atual. Há casos em que se chega, inclusive, ao extremo de fazer um uso defensivo das feridas não cicatrizadas do horror do passado, friccionando-as e reinfectando-as com um delírio comemorativo e fundamentalista, posto a serviço de encobrir seus atuais e atuantes fins destrutivos.

Paul Ricœur (2000, p. 59) assinala que certos povos têm a tendência de "encerrar-se em sua desdita singular" e "fixar-se no humor da vitimização", a ponto de se mostrarem cegos aos sofrimentos dos outros.

Com efeito, os povos e as religiões que permanecem prisioneiros do passado de um modo compulsivo não conseguem tramitar a passagem das memórias coletivas do rancor e do pavor à memória coletiva da dor.

Nas memórias coletivas do rancor e do pavor, as recordações tornam-se insuperáveis e desembocam, afinal de contas, na submissão do presente e do futuro ao passado. Por outro lado, quando a memória se acha comandada pela dor, "se possibilita utilizar o passado com vistas ao presente, aproveitar as lições das injustiças sofridas para lutar contra as que se produzem hoje em dia e separar-se do eu para ir até o outro", para dizê-lo nas palavras de Todorov (2000, p. 32).

A seguir, analisarei a forma em que essas três memórias podem ser instrumentalizadas na psicologia das massas, com fins tróficos ou tanáticos, através de algumas figuras descritas pelo autor de *Os abusos da memória*. Aqueles que levam a cabo essa ação souberam lutar contra as injustiças atuais, podendo elevar-se acima do automatismo da lei taliônica do rancor e das reminiscências dos traumas históricos aquartelados na espessura da memória do pavor, e ingressar na memória pública um chamamento aos antigos deportados dos campos nazistas, para que se encarreguem de investigar os campos soviéticos ainda em atividade. Esse chamamento produz o efeito de uma bomba: os comunistas estão fortemente representados entre os antigos deportados, e a eleição entre ambas as lealdades em conflito não é fácil. Tanto é assim que, depois de produzido o chamamento, numerosas federações de deportados se cindem em dois. A imprensa comunista cobre de injúrias Rousset, o que o conduz a empreender, com êxito, um processo por difamação. Dedica, então, vários anos de sua vida a lutar contra os campos de concentração comunistas, reunindo e publicando informações sobre eles.

Caso se tivesse inclinado à memória literal, Rousset teria passado o resto de sua vida submergindo-se em seu passado, estancando novamente suas próprias feridas e alimentando seu ressentimento até aqueles que lhe haviam infligido uma dor inesquecível. Não obstante, ao se inclinar à memória exemplar, escolheu utilizar a lição do passado para atuar no presente, dentro de uma situação em que não era ator e que somente podia conhecer por analogia.

É assim que entende seu dever de antigo deportado e, por isso, dirige-se antes que nada – e isso é essencial – a outros antigos deportados.

> *Vós não podeis rechaçar este papel de juiz. Para vós, antigos deportados políticos, é precisamente a tarefa mais importante.*
>
> *Os demais, aqueles que não foram nunca reclusos em campos de concentração, podem arguir a pobreza da imaginação, a incompetência. Nós somos profissionais, especialistas. É o preço que temos de pagar pelo resto de vida que nos foi concedida. Não há outro dever para os antigos deportados que investigar sobre os campos existentes (Rousset citado por Todorov, 2000, p. 32).*

Podemos pensar que está aqui em jogo a memória da dor, que possibilita o processamento de um luto normal. Não nos esqueçamos de que, para fechar e cicatrizar a ferida da dor, requer-se, segundo Gelman (2005), "abrir bem a chaga, saneá-la com a verdade e a justiça. Os que pretendem fazê-lo e passar a página estão equivocados" (p. 2). Isso quer dizer que a memória da dor possibilita, a uma só vez, recordar o passado e reabrir a esperança do possível nas dimensões temporais do presente e do futuro.

As memórias do pavor, do rancor e da dor na situação analítica

> *Muitas são as coisas pavorosas,*
> *Mas nenhuma mais pavorosa que o homem.*
> Sófocles, *Antígona*

204 RESSENTIMENTO, TRAUMA E CISÃO

Nas sessões que transcreverei a seguir, põe-se em manifesto como as três classes de memória que descrevemos aqui entreteceram o mundo afetivo e o mundo externo de Eduardo.

Eduardo começou as consultas aos 59 anos, porque os mecanismos do desmentido e da cisão haviam terminado de fracassar, finalmente, na medida em que não puderam manter indefinidamente uma perfeita impermeabilidade entre suas partes cindidas nas áreas afetiva e profissional.

Disse, ao chegar:

> *Doutor, quero pôr minha vida em perspectiva.*
> *A duplicidade em minha vida se tornou insustentável para mim.*
> *Custa-me muito continuar vivendo assim.*
> *Minha vida está cheia de intrigas, de mentiras e de enganos.*
> *Não creio que possa continuar sustentando essa situação por muito tempo mais.*
> *Mantenho uma constante dualidade que não me parece correta e, além disso, me faz sofrer.*
> *Sempre fui e sou um sofredor profissional.*

As sessões que transcreverei correspondem ao quarto ano de seu processo analítico. Desejo assinalar que, ao longo de todos esses anos, se repetia com inusitada frequência durante as sessões uma cena traumática em que, de um modo surpreendente, seu avô lhe cerrava as portas sem dar-lhe nenhuma explicação prévia, e ele permanecia paralisado, tremendo, inundado pelo pavor. Essa cena repetitiva correspondia a uma situação traumática familiar.

Eduardo tinha sido o primeiro neto daquele inesquecível avô, que o adorava e com quem brincava e passeava todos os dias. Vivia até esse momento em uma mesma casa com ele, sua avó, duas tias e seus pais.

Não obstante, quando Eduardo tinha 6 anos, o avô se foi um dia repentinamente e se mudou a um país vizinho, onde constituiu uma nova família.

Esse acontecimento foi altamente desorganizante para todos os integrantes do meio familiar e gerou lutos patológicos na avó e na mãe, ao passo que provocou em Eduardo uma eloquente fratura em seu processo de subjetivação.

Não obstante, pude compreender logo que a repetitiva cena em que o avô (a quem ele nunca voltou a ver) o olhava fixamente e lhe cerrava portas sem prévio aviso havia operado, em um momento do processo analítico, como um trauma encobridor de outras situações traumáticas prévias e posteriores padecidas por Eduardo.

Na primeira sessão, que transcreverei a seguir e à qual chamei "Fraturas e muletas", põem-se em evidência os efeitos desestruturantes exercidos pelos traumas que persistiam na memória do pavor e do rancor desse paciente e que haviam exercido uma eloquente influência na eleição de seus objetos.

Eduardo põe em manifesto, nessa sessão, como os traumas são geradores de uma mortificação narcisista e de um terrorismo de sofrimento, originando uma autonomia em sua vida afetiva e mental, uma cisão intrapsíquica que substitui a repressão, mecanismo em virtude do qual se põem à distância da consciência os conteúdos psíquicos conflitivos.

Na segunda sessão, que denominei "Da memória do pavor às memórias do rancor e da dor", vem à luz o trabalho elaborativo entre as três memórias na situação analítica.

Na realidade, não devemos esquecer que a dinâmica entre as três classes de memória é bastante fluida e que todos os seres humanos podem oscilar entre umas e outras. Por isso, quiçá seja pertinente perguntar o seguinte:

a. Como se detectam as flutuações entre essas três memórias?

b. Como se desvanecem as fronteiras e se dá passagem às memórias do pavor, do rancor e da dor durante o processo analítico?

"Quando somos felizes – disse Natalia Ginzburg –, nossa imaginação é a que predomina. Quando somos desditosos, prima o poder da memória."

O poder da memória em Eduardo era, por certo, enorme e pesado. Em certas oportunidades, cobria-o com suas capas protetoras até o extremo de asfixiá-lo. Em outras, tinha uma qualidade paralisante e depredadora.

Trauma: fratura e muletas

Eduardo: Eu vejo meu ser, minha estrutura, como um bloco sólido de cimento, e o trauma com meu avô como um cinzel e uma massa que me deixou partido em dois. O trauma é uma partição, uma fratura, e, bem, a partir dali a pessoa não é mais um bloco.

Eu sou uma estrutura fraturada, uma coisa frágil, um edifício com colunas fraturadas com o risco de derrubar-se.

E, no curso de todos esses anos, essa fratura manteve a fachada do edifício, mas o que são os cimentos reais e genuínos do edifício, que são seus ferros e sua estrutura interna, estão fraturados e frágeis.

Ante essa fratura de origem, de base, eu me levantei como pude.

Quiçá o edifício seja revestido com mármore ou outros elementos decorativos, e parece forte, mas não cresce bem.

E penso que é isso o que está em meu inconsciente, e que é ali onde operavam essa fratura e essa fragilidade que apenas agora estou verbalizando; eu as tinha guardadas em mim.

Eu tinha pavor *de uma nova fratura, então pensei que me separar de minha mulher ia ser a mesma perda de minha estrutura. Tinha internalizados o drama e a tragédia, e voltar a essa tragédia com a separação me impedia de tomar decisões.*

Assim me converti em um espectador da vida e não me comprometi com nada. Nem com meus afetos, nem com minha profissão.

A fratura não me permitiu caminhar com minhas próprias pernas. Não caminhei, me levaram.

Analista: Quem foram os que te levaram?

Eduardo: Levaram-me porque quis que me levassem: meus pais, minha esposa. Eles foram as duas muletas com que estive andando. Agora entendo que as muletas não me foram dadas, eu fui buscá-las. Fui buscá-las no desespero de me manter em pé. Eles foram as duas muletas que escolhi para caminhar, nas quais ainda continuo me sustentando.

Analista: Talvez você tome a mim e à análise como outras duas muletas?

Eduardo: Não, você é o reparador da fratura, da quebra. As estruturas também se reparam e os edifícios se mantêm de pé. Quando uma fratura se solda, gera-se um calo fraturário que é mais denso que o próprio osso.

Pode-se fraturar o osso em outro local, mas não no mesmo. Se eu consigo consolidar minhas fraturas e fazer um bom calo, seguramente ali não vou quebrar de novo.

Da memória do pavor às memórias do rancor e da dor

Da foto de meu avô que vi aos seis anos se fez para mim, até hoje, que tenho já 63, um filme. Agora não me vejo na foto, mas estou no filme. Tive um correlato de situações que se formaram em uma sequência.

A foto deixou de ser foto para ter uma continuidade encadeada no tempo vivido e padecido por mim.

A imagem mais importante que tenho é a das muletas que não me puseram, mas que eu fui buscar. Isso me ajuda a não culpar os demais porque eu as busquei. [Da memória do rancor à memória da dor.]

Quando perdi meu avô, busquei apoiar-me em meu pai e depois busquei minha mulher, que é uma cópia de meu pai com suas enfermidades e seus manejos.

Nesses dias, enquanto estava em minha casa enfermo, me recluí. Não queria estar em contato com ninguém e entendi que é necessário deixar as muletas. Parece que os fatos vividos têm suas consequências. Pelo menos não morri sem entender meus traumas e minha problemática. Necessito estar relaxado e não exigido.

Esses dias queria estar sozinho, e não sei se nessa introspecção você se vê a si mesmo, mas eu me vejo com muitas perguntas.

Eu sou para mim mesmo uma grande incógnita. Eu não sinto reprovações contra mim, mas intrigas. [Da memória do rancor à memória da dor.] Quero acertar as contas comigo mesmo, com minha própria autoestima, com minha própria independência, com meu próprio tempo para viver com o que eu quero viver. Quero ter a autonomia, a liberdade de agir. Essa busca, esse tempo, essa liberdade de movimento, de pensamento.

Creio que até há pouco vivi preso e sem saída em uma situação gerada por estar com duas muletas, e eu acreditava que isso era caminhar.

Eu me movia com essas muletas, mas não caminhava.

Sinto essa sensação de liberdade, mais além das situações que me sucedam. [Da memória do pavor e do rancor à memória da dor.]

Sinto que vou morrer com minhas próprias pernas.

Com o tempo que eu quiser, e não vou estar preso no ritmo das muletas. (Pausa, distende-se no divã.)

Fiquei pensando em minha filha, que ela tinha também angústias similares às de meu pai e minha mulher.

Parece-me que funcionei todos esses anos para mitigar angústias alheias.

Bah! Eu acreditei que mitigava angústias.

Vivi pesaroso e em estado de alerta para saber por onde vai saltar a tragédia.

É evidente que há uma forte ruptura de laços muito fortes. Não sei se é ruptura ou se é ver as relações de outra forma, e me gera certa distensão. Um estado de frouxidão, apesar das fortes tensões pessoais que vivo em minhas empresas.

Não me sinto tenso nem ansioso, mas me sinto reflexivo acerca das coisas que me rodeiam.

(Eu lhe interrogo se ele se apoiou nas muletas ou se, na realidade, foram as muletas que se apoiaram nele.)

Eduardo: Minha personalidade quebrada não soube distinguir, não tive então a suficiente força para tomar decisões mais serenas, mais nítidas.

Creio que o pavor das perdas sempre jogou contra mim.

Naquela época, as muletas pressionavam tanto para cima que me deixavam esperneando no ar e não me permitiam caminhar. Não uma muleta, mas ambas. E, bem, assim estou reordenando as coisas em minha mente. Eu admito que tenho uma incapacidade de envolver-me afetivamente, de querer. [Da memória do pavor à memória da dor.]

Creio que, a partir de meu trauma, se fez em mim uma fratura, e ali começou minha armadilha.

No único lugar onde me envolvi e me envolvo, foi e é com meus filhos e neto. Nunca com as mulheres. Nem com minha esposa, nem tampouco com outras mulheres me comprometi cem por cento. Minha mulher é uma mulher desequilibrada, agressiva, espanta a gente. Isso eu nunca quis ver.

Neguei certas realidades, ou porque era mais fácil ou porque tinha pavor de outra fratura. O medo dessa foto, de voltar a me fraturar, me impediu de ver certas coisas. [A memória do pavor.]

Fui vitimário com meus filhos por omissão e não por ação. No fato de não ver os traumas que viveram meus filhos pela violência da parte de minha esposa contra eles. Mas, bem, é o filme. É a fratura que não me deixou ver. E agora que vejo, o que vou fazer com o filme? Quero ser mais feliz.

Agora que eu vejo, vamos ver se consigo rir um pouco.
A tragédia tem também sua parte cômica.

O trabalho de colocar em relato os acontecimentos sucedidos no "filme" realizado por Eduardo remete-nos à importância que tem, durante o processo analítico, o trabalho de historização, ou seja, a recomposição do quadro do passado dos anos esquecidos. A esse propósito, assinala Roussillon (2006):

> *A historização, como meio para apropriar-se da representação psíquica, como capacidade para representar que a pessoa re-presenta, segue sendo a via régia, a via primeira da capacidade para apreender a natureza representativa do que se atualiza no presente do sujeito. Ela é quem abre o caminho ao processo transformacional essencial, em proveito do trabalho de simbolização e apropriação subjetiva do mundo interno (p. 203).*

Trauma encobridor e historização

A psicanálise concede grande importância à recordação encobridora, porque condensa grande número de elementos reais ou fantasiados na vida do sujeito. Com efeito, dizem Laplanche e Pontalis (1968) que:

> *para Freud (1899) as recordações encobridoras contêm não apenas alguns elementos essenciais da vida infantil, mas verdadeiramente todo o essencial. Somente é necessário saber elucidá-los mediante a análise. Representam os anos esquecidos da infância, do mesmo modo que o conteúdo manifesto dos sonhos representa os pensamentos (pp. 354-355).*

Parafraseando Freud, proponho então o conceito de "trauma encobridor" para fazer referência a um mecanismo que costuma ser utilizado, inconscientemente, pelo sujeito como uma tela para ocultar, e a uma só vez revelar, situações traumáticas precoces e recobrir traumatismos ulteriores.

Com efeito, a seleção mnêmica de um acontecimento traumático que se repete durante o processo analítico de um modo incoercível tem uma grande significatividade histórica, e sua viscosa aderência à memória do pavor costuma condensar uma pletora de situações traumáticas diversas: traumas puros (Baranger et al., 1987), traumas puntiformes, traumatismos cumulativos (Masud Khan) e traumas precoces que não costumam aparecer como recordações, porque ocorreram em uma época em que não havia no aparelho psíquico a capacidade de representação e de linguagem. As marcas desses traumas precoces costumam re-presentificar-se na situação transferencial através da repetição em ato.

Fenomenologicamente, os traumas encobridores manifestam-se ao longo dos processos analíticos com uma insistência excepcional e se apresentam ademais cindidos do domínio voluntário do sujeito.

À medida que avançava a análise de Eduardo, descobriu-se que a repetição da cena traumática vivida com o avô condensava os efeitos provenientes de traumas diversos e operava defensivamente como trauma encobridor para ocultar acontecimentos que haviam sido ainda mais desorganizantes para sua estrutura psíquica. Na sessão que transcreverei adiante, veio à luz o trauma narcisista (Freud, 1940b) sofrido, que teria afetado o processo de narcisização e cujo desenlace se havia tornado visível por meio do mecanismo defensivo de identificação com os objetos envolvidos na situação traumática.

Assim, ao se identificar com o objeto-mãe de seus traumas precoces, Eduardo gerava relações sadomasoquistas, convertendo-se no agente traumatógeno. Desse modo, e como fizera sua mãe com ele, não registrava a alteridade, antepunha suas necessidades às do outro e maltratava as mulheres de um modo compulsivo.

Por outro lado, e à semelhança do que seu avô fizera com ele, "cerrava a porta" para essas mulheres, obrigando-as a sofrer de modo repentino sensações de desamparo (*Hilflosigkeit*) e de inundação (*overwhelming*) traumáticas.

Da mesma forma, esse trauma encobridor sofrido na infância recobria seus conflitos de identidade não resolvidos, que se manifestavam, especialmente, nas relações sexuais atormentadas que mantinha com as mulheres.

Segundo Chasseguet-Smirgel (1987), os traumas narcisistas:

> *aparecem em uma idade precoce, sucumbem à amnésia infantil e se relacionam com impressões de natureza sexual e agressiva e, sem dúvida, também com feridas precoces do eu, geradoras de mortificações narcisistas. Provêm de um fracasso geral da mãe para se opor ao desamparo infantil mediante a catexia narcisista e objetal do recém-nascido e a possibilidade de relacionar seu aparelho psíquico com o da criança. Além de criar uma grande susceptibilidade a traumas posteriores de todo tipo, é provável que essas condições, entre outras coisas, perturbem em alto grau a relação entre a agressão e a sexualidade, por um lado, e com o narcisismo, por outro, de modo que a sexualidade se converta no meio fundamental pelo qual se preserve o autorrespeito em uma vitória triunfal plena de ódio ao objeto primário (p. 779).*

Eduardo mantinha relações hipersexualizadas com certas mulheres, diante das quais conseguia obter um inflamado triunfo sexual

214 RESSENTIMENTO, TRAUMA E CISÃO

que, podemos pensar, substituía a falta de confirmação narcisista por parte de sua mãe.

Por meio de suas "maratonas sexuais", descarregava a tensão originada nessa ferida narcisista ampla e profunda e a transformava em excitação sexual, evitando com isso a elaboração psíquica dessa tensão que, por haver permanecido ligada à sensação de afronta precoce na relação com sua mãe, teria dado origem a efeitos intoleráveis.

Comprovamos, assim, que o trauma encobridor é uma tentativa falha de assimilação e superação de situações traumáticas, porque a temporalidade permanece congelada, gerando uma historização falsa. Esta, por sua vez, origina uma temporalidade circular oposta à:

> *historização analítica, que opera em um movimento retroativo, tende a substituir essa história falsa por uma história mais verdadeira, ao mesmo tempo que tende a reabrir a temporalidade com suas dimensões de futuro, presente e passado interagindo dialeticamente. O trauma é inseparável do processo de historização (Baranger et al., 1987, p. 769).*

A historização localiza os acontecimentos traumáticos em uma perspectiva temporal diacrônica e possibilita inserir a sucessão dos acontecimentos isolados em um calendário histórico. Por meio da historização, reestruturam-se no sujeito elementos parciais e enigmáticos de certos traumas desconectados entre si que, em dado momento, como costuma acontecer em um *insight*, cristalizam-se subitamente e, ao reordenar-se em uma inédita estrutura, engendram um sentido novo para reabrir a temporalidade.

Na psicanálise atual, há uma tendência cada vez maior de retroceder as situações traumáticas a suas origens, para outorgar assim um significado às cisões orquestradas pelo sujeito como efeito das situações traumáticas mais precoces.

Eduardo havia permanecido tenazmente fixado a um trauma precoce sofrido na relação com sua mãe: a influência inibitória dessa intensa relação pré-edípica, não superada e subtraída a seu próprio conhecimento, comandava inconscientemente sua escolha infantil primária de objeto. Sua vida amorosa permanecia cindida entre sua mulher e as outras mulheres com quem saía.

Com efeito, Eduardo não podia conjugar as duas correntes da ternura e da sensualidade nem estender uma ponte entre ambas as correntes, apesar de seus empenhos. O desenlace de sua fixação traumática à mãe tornou-se, finalmente, uma identificação com ela, posicionando o outro no lugar de um pai hipocondríaco e agorafóbico que devia resgatar; nessa situação triangular, predominava nele a forma do Édipo negativo, que contrastava com o descrito por Freud em "Um tipo especial de escolha de objeto feita pelos homens" (1910), em que prevalece a forma positiva do Édipo sobre a negativa.

Traumas e destinos dos traumas

O trauma tem destinos diversos. Um deles costuma ser a identificação do sujeito traumatizado com os objetos envolvidos e perdidos na situação traumática. "E o eu se altera parcialmente segundo o modelo da relação objetal perdida" (Freud, 1921, p. 107). Essa relação objetal inconsciente não se acha necessariamente comandada pela sombra de um só objeto perdido, mas por uma complexa relação entre diversos objetos, e costuma instalar-se sobre a base de um modelo entre "uma pessoa de maior poder e uma impotente, desamparada, cujo acaso nos remete à hipnose por terror nos animais" (p. 109). O vínculo hipnótico é, nas palavras de Freud,

216 RESSENTIMENTO, TRAUMA E CISÃO

"uma formação de massa de dois . . . de complexa composição em que se isola um elemento: o comportamento do indivíduo da massa diante do condutor" (p. 108).

O processo identificatório desencadeado pelos efeitos dos traumas apresenta, na dinâmica de sua estruturação e permanência, diferentes momentos defensivos nas dimensões intrapsíquica e intersubjetiva.

Na primeira, o sujeito traumatizado costuma identificar-se com o agressor e/ou com o agredido ou oscilar entre ambas as posições, depositando massivamente – mediante transferência – uma dessas posições identificatórias em um outro dentro da dinâmica intersubjetiva. Não obstante, é necessário analisar como opera a resposta singular desse outro na trama intersubjetiva, ou seja, se assume ou não o cindido e projetado sobre ele. Por fim, nesse vínculo de domínio, tanto o dominador quanto o dominado participam na configuração e na cristalização de certas situações perversas.

Com efeito, em certos casos, o sujeito, com o fim de defender-se dos efeitos desorganizantes dos traumas, pode localizar-se no lugar do agressor, ao passo que o outro é identificado, transformado e posicionado como um objeto agredido e humilhado, sobre o qual recaem de forma intrusiva os padecimentos e as humilhações que o sujeito traumatizado teve de suportar passivamente.

Em outros casos, por outro lado, apresenta-se a situação inversa: o sujeito traumatizado e fixado no lugar do objeto sofredor cinde, projeta e deposita no outro o papel de vitimário, que promove recorrentes efeitos traumáticos que terminam recaindo sobre o primeiro.

Esta última situação costuma se presentificar de um modo eloquente em certas relações de casal e parento-filiais, nas quais pais masoquistas "fabricam" filhos vitimários, que maltratam, rapaces, cruéis e sádicos, para satisfazer assim a própria fantasia de "Bate-se em um filho-pai" moral e erógenamente.

Também no "tempo das gerações", nos dizeres de Baranes (1991, p. 121), costuma transmitir-se a repetição em ato da ominosa memória do pavor, marcada pela disjunção entre vítimas e vitimários em cadeia, dentro da dinâmica do campo intersubjetivo, mediante esses complexos processos identificatórios gerados por situações traumáticas cindidas.

Essa relação identificatória de domínio amo/escravo recria-se, forçosamente, na situação analítica e, em consequência, configura--se um campo perverso entre o analista e o analisado. O analista pode, então, assumir de modo inconsciente tanto o papel da vítima quanto o do vitimário, de acordo com as características da transferência e da contratransferência que nesse momento caracterizem o processo analítico.

Recordo que, em uma ocasião, Eduardo havia sofrido uma virose pulmonar prolongada, e eu havia lhe telefonado várias vezes para saber de seu estado. O paciente, não obstante, não respondeu a nenhuma de minhas chamadas e, em consequência, estive preocupado e pendente de sua resposta durante todo aquele final de semana. Ao mesmo tempo, encontrava-me imerso em reações contratransferenciais de angústia de abandono, similares às que pôde ter sentido o paciente em sua infância, pelas desconsiderações sofridas nas mãos de seus pais e avô. Via que aquela situação de maltrato se reeditava comigo de um modo eloquente.

Após essa interpretação, surgiu uma recordação infantil: Eduardo se recordou de que, sendo criança, costumava trepar em árvores para que sua mãe, desesperada, o buscasse. Compreendi então que essa situação infantil de uma cruel relação filho-mãe se reeditava na relação que Eduardo mantinha com sua mulher e com suas amantes, sem que se desse conta dela por estar fora de seu domínio consciente.

218 RESSENTIMENTO, TRAUMA E CISÃO

Ao mesmo tempo, seu passado traumático se representava em ato comigo na situação analítica, ficando eu identificado com o objeto agredido e Eduardo com o agente agressor rancoroso, que repetia na atualidade suas desforras retaliativas pelas ofensas injustamente padecidas no passado.

Entretanto, vale a pena esclarecer que, ainda que Eduardo maltratasse com frequência as mulheres com quem saía, prevalecia nele uma fixação masoquista ao estilo das descritas em "Bate-se numa criança" (Freud, 1919b), nas quais se identificava fundamentalmente com a vítima e, ao mesmo tempo, com o que redime e socorre o próximo. Essa articulação entre narcisismo e masoquismo operava como uma armadilha narcisista por meio da qual satisfazia um gozo masoquista-narcisista, configurando uma identificação redentora.

> *Que homem teria sido sem esse trauma com meu avô? Somente agora me dou conta de que eu atuei com base em um trauma e não a partir de uma escolha verdadeira. Esse trauma bloqueou minha conectividade com os afetos e me tirou seguranças na vida. Ele produziu ou ocasionou em mim uma impossibilidade: não poder conectar-me de forma saudável com os afetos em relação às mulheres. (Pausa.)*
> *Quiçá meus medos têm a ver com um medo transmitido pela minha mãe, que meu pai não a deixe como havia feito antes meu avô.*
> *Creio que há muito de mimetismo com situações familiares em mim.*
> *Hoje me fizeram uma tomografia de tórax para ver com nitidez qual é meu problema pulmonar. Via-se com tanta claridade meu corpo.*
> *E aqui procuro ver-me com nitidez.*

Procuro fazer uma tomografia de meus sentimentos, e o que vejo com nitidez é que as relações com minha mulher e com outras mulheres me submetem, e tenho de acalmá-las para que não me deixem. Essa situação que não chego a resolver me consome muita energia e me tira energia de onde teria de pôr mais: no trabalho, em minhas coisas pessoais, em minha capacidade criativa.
Agora estou enfocando o aqui e agora. Estou falando menos do passado, estou tratando de ter uma melhor imagem de minhas emoções e de minhas contradições. Quero encontrar minha verdadeira essência e ser justo comigo: com meus sentimentos e minha verdade, ainda que seja nestes últimos anos de minha vida.
Quero encontrar uma certa paz que nunca tive e agir para dentro, para mim.
Sempre tive um olhar muito socorrista para os de fora. Nestes dias me pus a pensar, a quantificar, quanto dei aos demais e quanto a mim mesmo? (Silêncio breve. Continua associando com um tom de voz mais reflexivo.)
Estou em busca do prazer, em busca do que me faça bem. Creio que é uma matéria que tenho pendente comigo. Não tenho direito a não encontrar a alegria na vida. Creio que nestes anos o trabalho será encontrar a alegria de viver. Às vezes, não depende inteiramente da gente. A pessoa depende de um montão de relações externas que lhe rodeiam.
Mas, ao menos, tenho a predisposição interna de querer estar bem. É um passo que não via com tanta clareza faz muito, muito tempo; ou talvez nunca tenha visto, porque acreditava que a vida era uma peleja, uma luta constante.

Através da fantasia do socorrista, Eduardo mantinha a crença psíquica de resgatar todos os integrantes de sua família e satisfazia, em "sua tomografia dos sentimentos", toda uma série de afetos: "ternos, de agradecimento, concupiscentes, desafiantes, de autonomia" (Freud, 1910, p. 166). Essa crença, que tinha sua origem psíquica no complexo nuclear de Édipo e em seu nexo com as dinâmicas narcisista e fraterna, engendrava nele uma hemorragia libidinal sobre os objetos, empobrecendo seu sentimento de si. Assim, Eduardo redimia seu pai, sua mãe e suas irmãs; os objetos que escolhia, por outra parte, levavam a marca do desvalimento e do sofrimento padecidos pelos integrantes de sua família de origem, ainda que predominasse nele a identificação masoquista e, ao mesmo tempo, narcisista com sua mãe, que assistia estoicamente a um marido hipocondríaco e agorafóbico que tinha de resgatar, como já vimos.

Essa identificação redentora nos recorda Eneias levando sobre suas espadas seu pai, Anquise, para salvá-lo do incêndio e da matança da cidade de Troia. Na realidade, tal identificação tinha tomado em Eduardo o comando de sua vida amorosa real e se convertido em uma condição necessária para a eleição de seus objetos de amor, que costumavam, nos dizeres de Freud, "substituir-se uns aos outros tão amiúde que chegavam à formação de uma longa série" (Freud, 1910, p. 161).

Estimo que a orquestração da interpretação, a construção e a historização desse tipo de identificações engendradas a partir de situações traumáticas e seu reordenamento progressivo e lento, uma vez que se ressignificam no processo analítico, abrem no sujeito uma possibilidade esperançosa de mudança, para que os traumas não permaneçam para sempre aquartelados e cindidos como um "Estado inacessível dentro de um outro Estado" (Freud, 1940b, p. 275) nem protegidos por trás das resistências inabordáveis de um "muro narcisista" (Freud, 1916c, p. 385).

Ressignificação das cisões no campo analítico

A orquestração do conceito de *a posteriori*, da ressignificação retroativa (*Nachträglichkeit*), possibilita efetuar fecundas considerações teóricas e técnicas na clínica das cisões dos traumas.

A ressignificação ativa uma memória particular, aquela relacionada com as cenas traumáticas da história críptica: história reprimida e cindida do sujeito que, ao mesmo tempo, se enlaça com as histórias inconscientes e ocultas, reprimidas e cindidas, de seus progenitores e irmãos. São histórias e memórias entrecruzadas que, como víamos, participaram na gênese e na manutenção de certos processos identificatórios. A memória da ressignificação, como sítio do presente, pletórica de ferramentas ainda utilizáveis para efetuar mudanças psíquicas, diferencia-se de outras memórias: daquela destinada a operar como mero sítio de homenagem e daquela empregada para evocar uma utopia realizada e perdida, paraíso que nos imobiliza na veneração e nostalgia.

A memória da ressignificação em um determinado momento abre as portas do esquecimento, dando saída a um caótico conjunto de cenas traumáticas largamente suprimidas e, por fim, não significadas na vida do sujeito ou, inclusive, também na das gerações que o precederam.

A ressignificação do traumático acontece durante todas as etapas da vida – porque o trauma tem sua memória e a conserva –, mas estoura fundamentalmente durante a adolescência e a menopausa: etapas culminantes, caracterizadas pela presença de caos e crises inevitáveis. Porque nessas fases da vida se precipita a ressignificação do não significado e traumático de etapas anteriores à remoção das identificações, para poder chegar ao reordenamento identificatório e à confirmação interminável da identidade (Kancyper, 1985).

A ressignificação não é a descoberta diferida de um evento que se esqueceu, mas uma tentativa, por meio de interpretação, construção e historização, de extrair uma compreensão nova do significado desse evento enigmático e ocultado. Como propõem Baranger et al. (1987), a ressignificação (*Nachträglichkeit*):

> é a tentativa de construir o trauma como tal dentro de uma historização nova, ou seja, torná-lo compreensível. Nos dois tempos do trauma, o primeiro tempo permanece latente até que o segundo tempo o ligue e o faça aparecer como trauma.
>
> O primeiro tempo do trauma recebe seu valor etiológico a partir do segundo, de sua reativação por um acontecimento, de preferência trivial, mas datável e nomeável, e pela historização analítica que vincula ambos os tempos. O primeiro tempo do trauma permanece mudo até que "nachträglich" se lhe permita falar e constituir-se como trauma (p. 770).

Com efeito, a ressignificação retroativa, o *nachträglich*, no dizer de Künstlicher (1995):

> transcende a polaridade entre a realidade histórica e a realidade psíquica. É o momento em que o traumático e o não significado do passado se liga com a ajuda das sensações, afetos, imagens e palavras do presente; desse modo, o cindido se integra à realidade psíquica e pode, portanto, submeter-se então à repressão e ao esquecimento (p. 693).

É o momento em que o passado misterioso, repetitivo e incompreensível torna-se subitamente uma realidade mais clara e audível e, ao ser integrado e reordenado na realidade psíquica, permite ao sujeito reescrever sua própria história e reconhecer sua identidade.

Quero sublinhar que o importante em nosso trabalho clínico não é restituir o passado nem buscá-lo para revivê-lo, mas para reescrevê-lo em uma estrutura diferente.

Trata-se menos de recordar que de reescrever, já que o revivido é fundamental, mas não suficiente. É um ponto de partida, mas não o ponto de chegada, que é a reestruturação. O sujeito se define segundo o modo como ressignifica, segundo o modo como reestrutura sua biografia para transformá-la em sua própria história.

5. Ressentimento terminável e interminável em *O último encontro*, de Sándor Márai

A escritura que dá vida ao universo de Márai (1900-1989) é contida, precisa, refinada, mas sem transbordos; seus narradores se sabem sobreviventes, um tanto miseráveis ou covardes, e não o escondem. Já estão de volta. Sabem que dialogam com sonhos ou fantasmas, que habitam uma pátria feita de linguagem e memória, e é claro que ali somente há de surgir a palavra urgente, verdadeira, necessária, imperiosa.

Seus temas são a amizade, o amor, a traição, o segredo, o engano, a ofensa, o perdão, a verdade, a compaixão e a paixão pela vingança.

Há livros que se fazem escutar ao longo da história. *O último encontro*, de Sándor Márai, é um deles. Sobretudo porque está composto de paixões que propagam, enfrentam e conjugam seus efeitos em uma trama cuja tensão aumenta, linha após linha, até que se torna quase insuportável; mas a prosa continua, implacável, precisa, fiel reflexo do empenho dos protagonistas por revolver até o mais recôndito de suas almas, ali onde se encontram brilhos epifânicos dessas verdades, cuja descoberta provoca, ao mesmo tempo, uma inevitável dor e um irrefreável impulso vital.

Em *O último encontro*, manifestam-se a confluência e a contenda entre diversas paixões em disputa, das quais destacarei somente três:

a. A paixão do ressentimento e do remorso que clama por vinganças.

b. A paixão promovida pela irrefreável busca da verdade.

c. A paixão da compaixão que parece solidariedade, engendrada em amizade gemelar.

As duas últimas paixões coadunam suas forças, prevalecem e obtêm, finalmente, um triunfo sobre a acerada memória de um rancor que se manteve incólume durante 41 anos e 43 dias.

Dois homens adultos, de 75 anos, que quando jovens haviam sido amigos inseparáveis, convidam-se para jantar. Um, Konrád, passou muito tempo no extremo oriente; o outro, Henrik, o general, permaneceu em sua propriedade. Mas, ambos viveram à espera desse momento, pois entre eles se interpõem as memórias do pavor, do rancor e da dor, com uma força singular. Tudo converge para um duelo sem armas, ainda que talvez muito mais cruel: um duelo de palavras sinceras e profundas, carregadas da emotividade transparente da velhice, quando tudo já se pode dizer, e cujo ponto em comum é a recordação indelével de uma mulher, Krisztina, um personagem misterioso de que apenas se dá notícia, mas que finalmente se descobre como a esposa do general.

Com grande morosidade, adivinham-se uma infidelidade e uma traição na amizade, e mais adiante se descobre que a paixão pela verdade é, na realidade, o motivo que levou Konrád a fugir, abandonando a amizade. A vingança se perfila como uma espécie de processo judicial, em que Konrád aparece como o acusado nas dobras da memória incandescente do rancor do general Henrik.

A memória do rancor

Em um estilo límpido e dolorosamente lúcido, Márai (2001) descreve a memória do rancor nestes parágrafos:

> a. *Alguém passa toda a vida se preparando para algo. Primeiro se enfada. Depois quer vingança. A seguir espera. Ele leva muito tempo esperando. Já não se lembrava nem sequer do momento em que se enfadou, e o desejo de vingança tinha dado lugar à espera (p. 19).*
>
> ...
>
> b. *E eu fiquei te esperando, porque não pude fazer outra coisa. Os dois sabíamos que nos voltaríamos a ver e que, com isso, se acabaria tudo. Nossa vida se acabaria e tudo o que até agora preencheu nossa vida de conteúdo e tensão. Porque os segredos, como o que se interpõe entre nós, têm uma força peculiar. Queimam os tecidos da vida, como raios maléficos, mas também conferem uma tensão, certo calor à vida: eles te obrigam a seguir vivendo (p. 93).*

Com efeito, Márai retrata como poucos o poder exercido pela memória do rancor e põe às claras como certos sujeitos permanecem obstinados em um interminável ressentimento e remorso, que dão conteúdo e tensão para suportar o transcurso de uma vida. Mas é uma vida habitada por lutos patológicos, que detêm a temporalidade subjetiva e retêm os sujeitos na reclamação, no litígio, na queixa e na reivindicação, que ao mesmo tempo expelem novos rancores.

O sujeito e os povos que não conseguem elaborar e superar a memória do rancor não podem olhar adiante. Ficam com os olhos olhando para trás, "com os olhos na nuca". Sucumbem a seu poder passional, que o tempo às vezes consegue amenizar e, em outras, volta a inflamar-se e gerar irrefreáveis devastações.

Porém, nessa obra, a moção tanática da vingança atiçada pelo rancor resulta ser finalmente derrocada pelo poder vencedor do "Eros eterno, para afiançar-se na luta contra seu inimigo igualmente imortal" (Freud, 1930, p. 140). Com efeito, o poder da amizade como paixão domina e obtém seu triunfo, em *O último encontro*, sobre a crueldade vingativa da memória do rancor. Esta cede seu espaço para dar lugar ao surgimento da nostalgia e da compaixão que comandam outra memória: a da dor. A memória da dor se origina e se sustenta a partir da admissão e da resignação do acontecido. Não se baseia, certamente, na subestimação do passado, nem na amnésia do sucedido, nem na imposição de uma absolvição superficial; mas em sua aceitação com pena, ódio e dor, como imutável e resignável, para efetuar a passagem até outros objetos, o que possibilita processar um trabalho de elaboração de um luto normal. A memória da dor, diferentemente das memórias do rancor e do pavor, aponta a uma nova relação com o passado irreversível, para possibilitar um novo começo.

O controle onipotente do objeto na memória do rancor

Henrik, o general, sentia-se ferido e maltratado. Devido ao seu sentimento crônico de ofensa, era capaz de sentir que estava justificado tudo o que fazia e que em tudo tinha razão. Konrád, que, além das armas amava a música, também vivia sequestrado no âmbito do rancor. Dizia: "Minha pátria era um sentimento. Esse sentimento ficou ferido. Em momentos assim, é necessário partir" (Márai, 2001, p. 89). Considero que sua partida para o extremo oriente havia sido, na realidade, um exílio autoimposto, uma fuga errante – à semelhança do mítico Caim –, pelo acionamento dos remorsos com Krisztina e com seu amigo íntimo Henrik, que também estava aprisionado na memória do rancor. Henrik desejava reter Konrád e exercer sobre seu amigo um controle onipotente, para satisfazer sua crueldade e continuar projetando sobre ele seu poder retaliativo. "Sentia-se como o caçador que, por fim, divisa sua presa, caída na armadilha que havia evitado até então" (p. 71).

Nos parágrafos seguintes, Márai reflete acerca do valor da esperança interminável que alimenta a memória do rancor e, além disso, põe em destaque como essa particular memória pode chegar a cimentar nos dois amigos a construção da identidade.

> *Os dois sentiam que o tempo de espera das últimas décadas lhes havia dado forças para viver. Como quando alguém repete o mesmo exercício durante toda a vida, Konrád sabia que tinha de regressar, e o general sabia que aquele momento chegaria algum dia. Isso lhes havia mantido com vida (p. 70).*

Henrik incrimina Konrád:

> *– Mesmo que já não tenha nada a ver com tudo isto – diz com orgulho –, tu estavas por aí, pelo mundo, e Krisztina morreu. E eu vivia na solidão, no ressentimento, e Krisztina morreu (p. 169).*
>
> . . . .
>
> *Para que fiquei te suportando estes quarenta e um anos? Para que fiquei te esperando? Porque não fiquei*

te esperando como o irmão espera o irmão infiel, como o amigo espera o amigo fugitivo, não; fiquei te esperando como o juiz e como a vítima, reunidos em uma só pessoa, esperam o acusado (p. 177).

Essa dança macabra do ressentimento e do remorso representa o jogo de domínio amo/escravo entre os dois amigos. O monólogo compacto do general nos permite entrever, ainda que seja por uma fresta pequena, o mundo da memória do rancor. Revela-nos os recônditos e desconhecidos âmbitos em que habitam os desenfreamentos da crueldade.

Steiner (1997) assinala que o sujeito rancoroso tem de ser enfrentado com a necessidade de renunciar ao controle do objeto. Enquanto permanece instalado em seu rancor, sente que possui e controla o objeto, de maneira que permanece estancado na primeira fase da posição depressiva de M. Klein, em que ainda se negam as perdas. Essa fase tem de ser superada para que se possa elaborar essa posição e tolerar que o objeto tenha uma vida independente.

Klein (1935) descreveu essa situação dizendo que é fundamental para poder compreender "a perda do objeto amado" (p. 265), ou seja, a situação em que o eu se identifica plenamente com seus objetos bons internalizados e, ao mesmo tempo, toma consciência de sua própria incapacidade para protegê-los dos objetos persecutórios também internalizados e do isso. Alguns analisantes são capazes de abandonar o controle onipotente que creem exercer sobre seus objetos, aos quais permitem ser livres, e assim confrontar-se com o fato de que, na realidade psíquica, isso significa também permitir-lhes morrer. Outros, ao contrário, sentem pânico diante disso e voltam à proteção do refúgio.

Winnicott (1967, 1972) estuda esse problema, diferenciando entre o que ele chama *relacionar-se* com um objeto e o que denomina *fazer uso* dele. Ao "relacionar-se com o objeto", o analisante o possui e o controla onipotentemente, mediante o que Klein chamou *identificação projetiva*. Segundo Winnicott, para poder abandonar esse controle e permitir ao objeto ficar "colocado fora da área dos fenômenos subjetivos", o objeto deve ser destruído pelo sujeito. Somente assim, quando o objeto externo volta, havendo sobrevivido aos ataques anteriores, torna-se possível estabelecer um novo tipo de relação: "o uso do objeto". Ou seja, uma relação em que o objeto é real e reconhecido como estando fora do controle onipotente do paciente (Winnicott, 1972, p. 90).

Também o sujeito ressentido e remordido tem de depor a crença onipotente de que o destino do objeto está inteiramente em suas mãos, à medida que vai apreciando a realidade de sua independência. Deve, então, confrontar-se com a culpa por seu afã de vingança, que deve estar em proporção com o que se perdeu. Também é necessário que o analisante, após reconhecer a perda, faça o luto por ela, o qual implica também perder o sentimento de onipotência.

Em certos casos:

> *o rancor e, com ele, a esperança de redenção, convertem--se em defesas contra a realidade atual, especialmente contra toda experiência de perda com o resultado de se interferir na possibilidade de continuar o desenvolvimento de sua personalidade e da capacidade de realizar lutos (Potamianou, 1992, p. 27).*

Em *O último encontro*, cada um dos amigos permanece aquartelado, mas não apenas no refúgio psíquico da memória do rancor: entre ambos se mantém, ademais, incólume a paixão de uma amizade gemelar que também permanece incandescente ao longo de quatro décadas. Essa obra revela o contraponto comovente entre duas paixões que batalham e oscilam no mundo interno de cada um dos amigos, flutuando entre o fratricídio e a confraternidade.

Parrésia

Michel Foucault rastreou na literatura e na filosofia greco--romanas uma função, a "parrésia", e uma posição do sujeito, a "parresiasta", caracterizadas por "uma relação específica com a verdade por meio da franqueza", cujo efeito é a crítica e a autocrítica, e cujo custo é o risco individual. Esse termo é tomado do grego e significa literalmente "dizer tudo"; por extensão, "falar livremente", "falar atrevidamente com franqueza", sem medir o perigo. A parrésia é a forma de expressão franca, um meio que o subordinado tem de exercer o poder e pôr um limite ao poder do soberano. Sem parrésia, não há participação na conformação do saber/poder e, portanto, fica-se relegado a uma posição parecida à do escravo.

Foucault (2004) resume o conceito de parrésia da seguinte maneira:

> *De maneira mais precisa, a parrésia é uma atividade verbal, na qual um falante expressa sua relação pessoal com a verdade e corre perigo, porque reconhece que dizer a verdade é um dever para melhorar ou ajudar outras pessoas (tanto quanto a si mesmo). Na parrésia, o falante usa sua liberdade e elege a franqueza em vez da persuasão, a verdade em vez da falsidade ou do silêncio, o risco de morte em vez da vida e da segurança, a crítica em vez da bajulação e o dever moral em vez do interesse próprio e da apatia moral (pp. 288-289).*

Henrik, em geral, viveu apanhado entre a busca da satisfação absoluta da vingança e a busca da renúncia a posicionar-se no jogo de domínio do amo e do super-homem rapace, com direitos de pressionar Konrád, a quem localiza – no manifesto – na posição do parresiasta, mas proibindo-lhe, na realidade, de pôr em ato a função da "parrésia", pois: "Quiçá para ti seria um alívio contar o que se possa contar. Não quero que sintas alívio – diz com calma" (p. 165).

Com efeito, o general posicionou seu amigo no lugar de uma vítima ouvinte, que devia suportar passivamente seu extenso e minucioso discurso, abarrotado de crueldade, e não lhe permite o lugar de um parresiasta.

A complexa noção grega de "parrésia" parece quase impossível de levar a cabo nesse caso. Porque, mesmo quando os dois homens se animaram a dizer tudo o que pensam um do outro, ou se mostraram abertos a suportar qualquer tipo de confissão, sempre haveria um resto que não pode reduzir-se a um relato.

Na realidade, Henrik não podia, definitivamente, reconhecer seu amigo como um outro não escópico. Não admitia o outro em sua diferença como radicalmente outro e, por fim, paralisava o ineludível ato da confrontação. O general inibia o "jogo parresiástico" na dinâmica do campo intersubjetivo, que pressupõe que o parresiasta é alguém que tem as qualidades morais que se requerem, primeiro, para conhecer a verdade e, segundo, para comunicar tal verdade aos outros. Com efeito, Henrik sufoca na penumbra da incerteza as respostas disfarçadas de Konrád por suas ofensas, que lhe redundam imperdoáveis; e, por sua vez, permanece insatisfeito e ressentido pela ausência de prova de sinceridade e de verdade. Como consequência, ambos permanecem sequestrados no campo da ambiguidade, atiçando, diante da luz das brasas, a acerada memória do rancor.

Faz-se necessário destacar que Konrád jamais se anima a frear os arrebates da crueldade por ausência de compaixão, no monólogo

234 RESSENTIMENTO TERMINÁVEL E INTERMINÁVEL EM *O ÚLTIMO ENCONTRO*...

de Henrik. Cala, suporta, aguenta em silêncio, como um mero *ouvinte*, as incriminações do general. Talvez Konrád, como receptor da discursividade alheia, satisfaça sua própria necessidade de expiar um sentimento de culpabilidade e uma necessidade de castigo pela força dos remorsos gerados nele a partir das infidelidades e das traições infligidas a Krisztina e a Henrik, infidelidades que o teriam atormentado ao longo de quatro décadas no extremo oriente.

Se os segredos que se interpunham entre os dois amigos podem ser desvelados (desvelados por ambos, ao ler o diário íntimo de Krisztina), Henrik decide por conta própria jogar o diário às brasas.

O incriminado Konrád tampouco se submete a sua coação: distanciou-se do pequeno castelo de caça sem dar resposta ao insidioso e intrigante interrogatório do general, centrado basicamente em torno de duas interrogações que o espreitavam sem trégua.

A primeira, se ele desejou matá-lo no bosque, em conivência com Krisztina. A segunda interrogação se refere a saber se ambos permaneceram unidos ao longo de todos esses anos pela intensidade da paixão na busca da verdade que os reuniu. Paixão complexa e composta, em que se confluíam o amor da amizade gemelar e o amor erótico de ambos com Krisztina.

Konrád se despede de seu amigo levando seu segredo inconfessável em relação à primeira pergunta. E somente respondeu afirmativamente à segunda, admitindo que essa paixão foi a que os manteve unidos. Em seguida, parte para Londres.

Ressoam a mim neste instante as palavras de Cesare Pavese (1976), pertencentes a seu livro *Diálogos com Leucó*: "Todo homem mortal só tem isto de imortal: a recordação que deixa e a recordação que leva" (p. 164).

Esse romance nos revela que cada sujeito é o legítimo possuidor de seu próprio mistério; e que ninguém pode exercer sobre o outro um controle onipotente e chegar a ter um poder absoluto sobre os segredos de sua vida.

Por outro lado, Henrik, o general, não pode, definitivamente, reconhecer o outro como limite irredutível a seu desígnio dominador e permanece sequestrado pelo poder da encenação imaginária desiderativa da amizade gemelar e na inamovível esperança da memória do rancor – após 41 anos e 43 dias –, "pedindo peras ao olmo".

Com efeito, o ressentimento interminável acaba sendo uma condenação inútil e atormentadora, já que se sustenta a partir de uma obcecada e vã esperança, que gera e magnifica a carga da memória do rancor. O sujeito rancoroso desconhece "a arte de esquecer" (Shakespeare), "o esquecimento que purifica" (Borges). É um ser ruminante que não termina nunca de digerir as ofensas e as injustiças e desconhece também outra arte: a arte de perdoar.

Ressentimento: o perdão e o imperdoável

> *Eu regressei à casa, fui ao meu quarto e ali fiquei esperando Krisztina para matá-la, ou para que me dissesse a verdade e assim perdoá-la... bom, esperava algo. Esperei até à noite, e então fui à casa do bosque, porque ela não chegava... Fui à casa do bosque que tu não conheces, e não voltei a ver Krisztina durante oito anos. Somente voltei a vê-la quando já havia morrido, na manhã em que Niní mandou que me dissessem que já podia regressar à casa, porque ela havia morrido (Márai, 2001, p. 167).*

O general esperava que Krisztina chegasse à casa do bosque para desvelar a verdade. Henrik oscilava entre o desejo de matá-la e a esperança de que se apresentasse diante dele com um espírito de reconciliação, para poder perdoá-la. A negativa de Krisztina quanto a enfrentar seu marido impedia Henrik de afirmar seu poder de soberania, porque o que exerce o poder de perdoar é a vítima. Ela morreu e matou em seu marido a possibilidade remota de uma recuperação de concórdia, da tarefa de reconciliação.

Derrida (2003) afirma que o "te perdoo" é, às vezes, insuportável ou odioso, até obsceno, pela afirmação de soberania da vítima.

> *Ela se dirige amiúde de cima para baixo; confirma sua própria liberdade ou se arroga o poder de perdoar, seja como vítima ou em nome da vítima. Sendo assim, é necessário, além disso, pensar em uma vitimização absoluta, a que priva a vítima da vida, ou do direito à palavra, ou dessa liberdade, dessa força e desse poder que* autorizam, *que permitem alcançar a possibilidade do* "te perdoo". *Aí, o imperdoável consistiria em privar a vítima desse direito à palavra, à própria palavra, da possibilidade de toda manifestação, de todo testemunho (p. 38).*
>
> . . .
>
> *Quando a vítima e o culpado não compartilham nenhuma linguagem, quando nada comum e universal lhes permite se entender, o perdão parece privado de sentido: é o encontro precisamente com o imperdoável absoluto (p. 27).*

Derrida diz que o perdão somente perdoa o imperdoável. Mas, se é imperdoável, é impossível de ser perdoado. Por isso, o perdão somente vale enquanto perdoa o que ninguém perdoaria. Se assim não fosse, não teria o valor forte do perdão: o horizonte necessário e impossível do perdão.

Segundo Ricœur (2000), o perdão tem a ver com a memória, reexaminada pelo projeto do futuro. É uma re-interpretação do que ocorreu, cujo sentido não fica fixo de uma vez e para sempre.

O perdão pode ser considerado exercício crítico da verdade. O perdão designa a figura de uma abertura radical. Porém, surgem as seguintes perguntas: a magnitude do prejuízo de sua mulher e de seu amigo íntimo instalava o general em uma posição refratária, ainda mais irredutível ao perdão? A infidelidade e a traição de Krisztina e Konrád eram imperdoáveis? Qual o limite que designa o campo do imperdoável? Quanto dura o perdão, qual é sua temporalidade existencial? É imprescritível?

Se o perdão se vincula com o tempo, se, portanto, "com o tempo tudo passa", então o gesto daquele que perdoa pareceria ser duplo, ambíguo: o perdão deve esquecer sem esquecer. O perdão sempre deve recordar que perdoou, e aquele que foi perdoado deve manter viva a recordação desse dom. Portanto, esquecimento, mas junto à memória e, de todas as formas, uma memória e um esquecimento diferentes. Mas, onde se funda essa diferença? Esquecimento que não é puro esquecer, memória que já não é somente o relato do passado.

O esquecimento, segundo Ricœur, tem dois níveis de profundidade. Ao primeiro, pertencem o esquecimento profundo (contra a memória como retenção e conservação) e o esquecimento manifesto (contra a memória como rememoração, recordação). O segundo se divide em três tipologias: passivo (compulsão à repetição), semiativo e semipassivo ("não querer saber algo", ambíguo e irresponsável). O esquecimento ativo, por sua vez, é seletivo e responde à necessidade de relatar. O perdão é uma forma de esquecimento ativo dirigido à culpa, cujo objeto não é o passado como tal, mas o sentido do passado.

O perdão inaugura uma ética inovadora contraposta à ética da vingança. Gusmán (2009) assinala que a vingança é presidida por uma lógica de reciprocidade absoluta. Dano por dano, olho por olho. "Mas, na realidade, a vingança busca um equilíbrio impossível. Nunca um dano é igual a outro dano" (p. 17). A Lei do Talião se introduz na problemática sem saída da lógica da proporção.

Nesse mesmo sentido, também o perdão se torna necessário, porque é tomado como aquilo que regula socialmente os injustos desequilíbrios. O perdão rompe a lógica da correspondência e do intercâmbio, para introduzir uma lógica da sobreabundância, do excesso de dom: *per-doar* é dar em abundância, dar demais. Entretanto, para Zamora (2008), é necessário separar a vingança do perdão e da lógica da reciprocidade, para situá-lo na economia do dom, que é um excesso equilibrado e possível (p. 26).

Henrik descreve qual era o limite de seu perdão: o imperdoável. Revela que havia um único segredo intolerável e imperdoável entre os três e que seu desvelamento antes do tempo o expunha a uma ferida lacerante e perigosa, que poderia gerar uma quebra irreversível em sua estrutura psíquica.

Esse segredo esperava uma resposta que finalmente nunca obteve de Konrád: "Responda-me, por favor: Krisztina sabia que tu ias me matar aquela manhã, na caçada?" (Márai, 2001, p. 174).

No parágrafo seguinte, Márai revela o nexo íntimo que se trama entre o segredo, o imperdoável e a ameaça de fratura do sentimento de si, *Selbstgefühl* (Freud, 1914), do sentimento da própria dignidade.

> *Todavia não pude ajudar Krisztina, porque se interpunha um segredo entre os dois, o único segredo que não se pode perdoar, um segredo que não convém desvelar antes do tempo, porque não se sabe o que pode esconder. Há algo pior que a morte, pior que o sofrimento...*

e é quando alguém perde o amor-próprio. Por isso temia esse segredo que era de Krisztina, teu e meu. Há algo que dói, fere e queima de tal maneira que nem sequer a morte pode extinguir: e é quando uma pessoa ou duas ferem esse amor-próprio sem o qual já não podemos viver uma vida digna. Simples vaidade, dirás. Sim, simples vaidade... e, não obstante, essa dignidade é o conteúdo mais profundo da vida humana. Por isso, temia esse segredo. Por isso, somos todos capazes de nos conformar com qualquer coisa, com qualquer ajuste, inclusive com o mais vil e covarde; olhe ao teu redor e encontrarás as mesmas soluções pela metade entre os seres humanos: um anda, afasta-se da pessoa ou das pessoas que ama, atemorizado por um segredo, e o outro fica, cala e espera uma resposta durante uma eternidade... Isso vivi e fui eu que vivi. Não é covardia, não... é uma defesa, a última defesa do instinto humano para sobreviver (Márai, 2001, p. 168).

Enfim, por que perdoar?

O perdão é o ato emocional e cognitivo que tem lugar quando uma pessoa, que foi ofendida ou ferida por outra, experimenta o impulso de fazer represálias contra o ofensor, mas decide renunciar à sua ira e aos sentimentos de vingança. Isto é, resigna a vingança. O termo *re-signar* toma aqui o significado de "dar uma nova significação a algo que ocorreu".

Steiner (1997) relaciona, a partir de um enfoque kleiniano, a capacidade de perdoar e de perdoar-se com o processo da reparação propriamente dita e seus nexos com o surgimento da responsabilidade e do arrependimento. Assinala:

> *Para ter a capacidade de perdoar ou de ser perdoado devemos poder reconhecer a existência tanto dos sentimentos bons como dos sentimentos maus que há dentro de nós. Devem ser suficientemente maus para justificar sentir-se culpado e suficientemente bons para crer que merecemos ser perdoados. Necessitamos sentir que isso é verdade, tanto dentro de nós mesmos como dentro dos objetos. O desejo de vingar-se deve ser reconhecido como tal e devemos aceitar, com isso, a responsabilidade que temos do dano que tenhamos feito a nossos objetos. Tudo isso significa que, para sermos perdoados, temos de aceitar os elementos maus que existem em nossa natureza, mas também que devemos poder sentir que existe em nós uma quantidade suficiente de sentimentos bons que nos permita sentir arrependimento e desejo de fazer uma reparação (p. 150).*

Rey (1986) demonstrou como, em sua experiência clínica, a capacidade para perdoar é de primordial importância; relaciona a possibilidade de perdoar e de perdoar-se, em última instância, com uma mudança na atenuação da severidade punitiva da instância superegoica e das demandas de perfeição geradas pela desmesura do ideal.

> *Ninguém que não tenha sido capaz de perdoar pode esperar sentir-se ele mesmo perdoado. Isso faz com que o desejo de se vingar do objeto se mantenha ativo e, portanto, também se mantém ativo o sentimento de que o objeto também quer vingar-se e de que tampouco perdoou algo. . . . Somente quando o supereu se torna menos cruel e exige menos perfeição, pode o eu estar capacitado*

*para aceitar um objeto interno que não esteja perfeita-
mente reparado e chegar a situações de compromisso
entre o perdoar e o ser perdoado, ter esperança e gratidão (p. 30).*

Henrik e Konrád: uma amizade gemelar

*A amizade é uma alma que habita em dois corpos,
um coração que habita em duas almas.*

Aristóteles

Sándor Márai (1900-1989) – cujo verdadeiro nome era Sándor
Károly Henrik Grosschmid – acreditava, como seu contemporâneo
Jorge Luis Borges (1899-1986), na função libertadora da amizade.
Sua obra é um eloquente argumento a favor da amizade.

Néspolo (2008) assinala:

> *Para Sándor Márai, a amizade é sinônimo de irman-
> dade, é uma façanha, no sentido mais silencioso e
> fatal da palavra, uma façanha desinteressada feita
> de um amor em que não ressoam sabres nem espadas.
> É, com certeza, também uma paixão, mas "uma pai-
> xão purificada pelo coração humano" – diz Henrik na
> solidão de seus bosques –, uma paixão que não dói,
> que não destrói e que, quiçá, seja "a relação mais in-
> tensa da vida". Como todas as demais relações huma-
> nas, tem também seu erotismo, mas* para o erotismo
> da amizade não lhe faz falta o corpo... não lhe é atra-
> tivo, resta inclusive inútil. Não obstante, não deixa de
> ser erotismo *(p. 98). . . .*

242 RESSENTIMENTO TERMINÁVEL E INTERMINÁVEL EM *O ÚLTIMO ENCONTRO*...

Para Márai, como para Tolstói e Proust, a amizade é a relação mais nobre que pode existir entre os seres humanos, é no fundo um serviço e, portanto, é também sinônimo de honra (p. 99).

Segundo Zeltner (2001), biógrafo de Márai, o tema da amizade havia tido um lugar importante na vida e no desenvolvimento de sua obra literária. Algumas experiências e amizades transcendentais o mantiveram unido ao colégio dos Premonstratenses de Košice. Mais tarde, em suas memórias, retorna incessantemente a essa escola. Em um artigo escrito em 1933, diz o seguinte acerca dos professores que teve ali:

Eu lhes sou agradecido por tudo: por ter-me educado e expulso.... Todos os que estávamos sob sua autoridade seguem unidos em uma amistosa relação e se reúnem ano após ano; porventura meus professores me permitam dizer que, mesmo tendo sido expulso, continuo me sentindo aluno seu de coração. Quanta razão tinham, outrora e agora! Pouco a pouco começo a compreendê-lo (p. 71).

As ambições literárias mais precoces desse colegial podem se comprovar também por uma amizade que deixou suas pegadas em Márai, muito mais além de sua época escolar. "Nunca obtive depois de nenhuma pessoa o que recebi graças a essa amizade de infância" (p. 71), recordava Márai falando de sua estreita relação com Dönyi, um ano mais velho que ele, que se chamava Ödön Mihályi (na realidade, Scwartz). Essa amizade que se remontava à infância os uniu na adolescência e se converteu, depois, em uma relação sólida e duradoura. E esses amigos espiritualmente tão afins mantiveram uma correspondência plena de reflexões e se confiaram seus segredos mais íntimos. Dönyi foi quem abriu o coração de seu amigo para Tolstói e Shakespeare, e os deu-lhe para ler. Já escrevia poemas quando o Sanyi (Márai), adolescente, apenas era capaz de elaborar uma redação escolar. Enquanto seus companheiros ainda brincavam de "polícia e ladrão", eles já brincavam de ser "escritores" e de "literatura". Petulantes e cheios de pretensões, consideravam o único meio de expressão válido e proveitoso o que estava fixado "por escrito" e depreciavam tudo o que não era literatura "pura".

Em anos posteriores, Márai, ao se dedicar ao jornalismo – em excesso para o gosto de Dönyi –, abriu uma profunda greta na amizade; porém, quando em 1930 Ödön Mihályi morreu, tendo sido um poeta e um escritor reconhecido e promissor, Márai, que também havia alcançado certo renome literário, escreveu o prólogo do volume de poemas e relatos de seu amigo publicado postumamente (Zeltner, 2001, pp. 30-32).

Para Agamben (2005), a amizade se inscreve em uma categoria particular. Tem um nível ontológico, porque o que está em questão na amizade concerne à mesma experiência, à mesma sensação de ser.

"A sensação de ser" está de fato sempre re-partida e compartilhada, e a amizade nomeia esse compartilhar. O amigo é, por isso, outro si, um duplo especular não consanguíneo nem imposto, que reflete e traz o com-sentimento de se sentir um existir e viver. Mas, então, também pelo amigo se deverá com-sentir que ele existe, e isso advém no conviver e no ter em comum uma reciprocidade de sensações, afetos, valores e reflexões. Nesse sentido, na amizade ambos se elegem e refletem. A origem e a manutenção da amizade requerem um reconhecimento e uma confirmação recíprocos.

A amizade e o amor foram comparados, muitas vezes, como paixões complementares e, em outras, a maioria, como opostas. Octavio Paz sustenta que podemos estar apaixonados por uma pessoa que não nos ame, mas a amizade sem reciprocidade é impossível. Com efeito, no campo dinâmico da amizade, cada participante se interessa pelo mais próprio, pessoal e original do amigo (Vallino, Macciò, 2004).

Aristóteles (2002) dedica um verdadeiro tratado à amizade, que ocupa os livros oitavo e nono da *Ética a Nicômaco*, em que expõe sua tese: a) "A amizade é uma alma que habita em dois corpos, um coração que habita em duas almas"; b) não se pode viver sem amigos, e c) é preciso distinguir a amizade fundada sobre a utilidade ou sobre o prazer da amizade virtuosa, na qual o amigo é amado como tal.

A amizade é o contrário da desconsideração do outro, de negar-lhe sua existência, de sua nadificação, da omissão de sua presença. O amigo, como duplo especular, que confirma e convalida o sujeito em sua identidade, diferencia-se e não se superpõe em sua origem e sua função a um outro duplo especular, edípico e fraterno, que costuma operar de modo ambivalente na intersubjetividade, para neutralizar e estrangular as angústias de desamparo e de castração.

O amigo, como um derivado exogâmico das constelações familiares, não se encontra investido pelas ambivalentes relações endogâmicas de domínio; no entanto, na psicodinâmica da amizade, costumam filtrar-se certos traumas e situações conflitivas não resolvidas com os irmãos e os pais, desvirtuando, pelo uso e abuso do poder, os aspectos solidários da confraternidade.

Em *O último encontro*, Márai descobre, como um magnífico observador da natureza humana, a presença de uma fantasia gemelar, representante de uma dimensão narcisista que subjaz ao campo dinâmico intersubjetivo da amizade, e que confere à relação entre os amigos um sentimento oceânico (Freud, 1930) e de imortalidade.

> *Konrád dormia na cama contígua à sua. Tinham dez anos*
> *quando se conheceram. Conviveram com naturalidade*

desde o primeiro momento, como gêmeos no útero de sua mãe. Para isso, não tiveram de fazer nenhum "pacto de amizade", como costumam fazer os rapazes de sua idade, quando organizam solenes ritos ridículos, cheios de paixão exagerada, ao aparecer a primeira paixão entre eles – de uma forma inconsciente e desfigurada –, ao pretender pela primeira vez apropriar-se do corpo e da alma do outro, tirando-o do mundo para possuí-lo exclusivamente. Isto e somente isto é o sentido do amor e da amizade. A amizade entre os dois rapazes era tão séria e tão reservada quanto qualquer sentimento importante que dura toda uma vida. E como todos os sentimentos grandiosos, também continha elementos de pudor e de culpa. Não se pode apropriar-se de uma pessoa e isolá-la de todos os demais sem ter remorsos. Eles souberam, desde o primeiro momento, que seu encontro prevaleceria durante toda sua vida (Márai, 2001, pp. 36-37).

Henrik ajustou sua vida a uma cena imaginária em que ele e seu amigo eram como dois gêmeos que, idealmente, não se separariam jamais. Em sua fantasia, ambos se encontravam indissoluvelmente unidos a uma mesma mulher. A mulher tinha a categoria de um objeto-coisa. Ela era, na realidade, um elemento da configuração fantasmática triangular, o véu que mascarava e, a uma só vez, delatava o erotismo entre os dois amigos. Nesse livro, põe-se em evidência que a paixão essencial que os unia era a amizade e que o amor por Krisztina era uma derivação da identificação gemelar, uma presença secundária entre ambos. Ou seja, a encenação imaginária da amizade gemelar criou a presença de Krisztina como consequência da paixão da identificação simbiótica entre ambos.

A fantasia singular da amizade gemelar inclui o copertencimento fraterno a uma só mulher. Ambos compartilham uma paixão ambígua, geradora de uma dinâmica paradoxal inerente ao duplo, com suas fantasias maravilhosas e inalcançáveis de uma perfeita especularidade, por um lado, e por outro, as ominosas fantasias fratricidas e de roubo, já que cada sujeito abriga, em segredo e com remorsos, a paixão de ser o eleito pelos pais-deuses e exercer um domínio totalizador e não compartilhado: o *unicato*.

Podemos supor que essa fantasia gemelar na amizade representa um intento defensivo para neutralizar o sentimento do desamparo inaugural. Nessa fantasia, o sujeito encena um desejo singular: por meio do gêmeo, satisfaz deter um poder onímodo, um saber totalizador e um domínio onipotente sobre o semelhante. A busca fantasmática de uma amizade gemelar confere ao sujeito a satisfação narcisista de achar uma garantia de complementaridade e harmonia perfeitas. Esse desejo – "manifestação da extraordinária superestimação dos atos psíquicos, como fenômeno parcial da organização narcisista primitiva infantil" (Freud, 1913, p. 155) – surge como uma encenação imaginária defensiva ante a impossibilidade estrutural que tem o sujeito de obter governo sobre o si mesmo próprio (*Bewältigungstrieb*) e uma relação de domínio totalizador sobre o outro (*Bemächtigungstrieb*).

O gemelar é o oposto da assunção do diferente, do complementar e do semelhante.

Proponho a seguir, como hipótese, que o desejo tão veemente de conservar e reter o amigo na vida e na morte, que subjaz no campo dinâmico intersubjetivo da amizade, teria sido incrementado em Sándor Márai pela permanência ativa da memória do pavor gerada por um trauma familiar precoce. Zeltner (2001) nos recorda, em sua biografia, como a perda precoce de uma irmãzinha e o nascimento, aos cinco anos, de uma nova irmã haviam deixado suas marcas, tanto no autor como em sua mãe.

Quando Sándor tinha dois anos e sua irmã mais nova, ainda de fraldas, acabava de perder a vida por um descuido da ama, sua mãe o "mimou de forma doentia". Vestia-o com roupas chamativas, concedia-lhe todos os caprichos mesmo antes de pedi-los e o cobria de brinquedos com qualquer pretexto. "Quando tinha cinco anos, fez com que me confeccionassem um uniforme de hussardo e que o sapateiro me fizesse umas botinhas sob medida; ao carpinteiro, encomendou brinquedos que ela mesma havia desenhado." E depois, esse "idílio" terminou: nasceu uma irmãzinha, a "menina" a quem se dirigiu desde esse momento todo o amor e toda a atenção exclusiva da mãe. A irmãzinha disputava seu ranking e posição. "É possível que somente eu o sentisse assim, mas algo havia mudado de repente ao meu redor: deixei de ser o número um; caí em um desterro singular, penoso. Esforçava-me por ser um menino bom, a fim de recuperar o paraíso perdido" (p. 23).

Podemos supor que a encenação fantasmática da amizade gemelar em Márai teria sido comandada por uma culpabilidade fraterna precoce e inconsciente pela materialização, na realidade externa, de fantasias agressivas e ambivalentes de amor e ódio, e de morte, que se reanimam inexoravelmente no menino diante do nascimento dos irmãos. Situação traumática cindida, geradora de remorsos acérrimos, que se manifestava através de uma reparação compulsiva sobre um outro investido como duplo escópico e imortal e sobre o qual se anelava deter um controle onipotente de objeto (Grinberg, 1967).

Fugiste como um malversador, como um ladrão, fugiste depois de ter estado conosco, com Krisztina e comigo,

*aqui, nesta mesma casa, onde costumávamos passar
horas todos os dias e algumas noites, durante anos, em
meio a uma confiança e a uma íntima irmandade como
a que une aos gêmeos, esses seres peculiares que a natureza caprichosa une para sempre, na vida e na morte.*
Os gêmeos, como sabes, inclusive na idade adulta, e até
separados por grandes distâncias, sabem tudo um do
outro. *Obedecendo às ordens ocultas de seu metabo-
lismo, adoecem ao mesmo tempo, da mesma doença,
mesmo que um viva em Londres e o outro longe, em
outro país.*

*Não se escrevem, não se falam, vivem em circunstâncias
muito distintas, comem alimentos diferentes, separam-
-lhes milhares e milhares de quilômetros. Não obstante,
na idade de trinta ou de quarenta anos, sofrem ao mesmo tempo da mesma enfermidade, uma cólica hepática
ou uma apendicite, e lhes restam as mesmas possibilidades de viver e de morrer. Os dois corpos vivem em*
simbiose, *como no útero materno... Os dois amam e
odeiam as mesmas pessoas. É assim, é uma lei da natureza. Não ocorre muitas vezes... mas tampouco é tão
raro como alguns creem.*

*Cheguei a pensar que a amizade é um laço parecido com
a união fatal dos* gêmeos. *Essa peculiar correspondência das vocações, das simpatias, dos gostos, das aprendi-
zagens, das emoções, ata duas pessoas e lhes outorga
um mesmo destino. Façam o que fizerem contra o outro,
seus destinos seguirão sendo comuns. Fujam para onde
fugirem, continuarão sabendo um do outro o que seja
importante. Caso elejam um novo amigo ou uma nova
amante, não se livrarão de seus vínculos sem a permissão*

secreta e tácita do outro. O destino dessas pessoas transcorre assim, de maneira paralela, mesmo que um se separe do outro e se vá para muito longe, ao trópico, por exemplo (Márai, 2001, pp. 102-104, grifo nosso).

Na amizade gemelar, o outro não é investido como um sujeito diferenciado, mas como "a pessoa que foi uma parte do si mesmo próprio" (Freud, 1914, p. 87). É um amor fusionado que se encontra nos antípodas do amor objetal assinalado por S. Weil: "Amar é reconhecer em nós que os demais são outros, e não criaturas de nossa imaginação". Com efeito, Konrád havia sido investido como um aspecto cindido de Henrik. Relação singular que nos remete à descrição de W. Bion (1950), em "O gêmeo imaginário", quando se refere à maneira como um paciente cria, com aspectos cindidos de si mesmo, um duplo imaginário:

O gêmeo imaginário é uma expressão de sua incapacidade de tolerar um objeto que não estava totalmente sob seu controle. A função do gêmeo imaginário era, portanto, negar uma realidade distinta dele mesmo. Junto a essa negação da realidade externa estava sua incapacidade de tolerar as realidades psíquicas internas (p. 34).

O gêmeo imaginário manifesta a dificuldade que certos pacientes narcisistas têm de registrar a alteridade discriminada, de conceder ao outro uma existência enquanto pessoa real, e não uma coisa criada e dominada por ele mesmo. Na amizade gemelar, ambos se encontram indissoluvelmente unidos na vida e até na morte. Sobre ambos, recaem um controle e uma vigilância permanentes, que têm uma íntima conexão com a "onipotência de pensamento" descrita por Freud (1913, p. 77).

O controle onipotente sobre Konrád havia sido um intento defensivo, usado pelo general para negar sua própria dependência e fazer com que o outro fosse sentido como um mero objeto da necessidade de depender. Operava, além disso, como um reassegura-mento narcisista para desmentir o acionamento de suas angústias desorganizantes de desamparo e de morte. Com efeito, o controle oni-potente e massivo que inundava toda a relação na amizade gemelar estava destinado a obter um saber totalizador acerca do outro.

O general mantinha uma crença psíquica de que nada do que ocorrera com ele ou com seu amigo podia escapar da influência de seu controle e de suas "influências mágicas". Acreditava que podia manejar toda a relação de acordo com sua vontade. Mas esse con-trole, junto com os sentimentos de triunfo e de desprezo (H. Segal), encobria suas angústias de perseguição. Sentia-se exposto a ser atacado e prejudicado por seu amigo e recorria novamente a seus mecanis-mos de defesa onipotentes para manter o controle e o isolamento.

Nesse livro, a paixão da amizade sobrevive à morte da paixão pela mulher. Nesse sentido, *O último encontro* representa o reen-contro último com a verdade, o último adeus à paixão da amizade que os manteve ligados e trouxe um sentido e um significado a suas vidas.

> *Tu estavas por aí, pelo mundo, e Krisztina morreu, e eu vivia na solidão, no ressentimento, e Krisztina morreu. Ela nos respondeu aos dois da maneira que pôde: já vês, os mortos respondem bem, de uma maneira definitiva; de uma maneira inequívoca. Isso é o que ocorreu. Que outra coisa teria podido dizer, depois de oito anos, além de morrer? Ninguém pode dizer mais, e assim respondeu a todas as perguntas que tu e eu lhe pudemos ter feito, se ela tivesse querido falar com quaisquer dos dois.*

> *Sim, os mortos respondem bem. Não obstante, veja bem,*
> *ela não quis falar com nenhum dos dois. Às vezes, me*
> *dá a sensação de que dos três era ela a enganada, ela,*
> *Krisztina. Não eu, a quem ela enganou contigo, nem tu,*
> *que me enganaste com ela (Márai, 2001, p. 169).*

Na fantasia que comanda a dinâmica narcisista na amizade gemelar, põe-se em evidência ademais outro tema: o do filho eleito, que nos remete ao mito bíblico de Caim e Abel. Não obstante, o desenlace final entre Henrik e Konrád difere da versão bíblica. No lugar do fratricídio, ambos se reencontram para desvelar verdades.

Essa relação triangular entre os amigos-gêmeos e Krisztina nos evoca a estrutura triangular desdobrada no conto de J. L. Borges "A intrusa". Com a seguinte diferença: no conto do autor de "O Aleph", Cristián e Eduardo Nilsen são irmãos, não amigos. Mas em ambos relatos se presentificam os mesmos temas da rivalidade, do preferido e do excluído. Tema em que se reanima não somente a estrutura edípica como também participam as dinâmicas narcisista e fraterna.

Em *O último encontro*, assiste-se a um flagrante triunfo de Eros sobre Tânatos: a prevalência de "o bem-estar da cultura" sobre "o mal-estar na cultura", o elogio da amizade-irmandade, que se opõe e triunfa sobre o *homo homini lupus* de Hobbes. Na realidade, em *O último encontro*, a amizade é o eixo central que dá sentido a todo o livro, acima de qualquer outra paixão humana.

É um momento de verdade no qual é possível apreciar ou entender a revelação de que o ressentimento interminável pode se tornar terminável e que os protagonistas podem libertar-se, finalmente, do destino trágico assinado pelos inflamados personagens que povoam as tragédias de Shakespeare. Em *O último encontro*, a memória do rancor cede finalmente seu lugar à memória da dor.

Com efeito, no final do livro, Henrik, depois da despedida de Konrád, admite e aceita a perda dolorosa e não rancorosa de sua mulher e sua passagem a outras realidades. É um momento singular em que se produz um giro: a passagem de um luto patológico de um morto-vivo ao processamento de um luto normal. Giro que, como ponto de inflexão, possibilita ao general Henrik encontrar somente então um lugar disponível em sua casa para destinar um retrato de Krisztina: no vazio do corredor cheio de outros retratos.

Ressentimento terminável e interminável

O ressentimento como manifestação afetiva da pulsão de morte se diferencia da inveja e do ódio promovidos também por Tânatos, e se relaciona, além disso, com outros afetos provenientes da pulsão de vida (Kancyper, 2006). O par antitético amor-ressentimento é um contínuo consonante com outro par, o de Eros-Tânatos. Ambos são indissolúveis porque se modulam entre si e, ademais, encontram-se, durante toda a existência, intricadamente ativos e em proporções diversas.

Considero necessário diferenciar modalidades dentro do ressentimento: do ressentimento fundador ao ressentimento patológico. Ambos coexistem. O ressentimento fundador é constitutivo da subjetividade; surge ante a inevitável frustração da idealidade e mantém seus nexos íntimos com a dinâmica paradoxal do narcisismo. Esse ressentimento fundador surge a partir da *Versagung*, a frustração de uma expectativa que não se cumpriu: o encontro do sujeito com um objeto ideal que assegura um encaixe perfeito para a satisfação de um semelhante.

Melman (2004) assinala, a partir de uma visão lacaniana, a presença inevitável de um ressentimento fundador: "o sujeito" ("*je*") emerge ali aonde "x" sofreu. Já não tem a ver com o quarto dos pais, mas com o traumatismo que se pode deduzir sempre dali: porque, para uma criança de dois anos, a promessa não se cumpriu. Não há, pois, nada que esperar do ressentimento, exceto a comodidade de uma posição subjetiva, assegurada em seu direito a reparações que, de todos os modos, não fazem mais do que alimentá-lo. Não se pode fazer o luto de um objeto que não se pôde perder, posto que nunca esteve ali; daí, um erotismo da morte que é, nesse caso, o arquétipo de uma perda real possível. Digamos que o ressentimento se sustenta em uma histeria do luto, segundo a fórmula: perdi-o porque teria podido estar ali. Já não podemos interpretar a subjetividade sem fazer referência ao trauma de que ela é ou teria podido ser vítima. O sujeito já não é o do desejo, mas o do açoite que o unificou.

Gera-se, assim, uma ética do ressentimento que, montado sobre o ressentimento fundador, pode chegar a se tornar patológico. Assume, então, o sujeito rancoroso uma posição subjetiva característica, a da obstinada vítima privilegiada, sustentadora de uma cosmovisão marcial: matar ou morrer, carrasco ou vítima, amigo ou inimigo. Essa posição costuma manifestar-se na clínica por meio da eclosão recorrente da re-provação, da re-clamação e da re-presália incoercíveis.

Com frequência, o ressentimento e o remorso patológicos podem chegar a operar também como uma defesa, ante a impossibilidade de admitir a perda do irrecuperável.

Representam, desse modo, o único vínculo possível com os objetos primários, e seu abandono significaria a ruína definitiva da ilusão e a aceitação de que, real e efetivamente, se perderam os tais objetos para sempre.

Por outro lado, o sujeito ressentido não aceita o que lhe sucedeu, vive-o como algo injusto e, por isso, necessita obter como ressarcimento o impossível, para ter pelo menos algo do que lhe privaram imerecidamente. Quando se instala o ressentimento patológico no sujeito e na psicologia dos povos, legitima-se uma regressiva vontade de domínio onipotente, que aspira a impor um poder retaliativo sobre esse outro e também sobre o mundo, porque considera que guardaram supostamente para si o objeto prometido e desejado, capaz de responder e de satisfazer às necessidades do sujeito. Aparece, então, a desmesura de suas pretensões, que não o fazem retroceder diante de nenhuma atrocidade, porque o sujeito e os povos ressentidos se consideram inocentes e sedentos de uma justiça reivindicatória. Nesses casos, o outro e os outros costumam representar um pretérito ofensor, e o ressentido pode chegar a preferir descontar nele, mediante um triunfo sadomasoquista, mesmo à custa de sua própria saúde. Prefere vingar-se a curar-se.

Com efeito, a afronta narcisista origina um movimento regressivo e repetitivo de reivindicação, que funda um estado soberano e consumado de excepcionalidade. Segundo Agamben, o soberano é quem está em condições de proclamar o estado de exceção e de suspender a ordem jurídica, colocando-se ele mesmo fora dessa ordem e, não obstante, de algum modo, dentro dela.

Sua Majestade, o Ressentido, afirma com decisão soberana não ter necessidade de direito para criar direito e cimenta, a partir de si mesmo, uma nova legalidade.

O estado afetivo do ressentimento patológico, diferentemente do ressentimento fundador, é irracional, impulsivo e implacável. Seus tenebrosos poderes repetitivos reanimam o que há de violência no homem. Avança rápida e inexoravelmente rumo a seus fins destrutivos.

O ressentimento forma um foco ao redor do qual se organiza um refúgio psíquico (Steiner, 1997). Steiner sustenta que:

os refúgios psíquicos são organizações patológicas da personalidade que proporcionam uma estabilidade que é resistente à mudança psíquica. Os ressentimentos focalizados em experiências traumáticas em que o analisando se sentiu lastimado e ofendido parecem ser experimentados espacialmente como lugares regressivos de segurança, em que o sujeito pode buscar refúgio da realidade e, portanto, da angústia e da culpa (p. 25).

O sujeito ressentido, por estar aprisionado sob a tirania de uma lei taliônica, fica alheio ao universo do esquecimento e do perdão.

O tempo do perdão não é o tempo repetitivo da perseguição e da retaliação.

É o tempo da suspensão do crime, o tempo de sua prescrição. Uma prescrição que conhece o crime e não o esquece, mas, sem se cegar ante seu horror, aposta em um novo começo por uma renovação da pessoa. O perdão quebra o encadeamento das causas e dos efeitos, dos castigos e dos crimes, suspende o tempo dos atos. Um espaço estranho abre-se nessa atemporalidade que não é do inconsciente – selvagem, desejante e homicida –, senão sua contrapartida: sua sublimação com conhecimento de causa, uma harmonia amorosa que não ignora suas violências, mas as acolhe em outra parte. Ao passo que a concepção freudiana da culpa é repetição-culpa--castigo, no sentido que estamos pensando, a repetição estaria então do lado da pulsão de vida ou da renovação. O perdão seria encontrar um sentido diferente, um dom distinto, seria a fase luminosa da obscura atemporalidade inconsciente, a fase em cujo transcurso esta muda de lei e adota a inclinação ao amor como princípio de renovação do outro e de si (Kristeva, 1997, p. 34).

a. O ressentimento patológico interminável passa a ser terminável, quando o sujeito rancoroso depõe finalmente o desejo de triunfar sobre um outro através da vingança.

Com efeito, a permanência de uma acerada esperança vindicativa que comanda o ressentimento paralisa o processo de um luto normal e a capacidade de poder efetuar um recâmbio objetal permanece detida por uma viscosidade da libido.

A relação entre o ressentimento, o luto e a estase libidinal havia sido assinalada por Freud ao final de "O tabu da virgindade":

Quando a mulher não consumou suas moções vingativas contra o marido, não pode, apesar de seus vãos esforços, desprender-se dele. Pois bem, é interessante que na qualidade de analistas encontremos mulheres nas quais as reações contrapostas de servidão e de hostilidade tenham chegado a ser expressas permanecendo em estreito enlace recíproco. Há mulheres que parecem totalmente distanciadas de seus maridos, apesar de serem vãos seus esforços por desprender-se deles. Toda vez que tentam dirigir seu amor a outro homem interpõe-se a imagem do primeiro, a quem já não amam. Nesses casos, a análise ensina que essas mulheres dependem como servas de seu primeiro marido, mas não mais por ternura. Não se liberam dele porque não consumaram sua vingança sobre ele e, nos casos mais notáveis, a moção vingativa nem sequer chegou à sua consciência (1918, p. 203).

Recordemos que *O último encontro* foi escrito em 1942, durante a Segunda Guerra Mundial. Essa obra desvela como a memória da retaliação condena os sujeitos e os povos à fatalidade de um processo dissolvente.

No texto que transcrevo a seguir, Márai leva-nos ombro a ombro pelas estreitas passagens da vingança, explorando suas relações intricadas com as paixões tanáticas que moram na alma humana. Nele, o autor põe em relevo a vanglória e a estupidez do triunfo da paixão vingativa que subjaz nos ressentimentos.

> *Existe demasiada tensão nos corações humanos, demasiada paixão, demasiado desejo de vingança. Enquanto dentro de nossos corações: o que é que encontramos? Paixões que o tempo somente conseguiu atenuar, mas não apagar. Com que direito esperamos algo distinto do mundo, dos demais? Nós dois, sábios e velhos, já no final de nossa vida, também desejamos a vingança... a vingança contra quem? De um contra o outro, ou dos dois contra a recordação de alguém que já não existe. Que paixões mais estúpidas. E, não obstante, estão vivas em nossos corações. Com que direito esperamos, pois, outra coisa que um mundo cheio de inconsciência, de desejos, de paixões e de agressividade, onde uns jovens afiam suas facas contra jovens de outras nações, onde uns desconhecidos despelam outros desconhecidos, onde já não é válido nada do que antes importava, onde somente ardem as paixões e suas chamas se elevam até o céu?... Sim, a vingança. Eu regressei da guerra, onde teria tido ocasião de perecer, e não pereci porque anelava a vingança. Como? Perguntarás. Que vingança?... Vejo em*

> *tua expressão que não entendes esse afã meu de vingança. Que vingança pode haver entre dois velhos a quem somente os espera a morte?... Morreram todos, que sentido tem então a vingança?... Isso é o que pergunta teu olhar. E eu te respondo e te respondo assim: sim, a vingança contra tudo e contra todos. Isso é o que me manteve com vida, na paz e na guerra, durante os últimos quarenta e um anos, e por isso não me matei, e por isso não me mataram, e por isso não matei ninguém, graças à vida. E agora a vingança chegou, como eu queria. A vingança se resume nisto: em que tenhas vindo à minha casa; através de um mundo que está em guerra, através de mares plenos de minas veio até aqui, ao cenário do crime, para que me respondas, para que os dois conheçamos a verdade. Esta é a vingança. E agora me responderás.*
>
> *Estas últimas palavras as disse em voz baixa, e o convidado se inclina para frente, para escutá-las bem.*
>
> *– Pode ser – diz. – Pode ser que tenhas razão. Pergunte-me. Quiçá saiba responder-te (Márai, 2001, pp. 161-162).*

Poderíamos supor que Márai, por meio da desmistificação do poder vão da vingança, procure encenar seu desejo: que o poder solidário da compaixão e da amizade pode chegar a vencer o poder devastador da vingança e das guerras.

b. O ressentimento patológico costuma permanecer interminável quando o sujeito não cicatriza certas feridas narcisistas que se reinfectam indefinidamente através dos tempos.

Um exemplo paradigmático desse inelaborável narcisismo ressentido encontra-se representado por alguns irmãos obstinados em conservar suas animosidades inextinguíveis, porque não admitem nem perdoam jamais a chegada de um irmão. Este costuma ser investido como um intruso usurpador que vem injustamente perturbar o domínio de seu incólume reinado. Porque, para "quem aspira a ser Rei, todo irmão é um estorvo" (Calderón de la Barca).

Os efeitos devastadores dessas comparações fraternas patogênicas, atiçadas pelo estado afetivo dos ressentimentos e dos remorsos intermináveis, são ilustrados em uma imagem ampliada e trágica por A. Camus, em sua obra teatral *O mal-entendido*.[1]

c. O ressentimento patológico interminável é terminável quando, através de um trabalho elaborativo complexo, produz-se uma reestruturação na báscula da idealização-desidealização, na encruzilhada narcisista-objetal e quando, além disso, o cindido e projetado no ressentimento e no remorso é reintegrado e introjetado no sujeito.

Henrik, após compreender e aceitar sua participação responsável no desenlace do triângulo amoroso e assumir sua dor pela irreparável e definitiva perda de sua mulher, pergunta a Konrád sem rodeios:

> *Nós dois sobrevivemos a uma mulher. Tu ao andar-te longe, eu ao ficar aqui. Sobrevivemos a ela, com covardia ou com cegueira, com ressentimento ou com inteligência: o fato é que sobrevivemos a ela. Não crês que tivemos nossas razões?... Não crês que ao fim e ao cabo lhe devemos algo, alguma responsabilidade de além-túmulo, a ela, que foi mais do que nós, mais humana, porque*

---

1 Ver Capítulo 1.

morreu, respondendo-nos assim aos dois, ao passo que nós ficamos aqui, na vida?... E quanto a isso não há de se fazer mais rodeios. Tais são os fatos. Quem sobrevive ao outro é sempre o traidor. Nós sentíamos que tínhamos de viver e, em relação a isso, tampouco podemos fazer rodeios, porque ela, sim, foi quem morreu. Morreu porque tu te fostes, morreu porque eu fiquei, mas não me aproximei dela, morreu porque nós dois, os homens aos quais ela pertencia, fomos mais vis, mais orgulhosos e covardes, mais ruidosos e silenciosos do que uma mulher pode suportar, porque fugimos dela, porque a traímos, porque sobrevivemos a ela. É a pura verdade. E tens de sabê-lo quando estiveres ali, sozinho, em Londres, quando se acabe e chegue tua última hora. Eu também tenho que saber. Aqui, nesta mansão, eu o sei já (Márai, 2001, p. 183).

d. O ressentimento fundador e patológico interminável é terminável, como sucede precisamente em *O último encontro*, quando o poder da compaixão e da razão na amizade prevalece e triunfa sobre o cego poder arrogante do rancor.

Márai conclui o livro com um elogio eloquente do poder vital que tem a paixão.

Crês tu também que o sentido da vida não é outro que a paixão, que um dia transborde nosso coração, nossa alma e nosso corpo, e que depois arda para sempre, até a morte, aconteça o que acontecer? E que, se vivemos essa paixão, quiçá não tenhamos vivido em vão? Que assim tão profunda, assim tão malvada, assim tão grandiosa, assim tão desumana é uma paixão?... E que quiçá não se concentre em uma pessoa concretamente, mas no próprio desejo?... Tal é a pergunta. Ou pode ser que se concentre em uma pessoa concretamente, a mesma sempre e para sempre, em uma mesma pessoa misteriosa que pode ser boa ou má, mas que não por isso, nem por suas ações nem por sua maneira de ser, influa na intensidade da paixão que nos ata a ela. Responda-me, se sabes responder – diz, elevando a voz, quase exigindo.

– Por que me perguntas isso? – diz o outro com calma.

– Sabes que é assim.

e. O ressentimento patológico interminável passa a ser terminável quando o ódio vingativo se transmuta em um ódio diferente que se opõe, precisamente, ao amor e que promove a diferenciação e a separação objetal. Diferentemente do primeiro, propicia o desprendimento do outro e, a uma só vez, promove a reparação e a afirmação da dignidade perdida e ultrajada.

> *O ódio é, como relação com o objeto, mais antigo que o amor; brota da repulsa primordial que o eu narcisista opõe no começo ao mundo exterior pródigo de estímulos (Freud, 1915a, p. 133).*

Por um lado, o ódio induz o sujeito a se confrontar com o objeto e, depois, a desligar-se dele; desligamento que promove a gênese e a manutenção da discriminação nas relações de objeto. É um ódio relacionado com as pulsões de autoconservação.

Lacan (1953-1954) articulou esse tipo de ódio com o desejo, hierarquizando-o como "uma das vias de realização do ser" (p. 404).

Entretanto, por outro lado, o ódio se torna ressentimento quando reforça a regressão do amor à etapa sádica prévia; então o ressentimento cobra um caráter erótico, e se perpetua um vínculo sadomasoquista; ademais, produz uma série de construções fantasmáticas que o sustentam.

O conteúdo de representação das encenações imaginárias inerentes ao ressentimento se encontra a serviço do apoderamento e da retenção do objeto, para poder estender sobre ele suas moções de vingança ou para reengendrá-lo e modelá-lo segundo um modelo ideal desenhado à imagem e semelhança do Criador. Este estabelece pigmalionicamente uma relação de domínio sobre o outro, mediante o desdobramento de seus poderes mágicos e castigadores, com a finalidade de garantir a presença incondicional de um objeto parcial ou total, desvalido e dependente do Amo e Senhor.

Quando o ressentimento não é elaborado e, ao contrário, permanece sufocado por um amor reativo, perpetuam-se seus efeitos destrutivos, que costumam se encobertos, com suma frequência, atrás de uma reparação compulsiva: obsessiva ou maníaca.

Não é equiparável sentir ódio e sentir ofensa ou afronta. Com o ódio e com o rancor digo: basta. Com a afronta e a ofensa que podem originar ressentimentos, instala-se uma insaciável sede de retaliações, favorecendo a cronificação de um desejo vingativo.

Diz Valiente Noailles (2009), em *A alquimia do sofrimento*:

> *Há aqueles que, diante de um sofrimento próprio, se tornam mais piedosos diante dos demais e desejam evitar uma situação similar em seus semelhantes. Há aqueles que, ao oposto do anterior, sonham com infligir esse sofrimento em carne alheia, como um modo de vingar a própria condição. É o modelo do ressentimento: neutralizar o sofrimento próprio mediante sua conversão em veneno capaz de destruir o outro (p. 7).*

Com efeito, a repetição em um sujeito ressentido alberga um singular por-vir como primeiro passo para reabrir, depois, uma temporalidade diferente. É o porvir baseado na esperança de castigar, pela repetição em via regressiva do tempo, os objetos arcaicos e supostamente responsáveis por suas enigmáticas e, ao mesmo tempo, conhecidas ofensas. Momento essencial, em que uma vez mais o sujeito ressentido procura saciar sua sede de vingança, para restituir infrutiferamente o ressentido sentimento de sua própria dignidade.

Repetição – mediante restituição compulsiva – que não prepara o ingresso na elaboração normal de um luto; além disso, a insistência de uma assintótica esperança reivindicatória retém finalmente o sujeito, que adoece de um ressentimento patológico na incandescente memória repetitiva e regressiva do rancor. Na realidade, o sujeito que incuba ressentimentos intermináveis eclipsa as dimensões temporais do presente e do futuro, para reduzi-las ao pântano temporal de um ontem que o detém em um passado atiçado de reprovações, litígios e ofensas; cega seus olhos com um afã vingativo e costura suas pálpebras com afiados fios de vaidade.

Referências

Academia Universal de las Culturas (2002). *La intolerancia*. Barcelona: Granica.

Agamben, G. (1995). *Homo sacer: il potere sovrano e la nuda vita*. Turim: Einaudi.

Agamben, G. (2005, 25 de setembro). La amistad. *La Nación*, suplemento Cultura, p. 1.

Aguinis, M. (1989). Dos amores: psicoanálisis y literatura. *Revista de Psicoanálisis, 46*(2-3), 171-188.

Aiziczon de Franco, C. (2005). *Albert Camus: ética y estética*. Buenos Aires: De los Cuatro Vientos.

Aragonés, R. J. (2004). *Memoria del territorio*. Madri: Biblioteca Nueva.

Arendt, H. (1963). *Sobre la revolución*. Buenos Aires: Alianza.

Aristóteles (2002). *Ética nicomaquea*. Buenos Aires: La Nave de los Locos.

266 REFERÊNCIAS

Baranes, J. J. (1991). Desmentida, identificaciones alienantes, tiempo de la generación. In A. Missenard et al. *Lo negativo: figuras y modalidades* (pp. 103-129). Buenos Aires: Amorrortu Editores.

Baranger, M. (1988). Vicisitudes de la relación de objeto en la depresión: la depresión narcisista (pp. 19-21). In *II Symposio sobre el Psicoanálisis de las Psicosis*. Buenos Aires.

Baranger, M. (1992). La mente del analista, de la escucha a la interpretación. *Revista de Psicoanálisis, 49*(2), 223-237.

Baranger, M. (2004). La teoría del campo. In S. Lewkowicz, & S. Flechner, *Verdad, realidad y el psicoanalista: contribuciones latinoamericanas al psicoanálisis* (pp. 49-98). Londres: API.

Baranger, M., Baranger, W., & Mom J. (1978). Patología de la transferencia y contratransferencia en el psicoanálisis actual: el campo perverso. *Revista de Psicoanálisis, 35*(5), 1101-1106.

Baranger, M., Baranger, W., & Mom, J. (1987). El trauma psíquico infantil, de nosotros a Freud. *Revista de Psicoanálisis, 44*(4), 745-775.

Baranger, W. (1976). El Edipo temprano y el complejo de Edipo. *Revista de Psicoanálisis, 16*(2), 303-314.

Baranger, W. (1994). *La situación analítica como producto artesanal: la artesanía psicoanalítica*. Buenos Aires: Kargieman.

Baranger, W., Goldstein, N., & Goldstein, R. (1989). Acerca de la desidentificación. *Revista de Psicoanálisis, 46*(6), 895-898.

Bion, W. (1950). El gemelo imaginario, In *Volviendo a pensar*. Buenos Aires: Hormé. pp. 12-37.

Bloom, H. (1995). *El canon occidental*. Barcelona: Anagrama.

Bolognini, S. (1998). Compartir y malentender. *Revista de Psicoanálisis, 55*(1), 7-20.

Bordelois, I. (2006). *Etimología de las pasiones*. Buenos Aires: Libros del Zorzal.

Borges, J. L. (1944). Las ruinas circulares. In *Obras completas* (pp. 451-455). Buenos Aires: Emecé, 1987.

Borges, J. L. (1951). Kafka y sus precursores. In *Obras completas* (pp. 710-712). Buenos Aires: Emecé, 1981.

Borges, J. L. (1960). Borges y yo. In *Obras completas* (p. 808). Buenos Aires: Emecé, 1987.

Borges, J. L. (1964a). Al hijo. In *Obras completas* (p. 948). Buenos Aires: Emecé, 1987.

Borges, J. L. (1964b). A Buenos Aires. In *Obras completas* (p. 947). Buenos Aires: Emecé, 1987.

Borges, J. L. (1964c). Edipo y el enigma. In *Obras completas* (p. 929). Buenos Aires: Emecé, 1987.

Borges, J. L. (1964d). El Golem. In *Obras completas* (pp. 885-887). Buenos Aires: Emecé, 1987.

Borges, J. L. (1966). Oda escrita en 1966. In *Obras completas* (pp. 938-939). Buenos Aires: Emecé, 1987.

Borges, J. L. (1967a). Animales de los espejos. In *El libro de los seres imaginarios* (pp. 126-128). Buenos Aires: Emecé, 1996.

Borges, J. L. (1967b). El Centauro. In *El libro de los seres imaginarios* (pp. 72-75). Buenos Aires: Emecé, 1996.

Borges, J. L. (1967c). El pelícano. In *El libro de los seres imaginarios* (p. 198). Buenos Aires: Emecé, 1996.

Borges, J. L. (1967d). El Simurg. In *El libro de los seres imaginarios* (pp. 225-227). Buenos Aires: Emecé, 1996.

Borges, J. L. (1969a). *A Israel*. Buenos Aires: Emecé, 1996.

Borges, J. L. (1969b). *Israel*. Buenos Aires: Emecé, 1996.

268 REFERÊNCIAS

Borges, J. L. (1972). El amenazado. In *Obras completas* (p. 1107). Buenos Aires: Emecé, 1987.

Borges, J. L. (1975). Soy. In *La rosa profunda* (p. 31). Buenos Aires: Emecé.

Borges, J. L. (1976a). El remordimiento. In *Obra poética* (p. 486). Buenos Aires: Emecé, 1977.

Borges, J. L. (1976b). No eres los otros. In *Obra poética* (p. 499). Buenos Aires: Emecé, 1977.

Borges, J. L. (1977). The thing I am. In *Obra poética* (p. 533). Buenos Aires: Emecé, 1977.

Borges, J. L. (1981). Nostalgia del presente. In *La cifra* (p. 61). Buenos Aires: Emecé.

Borges, J. L. (1982a). Agosto 25, 1983. In *La memoria de Shakespeare*. Buenos Aires: Emecé.

Borges, J. L. (1982b). *La memoria de Shakespeare*. Buenos Aires: Emecé, 2004.

Borges, J. L. (1982c). *Todo Borges*. Buenos Aires: Atlántida.

Borges, J. L. (1983). Los conjurados. In *Los conjurados* (p. 97). Madri: Alianza, 1985.

Borges, J. L. (1984). Cristo en la cruz. In *Los conjurados* (pp. 15-16). Madri: Alianza, 1985.

Braier, E. (2000). La estructura narcisista gemelar y la carencia materna. In *Gemelos* (pp. 72-80). Buenos Aires: Paidós.

Brasca, R. (2004, 1º de fevereiro). Microficciones. *La Nación*, suplemento Cultura, p. 9.

Britton, R. (1994). Realidad psíquica y creencia inconsciente. *Revista de Psicoanálisis, 51*(1-2), 27-35.

Camus, A. (1942). *El mito de Sísifo y el hombre rebelde*. Buenos Aires: Losada, 1963.

Camus, A. (1944a). *Calígula*. Buenos Aires: Losada, 1992.

Camus, A. (1944b). *El malentendido*. Buenos Aires: Losada, 1992.

Camus, A. (1960). *El primer hombre*. Buenos Aires: Tusquets, 2005.

Camus, A. (1963). La esperanza y lo absurdo en la obra de Franz Kafka. In *El mito de Sísifo y el hombre rebelde* (pp. 87-98). Buenos Aires: Losada.

Cervantes, M. de (2004). *Don Quijote de la Mancha*. São Paulo: Alfaguara.

Chasseguet-Smirgel, J. (1987). Intento fallido de una mujer por encontrar una solución perversa. *Revista de Psicoanálisis*, *44*(4), 775-795.

Coetzee, J. M. (2004). *Elizabeth Costello*. Buenos Aires: Mondadori.

Conran, M. (1993). Algunas consideraciones sobre la vergüenza, la culpa y el perdón. *Revista de Psicoanálisis*, *50*(4-5), 839-859.

Corominas, J. (1980). *Diccionario crítico etimológico castellano e hispánico*. Madri: Gredos.

Derrida, J. (2003). *El siglo y el perdón*. Buenos Aires: Ediciones de la Flor.

Real Academia Española. Diccionario de la lengua española. Disponível em: <http://www.rae.es/>. Acesso em: 7 mar. 2017.

Di Giovanni, N. T. (2002). *La lección del maestro*. Buenos Aires: Sudamericana.

Eco, U. (2002). Definiciones lexicológicas de la intolerancia. In *La intolerancia* (pp. 102-111). Barcelona: Granica.

Faimberg, H. (1985). El telescopaje de generaciones: la genealogía de ciertas identificaciones. *Revista de Psicoanálisis*, *42*(5), 1043-1053.

Faimberg, H. (1996). El mito de Edipo revisitado. In *Transmisión de la vida psíquica entre generaciones* (pp. 167-186). Buenos Aires: Amorrortu Editores.

Foucault, M. (2004). *Discurso y verdad en la antigua Grecia*. Barcelona: Paidós.

Freud, S. (1899). Sobre los recuerdos encubridores. In *Obras completas* (Vol. 3, pp. 297-315). Buenos Aires: Amorrortu Editores.

Freud, S. (1900). La interpretación de los sueños. In *Obras completas* (Vol. 5, pp. 345-610). Buenos Aires: Amorrortu Editores.

Freud, S. (1905 [1901]). Fragmento de análisis de un caso de histeria. In *Obras completas* (Vol. 7, pp. 7-107). Buenos Aires: Amorrortu Editores.

Freud, S. (1909 [1908]). La novela familiar de los neuróticos. In *Obras completas* (Vol. 9, pp. 217-220). Buenos Aires: Amorrortu Editores.

Freud, S. (1910). Sobre un tipo particular de elección de objeto en el hombre. In *Obras completas* (Vol. 11, pp. 155-168). Buenos Aires: Amorrortu Editores.

Freud, S. (1912). Sobre la más generalizada degradación de la vida amorosa. In *Obras completas* (Vol. 11, pp. 169-184). Buenos Aires: Amorrortu Editores.

Freud, S. (1913 [1912]). Tótem y tabú. In *Obras completas* (Vol. 13, pp. 7-164). Buenos Aires: Amorrortu Editores.

Freud, S. (1914). Introducción al narcisismo. In *Obras completas* (Vol. 14, pp. 71-98). Buenos Aires: Amorrortu Editores.

Freud, S. (1915a). Pulsiones y destinos de la pulsión. In *Obras completas* (Vol. 14, pp. 113-134). Buenos Aires: Amorrortu Editores.

Freud, S. (1915b). Un caso de paranoia que contradice la teoría psicoanalítica. In *Obras completas* (Vol. 14, pp. 263-271). Buenos Aires: Amorrortu Editores.

Freud, S. (1916a). Algunos tipos de carácter dilucidados por el trabajo psicoanalítico. In *Obras completas* (Vol. 14, pp. 317-340). Buenos Aires: Amorrortu Editores.

Freud, S. (1916b). Conferencia 21: desarrollo libidinal y organizaciones sexuales. In *Obras completas* (Vol. 16, pp. 292-308). Buenos Aires: Amorrortu Editores.

Freud, S. (1916c). Conferencia 26: la teoría de la libido y el narcisismo. In *Obras completas* (Vol. 16, pp. 375-391). Buenos Aires: Amorrortu Editores.

Freud, S. (1917). Un recuerdo de infancia en Poesía y verdad. In *Obras completas* (Vol. 17, pp. 141-150). Buenos Aires: Amorrortu Editores.

Freud, S. (1918 [1917]). El tabú de la virginidad. In *Obras completas* (Vol. 11, pp. 185-204). Buenos Aires: Amorrortu Editores.

Freud, S. (1919a). Lo ominoso. In *Obras completas* (Vol. 17, pp. 219-251). Buenos Aires: Amorrortu Editores.

Freud, S. (1919b). Pegan a un niño. In *Obras completas* (Vol. 17, pp. 177-200). Buenos Aires: Amorrortu Editores.

Freud, S. (1921). Psicología de las masas y análisis del yo. In *Obras completas* (Vol. 18, pp. 67-136). Buenos Aires: Amorrortu Editores.

Freud, S. (1922). Sueño y telepatía. In *Obras completas* (Vol. 18, pp. 189-212). Buenos Aires: Amorrortu Editores.

Freud, S. (1923). El yo y el ello. In *Obras completas* (Vol. 19, pp. 13-66). Buenos Aires: Amorrortu Editores.

Freud, S. (1924a). El problema económico del masoquismo. In *Obras completas* (Vol. 19, pp. 165-176). Buenos Aires: Amorrortu Editores.

Freud, S. (1924b). El sepultamiento del complejo de Edipo. In *Obras completas* (Vol. 19, pp. 181-188). Buenos Aires: Amorrortu Editores.

272 REFERÊNCIAS

Freud, S. (1924c [1923]). Neurosis y psicosis. In *Obras completas* (Vol. 19, pp. 155-160). Buenos Aires: Amorrortu Editores.

Freud, S. (1925). Algunas consecuencias psíquicas de la diferencia anatómica entre los sexos. In *Obras completas* (Vol. 19, pp. 267-276). Buenos Aires: Amorrortu Editores.

Freud, S. (1927a). El porvenir de una ilusión. In *Obras completas* (Vol. 21, pp. 5-56). Buenos Aires: Amorrortu Editores.

Freud, S. (1927b). Fetichismo. In *Obras completas* (Vol. 21, pp. 147-152). Buenos Aires: Amorrortu Editores.

Freud, S. (1928 [1927]). Dostoievski y el parricidio. In *Obras completas* (Vol. 21, pp. 175-194). Buenos Aires: Amorrortu Editores.

Freud, S. (1930 [1929]). El malestar en la cultura. In *Obras completas* (Vol. 21, pp. 65-140). Buenos Aires: Amorrortu Editores.

Freud, S. (1931). Sobre la sexualidad femenina. In *Obras completas* (Vol. 21, pp. 227-244). Buenos Aires: Amorrortu Editores.

Freud, S. (1933). La femineidad. In *Obras completas* (Vol. 22, pp. 104-125). Buenos Aires: Amorrortu Editores.

Freud, S. (1936). Borrador de una carta a Thomas Mann. In *Obras completas* (Vol. 22, pp. 233-234). Buenos Aires: Amorrortu Editores.

Freud, S. (1937). Análisis terminable e interminable. In *Obras completas* (Vol. 23, pp. 219-254). Buenos Aires: Amorrortu Editores.

Freud, S. (1939 [1934-1938]). Moisés y la religión monoteísta. In *Obras completas* (Vol. 23, pp. 7-132). Buenos Aires: Amorrortu Editores.

Freud, S. (1940a [1938]). Esquema del psicoanálisis. In *Obras completas* (Vol. 23, pp. 139-210). Buenos Aires: Amorrortu Editores.

Freud, S. (1940b [1938]). La escisión del yo en el proceso defensivo. In *Obras completas* (Vol. 23, pp. 275-278). Buenos Aires: Amorrortu Editores.

Gay, P. (1995). *Freud, outra vez.* Buenos Aires: Ada Korn.

Gelman, J. (2005, 29 de outubro). La poesía está viva. *La Nación*, Buenos Aires, p. 2.

Goux, J. J. (1998). *Edipo filósofo*. Buenos Aires: Biblos.

Grass, G. (2006, 27 de fevereiro). De tolerar a poder. *Clarín*, Sección Zona, p. 12.

Green, A. (1993a) El adolescente en el adulto. *Psicoanálisis APdeBA: niñez y adolescencia, 15*(1), p. 39-69.

Green, A. (1993b). ¿Por qué el mal? In *La nueva clínica psicoanalítica y la teoría de Freud: aspectos fundamentales de la locura privada*, pp. 179-210. Buenos Aires: Amorrortu Editores.

Grimal, P. (1982). *Diccionario de mitología griega y romana.* Barcelona: Paidós.

Grimm, J., & Grimm, W. (2006). *Todos los cuentos de los hermanos Grimm.* Buenos Aires: Antroposófica.

Grinberg, L. (1967). Aspectos regresivos y evolutivos de los mecanismos obsesivos: el control omnipotente y el control adaptativo. *Revista de Psicoanálisis, 24*(3), 477-493.

Gusmán, L. (2009). El dilema del perdón. *Conjetural*, (50), 13-30.

Hegel, G. W. F. (1991). Lecciones sobre la filosofía de la religión. In G. Steiner, *Antígonas* (pp. 84-92). Barcelona: Gedisa, 1987.

Héritier, A. (2002). El yo, el otro y la intolerancia. In Academia Universal de las Culturas, *La intolerancia* (pp. 22-25). Barcelona: Granica.

274 REFERÊNCIAS

Hernández, J. (1945). *Martín Fierro*. Buenos Aires: Araujo.

Hopenhayn, S. (2005, 3 de setembro). Salir de la pobreza. *La Nación*, p. 8.

Jones, E. (1959-1960). *Vida y obra de Sigmund Freud*. Buenos Aires: Lumen-Hormé.

Joseph, B. (1987). Adicción a la vecindad de la muerte. *Revista de Psicoanálisis, 44*(2), 241-255.

Joyce, S. (2000). *Mi hermano James Joyce*. Buenos Aires: Adriana Hidalgo.

Kafka, F. (1974). *Carta al padre*. Buenos Aires: Goncourt.

Kafka, F. (1979a). *Diarios* (Obras completas, vol. 2). Barcelona: Planeta.

Kafka, F. (1979b). *Relatos completos* (Vol. 1). Buenos Aires: Losada.

Kafka, F. (1979c). *Relatos completos* (Vol. 2). Buenos Aires: Losada.

Kafka, F. (1983). *Escritos de F. Kafka sobre sus escritos*. Barcelona: Anagrama.

Kafka, F. (1992). *Padres e hijos*. Barcelona: Anagrama.

Kancyper, L. (1985). Adolescencia y a posteriori. *Revista de Psicoanálisis, 43*, pp. 115-122.

Kancyper, L. (1987). El resentimiento y la dimensión temporal en el proceso analítico. *Revista de Psicoanálisis, 44*(6), 1301-1324.

Kancyper, L. (1989). Jorge Luis Borges o el laberinto de Narciso, In *Jorge Luis Borges o la pasión de la amistad: estudio psicoanalítico* (pp. 137-187). Buenos Aires: Lumen, 2003.

Kancyper, L. (1990a). Desidealización y cambio psíquico. In *Congreso Interno y Simposium de APA* (pp. 74-80). Buenos Aires.

Kancyper, L. (1990b). Narcisismo y pigmalionismo. *Revista de Psicoanálisis, 48*(5/6), 1003-1023.

Kancyper, L. (1991). *Resentimiento y remordimiento*. Buenos Aires: Paidós.

Kancyper, L. (1992a). El chancho inteligente: la resignificación de las identificaciones en la adolescencia. *Revista de Psicoanálisis*, *45*(5), 753-772.

Kancyper, L. (1992b). El remordimiento: su conceptualización teórica y clínica. *Revista Argentina de Psicopatología*, *3*(1), 16-20.

Kancyper, L. (1994). *Ressentimento e remorso*. São Paulo: Casa do Psicólogo.

Kancyper, L. (1995a). Complejo fraterno y complejo de Edipo. *Revista de Psicoanálisis*, *52*(3), 675-690.

Kancyper, L. (1995b). Resentimiento y odio en el duelo normal y en el patológico. *Revista de Psicoanálisis*, *52*(2), 451-462.

Kancyper, L. (1996). Narcisismo y pigmalionismo en la obra de Jorge Luis Borges. *Revista de Psicoanálisis*, *53*(1), 99-118.

Kancyper, L. (1997a). Complejo fraterno y complejo de Edipo. In *La confrontación generacional: estudio psicoanalítico* (pp. 59-76). Buenos Aires: Paidós.

Kancyper, L. (1997b). *La confrontación generacional*. Buenos Aires: Paidós.

Kancyper, L. (1998). Complejo fraterno y complejo de Edipo en la obra de Franz Kafka. *Revista de Psicoanálisis*, *55*(2), 326-354.

Kancyper, L. (1999). *Confrontação de gerações*. São Paulo: Casa do Psicólogo.

Kancyper, L. (2000a). Complejo fraterno y complejo de Edipo. In E. Braier et al., *Gemelos: narcisismo y dobles* (p. 43). Buenos Aires: Paidós.

Kancyper, L. (2000b). *Il confronto generazionale*. Milão: F. Angeli.

Kancyper, L. (2003a). *La confrontación generacional*. Buenos Aires: Lumen.

Kancyper, L. (2003b). *Il risentimento e il rimorso*. Milão: F. Angeli.

Kancyper, L. (2004). *El complejo fraterno*. Buenos Aires: Lumen.

Kancyper, L. (2006). *Resentimiento y remordimiento* (ed. ampl.). Buenos Aires: Lumen.

Kancyper, L. (2007). Esperanza terminable e interminable en la situación analítica. *Revista de Psicoanálisis, 64*(2), 361-373.

Kancyper, L. (2008). *Il complesso fraterno*. Roma: Borla.

Kaváfis, K. (1985). *Poesía completa*. Madrid: Hyperion.

Klein, M. (1935). Contribución a la psicogénesis de los estados maníaco depresivos. In *Obras completas* (Vol. 1, pp. 127-149). Buenos Aires: Hormé, 1964.

Kristeva, J. (1997). *Sol negro: depresión y melancolía*. Caracas: Monte Ávila.

Künstlicher, R. (1995). El concepto de Nachträglichkeit. *Revista de Psicoanálisis, 52*(3), 691-701.

Lacan, J. (1953-1954). *Seminario I: los escritos técnicos de Freud: 1953-1954* (Vol. 1). Barcelona: Paidós, 1981.

Lacan, J. (1981). Ideal del yo y yo ideal. In *Seminario 1: los escritos técnicos de Freud: 1953-1954* (Vol. 1, pp. 197-217). Barcelona: Paidós.

Lacan, J. (1982). *La familia*. Buenos Aires: Argonauta.

Laplanche, J., & Pontalis, J. B. (1968). *Diccionario de psicoanálisis*. Madri: Labor, 1971.

Le Goff, J. (1988). *Histoire et mémoire*. Paris: Gallimard.

Leclaire, S. (1975). *Matan a un niño*. Buenos Aires: Amorrortu Editores.

Liberman, D. (1955). Acerca de la percepción del tiempo. *Revista de Psicoanálisis, 12*(3), 44-51.

Litvinoff, H. (2005). Comentario al trabajo "El poder de las comparaciones fraternas en la obra *El malentendido*, de Camus", de L. Kancyper. In *Coloquio de APA* (pp. 13-15). Buenos Aires.

Llovet, J. (1992). Prólogo. In F. Kafka, *Padres e hijos* (pp. 7-20). Barcelona: Anagrama.

Márai, S. (2001). *El último encuentro*. Barcelona: Salamandra.

Mascialino, M. (2008). [comunicação pessoal].

Mehler, J. A., & Argentieri, S. (1990). Esperanza y desesperanza, ¿un problema técnico? In *Libro Anual de Psicoanálisis* (p. 175). Lima: Fepal.

Melman, C. (2004). ¿Es usted resentimental? *Revista de Psicoanálisis, 61*(3), 681-686.

Miller, S. (1989). La vergüenza como ímpetu para la creación de la conciencia. *Libro Anual de Psicoanálisis*, (5), 167-180.

Modern, R. (1993). *Franz Kafka, una búsqueda sin salida*. Buenos Aires: Almagesto.

Murray, N. (2006). *Kafka, literatura y pasión*. Buenos Aires: El Ateneo.

Néspolo, M. J. (2008). Sándor Márai: elogio de la hermandad. *Quimera. Revista de Literatura*, pp. 296-297.

Oz, A. (2004). *Una historia de amor y oscuridad*. Madri: Siruela.

Oz, A. (2007, 27 de outubro). La mujer y la ventana. [Discurso de Amos Oz, no prêmio Príncipe de Asturias de las Letras]. *El País*, p. 14.

Pavese, C. (1976). *Diálogos con Leucó*. Buenos Aires: Siglo XX editores.

Peicovich, E. (2006). *El palabrista*. Buenos Aires: Marea.

Piglia, R. (1999). *Formas breves*. Buenos Aires: Temas.

Pontalis, J. B. (1974). *Después de Freud*. Buenos Aires: Sudamericana.

Posse, A. (2008, 31 de maio). Kafka y Borges por las calles de Praga. *La Nación*, p. 18.

Potamianou, A. (1992). *Un bouclier dans l'économie des états-limites: l'espoir*. Paris: Presses Universitaires de France.

Rascovsky, A., & Rascovsky, M. (1967). Sobre el filicidio y su significación en la génesis del acting-out y la conducta psicopática en Edipo. *Revista de Psicoanálisis, 24*(4), p. 717-740.

Rey, J. H. (1986). Reparation. *Journal of the Melanie Klein Society,* (4), 5-35.

Ricœur, P. (2000). *La memoria, la historia, el olvido*. Buenos Aires: Fondo de Cultura Económica.

Ricœur, P. (2002). Estado actual de la reflexión sobre la intolerancia. In Academia Universal de las Culturas, *La intolerancia* (pp. 202-223). Barcelona: Granica.

Rodrigué, E. (1996). *El siglo del psicoanálisis* (Tomo 1). Buenos Aires: Sudamericana.

Rodríguez, F. (2005, 29 de janeiro). El último Borges. *Clarín*, Revista Ñ, p. 8.

Romero, J. L. (1956). *Las ideas políticas en la Argentina*. Buenos Aires: Fondo de Cultura Económica.

Rosolato, G. (1981). Culpabilidad y sacrificio. In *La relación de desconocido* (pp. 107-127). Barcelona: Petrel.

Roussillon, R. (2006). Historicidad y memoria subjetiva: la tercera huella. In L. Glocer Fiorini et al. *Tiempo, historia y estructura* (pp. 203-223). Buenos Aires: Lugar.

Sábato, E. (2000, 2 de janeiro). La solidaridad salvadora. *La Nación*, suplemento Cultura y Nación, p. 7.

Sarlo, B. (2003). *La pasión y la excepción*. Buenos Aires: Siglo Veintiuno.

Schkolnik, F. (1995). Lo arcaico en las neurosis. In *9 Jornadas Psicoanalíticas de la APU* (pp. 42-46). Montevidéu.

Schmucler, H. (2007, 25 de janeiro). El dilema de las palabras. *Página/12*, p. 4.

Shakespeare, W. (1953a). El rey Lear. In *Obras completas* (pp. 205-306). Buenos Aires: El Ateneo.

Shakespeare, W. (1953b). Hamlet. In *Obras completas* (pp. 69-188). Buenos Aires: El Ateneo.

Shakespeare, W. (1953c). Romeo y Julieta. In *Obras completas* (pp. 501-602). Buenos Aires: El Ateneo.

Steiner, G. (2006, 30 de setembro). Europa, oscurecida por EE. UU. *Clarín*, Revista Ñ, p. 14.

Steiner, J. (1976). El objetivo del psicoanálisis en la teoría y en la práctica. *Libro Anual de Psicoanálisis*, (12), 174.

Steiner, J. (1997). *Refugios psíquicos*. Madri: Biblioteca Nueva.

Todorov, T. (2000). *Los abusos de la memoria*. Buenos Aires: Paidós.

Todorov, T. (2003). *Deberes y delicias*. Buenos Aires: Fondo de Cultura Económica.

Torre, M. de (2002, 30 de dezembro). Una biblioteca en llamas. *La Nación*, p. 9.

Valiente Noailles, E. (2009, 18 de janeiro). La alquimia del sufrimiento. *La Nación*, suplemento Enfoques, pp. 7-8.

Vallejo, C. (1996). *Hay golpes en la vida, tan fuertes...* Santiago: Andrés Bello.

Vallino, D., & Macciò, M. (1996). Note sul complesso fraterno nei gruppi. *Psiche*, (2), pp. 146-147.

Vallino, D., & Macciò, M. (2004). De algunos malestares en la actividad intelectual de los pequeños grupos a la luz del paradigma freudiano. *Revista de Psicoanálisis, 61*(3), pp. 797-816.

Vermorel, H., & Vermorel, M. (1985). ¿Freud romántico? *Revista de Psicoanálisis, 42*(4), 897-932.

Wiesel, E. (2002). *La intolerancia*. Barcelona: Granica.

Winnicott, D. W. (1967). Papel de espejo de la madre y la familia en el desarrollo del niño. In *Realidad y juego* (pp. 42-51). Buenos Aires: Granica, 1972.

Winnicott, D. W. (1972). *Realidad y juego*. Buenos Aires: Granica.

Winnicott, D. W. (1985). Libertad. *Revista de Psicoanálisis, 42*(6), p. 1172.

Winocur, J. (1996). El poder del psicoanálisis. *Revista de Psicoanálisis*, (5), número especial internacional, pp. 269-297.

Wisdom, J. C. (1963). Comparación y desarrollo de las teorías psicoanalíticas de la melancolía. *Revista Uruguaya de Psicoanálisis, 5*(1), 107-152.

Zamora, J. A. (2008). El perdón y su dimensión política. In E. Madina et al., *El perdón, virtud política* (p. 26). Barcelona: Anthropos.

Zeltner, E. (2001). *Sándor Márai*. València: PUV.

Zimmerman, H. (1999). *Tres mil historias*. Buenos Aires: Aguilar.

Índice de autores

Agamben, G., 25, 113, 197, 243, 254

Aguinis, M., 183

Aiziczon, C., 15, 41

Amati Mehler, J., & Argentieri, S., 168, 197

Aragonés, R. J., 96

Arendt, H., 122

Aristóteles, 244

Baranes, J. J., 217

Baranger, M., 48, 78, 86, 165

Baranger, W., 169, 188

Baranger, M., & Baranger, W., 165

Baranger, M., Baranger, W., & Mom, J., 151, 212, 214, 222

Baranger, W., Goldstein, N., & Goldstein, R., 109

Bion, W., 249

Bloom, H., 141, 166

Bolognini, S., 20

Borges, J. L., 63, 66, 73, 74, 91, 99, 100, 102-108, 142, 143, 144, 145, 192, 235

Braier, E., 20, 21

Brasca, R., 44

Britton, R., 75

Calderón de la Barca, 259

Camus, A., 15-30, 37, 40, 41, 42

Cervantes, 126

Chasseguet-Smirgel, J., 23, 213

ÍNDICE DE AUTORES

Coetzee, J. M., 125

Corominas, J., 88

Derrida, J., 236

De Torre, M., 114

Di Giovanni, N. T., 108

Eco, U., 31

Faimberg, H., 101

Foucault, M., 232

Freud, A., 82

Freud, S., 19, 20, 26, 32, 33, 36, 38, 39, 40, 47, 49, 55, 104, 111, 113, 114, 119, 121, 122, 123, 126, 129, 134, 137, 152, 155, 157, 182, 185-187, 195, 196, 215, 218, 220, 228, 238, 244, 246, 249, 256, 261

Gelman, J., 16, 203

Ginzburg, N., 206

Goux, J., 96

Grass, G., 34

Green, A., 27

Grimal, P., 81, 97

Grimm, J., & Grimm, W., 47

Grinberg, L., 247

Gusmán, L., 238

Hegel, G. W. F., 21

Héritier, A., 31

Hernández, J., 193

Hopenhayn, S., 43

Jones, E., 126

Kafka, F., 129-135, 141, 146, 154, 155, 158-164, 167, 183

Kancyper, L., 25, 35, 48, 54, 59, 72, 74, 82, 85, 96, 104, 144, 154, 156, 168, 177, 191, 196, 199, 221, 252

Khan, M., 212

Klein, M., 230

Kristeva, J., 256

Künstlicher, R., 222

Lacan, J., 261

Lagache, J., 102

Laplanche J., & Pontalis, J. B., 79, 186, 2111

Leclaire, S., 111, 148

Le Goff, J., 200

Levinas, E., 177

Litvinoff, H., 33

Mascialino, M., 32, 88

Melman, C., 252

Miller, S., 92, 154

Modern, R., 131, 178

Murray, N., 184

Néspolo, M. J., 241

Oz, A., 21, 23, 44

Pavese, C., 234

Paz, O., 243

Peicovich, E., 107

Piglia, R., 64

Píndaro, 199

Pontalis, J. B., 47

Posse, A., 139

Potamianou, A., 231

Rascovsky, A., 81

Rey, J. H., 240

Ricoeur, P., 34, 201, 237

Robert, M., 127

Rodrigué, E., 127

Rousset, 202, 203

Roussillon, R., 124, 211

Schkolnik, F., 94

Schmucler, H., 190

Segal, H., 250

Shakespeare, W., 235

Sófocles, 203

Steiner, G., 44, 198, 230, 239, 254

Terêncio, 32

Todorov, S., 61, 200-202

Valiente Noailles, E., 262

Vallejo, C., 152

Vallino, D., & Macció, M., 27, 44, 244

Vermorel, H., 128

Weil, S., 249

Winnicott, D., 120, 189, 231

Winocur, J., 36

Wisdom, J. C., 120

Zamora, J. A., 238

Zeltner, E., 242, 243, 246

Índice remissivo

Amizade 241-244
    Gêmea 245-252
Analista como aliado
    transitório 177

Baluarte intersubjetivo 165,
    167, 169

Campo 85-86
Casos clínicos
    Eduardo 204-215
    Fabián 170-183
    Pablo 50-60, 62
Centáurica, relação 96-99
Cisão do eu 185, 186, 188, 196,
    199

Controle onipotente (do
    objeto) 228-232
Comparação 30-31, 39-40, 49
    Edípica 43, 47
    Fraterna 17, 26, 43-47, 55,
    259
    Histérica 32, 33, 40, 49
    Imposta 43
    Intersubjetiva 37, 43
    Intrassistêmica 179, 183
    Intrassubjetiva 37, 43
    Maníaca 32, 34, 39-40, 49-50
    Masoquista 32, 34, 39-40,
    49-50, 170, 176
    Narcisista 47
    Normal 43

ÍNDICE REMISSIVO

Obsessiva 32, 34, 39-40, 49-50

Paranoide 32, 34, 39-40, 49-50

Patogênica 49

Própria 43

Propriamente dita 31

Complexo de Édipo 77-85

Complexo fraterno 17, 20, 21, 23, 27, 60, 62

Complexo parental 137-139, 146-150

Culpa 59, 91, 94, 152, 155

Encobridora 120, 121, 151, 153, 156

Culpabilidade ubíqua 154

Depressão narcisista 160, 164

Desamparo 161, 163

Desidealização 74

Desidentificação 110

Gradual 59

Desmentido 186

Domínio

Pulsão de 161

Relação de 49

Vontade de 197

"Édipo borgeano" 85-88

"Eleito, o" 72, 73, 94, 111-114

Esquecimento 237

Exceção, estado de 25, 112, 197, 201, 254

Fatores

Edípicos 76, 77

Pré-edípicos 76, 77

Fantasia 47

De amizade 47

De espiar com as orelhas 137, 148

De fraternidade 47

De humilhação e flagelação 32

De solidariedade 47

Do *unicato* 34-40

Dos vasos comunicantes 26, 74

Fraterna

De gemelaridade e confusionais 47

De rivalidade e exclusão 47

Fratricida 47

Furtiva 47

Gemelar 245-249

Fantasia inconsciente básica 48, 86, 176, 177

Filicídio 81

Fratricida, espírito 17, 18, 19

Fratricídio 19

Historização 49, 83, 110, 151,
168, 211, 214, 220

Idealização-desidealização
(báscula) 49, 59

Identificações inconscientes
48, 123, 134,

Alienantes 105, 168

Com o agressor 82

Obstáculos no reordenamento
das 125-126, 128

Redentoras 100-111, 220

Reivindicatórias 82, 127

Reordenamento das 49, 60,
109, 122-130, 168, 220

Intolerância 34

"Kafkiano" 165, 166

Campo 165-170, 178-183

Recordação encobridora 211

Mal-entendido fraterno 21

Memória da desforra 25

Memória da dor 127, 192-194,
201-203, 205, 208, 228

Memória do pavor 127, 128,
160, 189-192, 196, 201,
202, 203, 205, 208, 228

Memória do rancor 127,
128,160, 192-196, 201, 202,
205, 208, 227-230, 235

Muro de ressentimento e
remorso 188

Muro narcisista-masoquista
177

Narcisismo 157, 158

Das pequenas diferenças
38, 39, 50

Filial 111

Tanático 198

Neurose de predomínio dual
88, 94, 95

Orgulho 32

Paixão

Da compaixão 226

Do ressentimento e do
remorso 225

Tanática 40

Parrésia 232, 233

Perdão 235-241, 255

Pré-edípica, relação 25, 28

288 ÍNDICE REMISSIVO

Pré-edípica, violência 25

Psicologia das massas 49

Rancor 25, 193, 194, 230, 262

Remorso 63, 88, 89, 90, 116

Edípico 92-94

Fraterno 92-94

Por vergonha e culpa 89-92

Primário e secundário 89

Repetição 263

Ressentido (sujeito) 25, 195-200, 263

Ressentimento 25, 197, 198, 235, 252, 261-262

Fundador 252-254, 260

Patológico 252-263

Ressignificação 221-223

Simbiose pai-filho 64, 83-86, 124

Soberba 31

"Sobremorrente" 163, 164

Tânatos 398-41

Trauma 187, 215, 216, 218

Destino do 215, 216

Encobridor 151, 211, 214

Fraterno 54, 155

Narcisista 27-28, 212

Triunfo vingativo 24

Vingança 33, 198, 227, 238, 257, 258

Vergonha 91, 116, 153, 155, 160, 163

"Vítima privilegiada" 177, 201

GRÁFICA PAYM
Tel. [11] 4392-3344
paym@graficapaym.com.br